裁判文书说理丛书

主　编　宋北平

行政裁判文书说理

XINGZHENG CAIPAN WENSHU SHUOLI

刘　行·著

人民法院出版社

图书在版编目（CIP）数据

行政裁判文书说理 / 刘行著. -- 北京：人民法院出版社，2022.7
（裁判文书说理丛书 / 宋北平主编）
ISBN 978-7-5109-3048-5

Ⅰ.①行… Ⅱ.①刘… Ⅲ.①行政诉讼—法律文书—研究—中国 Ⅳ.①D926.13

中国版本图书馆 CIP 数据核字（2020）第 252133 号

行政裁判文书说理
刘 行 著

责任编辑 丁塞峨
出版发行 人民法院出版社
地　　址 北京市东城区东交民巷 27 号（100745）
电　　话 （010）67550656（责任编辑） 67550558（发行部查询）
65223677（读者服务部）
客 服 QQ 2092078039
网　　址 http://www.courtbook.com.cn
E-mail courtpress@sohu.com
印　　刷 天津嘉恒印务有限公司
经　　销 新华书店

开　　本 787 毫米×1092 毫米 1/16
字　　数 322 千字
印　　张 19
版　　次 2022 年 7 月第 1 版 2022 年 7 月第 1 次印刷
书　　号 ISBN 978-7-5109-3048-5
定　　价 69.00 元

《裁判文书说理丛书》

序

由宋北平教授主编，四级法院多位法官和专家、教授共同执笔撰写的“裁判文书说理丛书”即将由人民法院出版社出版发行，令人欣喜和振奋。这套丛书以习近平法治思想为指导，科学分析了裁判文书释法说理的意义及重点、难点问题，结合优秀裁判文书实例阐明了说理技巧，就厘清裁判思路、提炼裁判要旨提出了具有可操作性的意见和建议，有助于提高法官释法说理能力、提升法院司法公信力、促进“说理型”社会的形成，对法学界了解新时代法官释法说理、理性司法实践具有良好的参考意义。应丛书编委会和主编之邀，谨就裁判活动和裁判文书释法说理略抒己见，代为序。

司法是一项神圣的理性事业，它既是公平正义的守护神，也是法治文明的顶梁柱。“法律之内，应有天理人情在。”“法律的基本意图是让公民尽可能的愉悦。”“法，非从天下，非从地出，发于人间，合乎人心而已。”自古以来，在法治的叙事中，司法并非只以权威而获得服从，却是因“理智”和“善意”而赢得赞美。在当代中国，社会关系、法律关系、诉讼关系日趋复杂，公众法律知识、法治意识、法理修养日渐增长，特别是随着全面依法治国背景下司法公开的强力推进，司法裁判文书的说理性、说服力和可接受性日益成为保障公民诉权、提高司法公信力、培育全社会理性司法文化的基本要求。为此，法官不能局限于“法条主义”一判了之，而要善于“释法说理”以理服人，把裁判意见当中的法理、事理、情理讲清、讲明、讲透，使当事人和普通公众知法明理、遵法循理，切实感受到公平正义就在身边。

习近平总书记指出：“法律不应该是冷冰冰的，司法工作也是做群众工作。一纸判决，或许能够给当事人正义，却不一定能解开当事人的‘心结’，‘心结’没有解开，案件也就没有真正了结。”[①] 执法的最好效果就是让人心服口服，所以要“坚持以法为据、以理服人、以情感人，努力实现最佳的法

① 习近平：《论坚持全面依法治国》，中央文献出版社2020年版，第23页。

律效果、政治效果、社会效果。”① 司法人员“要坚持以法为据，以理服人、以情感人，既要义正辞严讲清‘法理’，又要循循善诱讲明‘事理’，感同身受讲透‘情理’，让当事人胜负皆明、心服口服。”②。习近平总书记的重要论述和法理命题传承了中华法系的优良传统，借鉴了人类法治文明的思想精华，为我们正确认识司法过程中的法、理、情关系提供了科学指引，是做好释法说理工作的根本遵循。

对于裁判文书释法说理工作，以习近平同志为核心的党中央早有系统部署和安排。2013 年，《中共中央关于全面深化改革若干重大问题的决定》提出“增强法律文书说理性”。2014 年，《中共中央关于全面推进依法治国若干重大问题的决定》中提出“加强法律文书释法说理，建立生效法律文书统一上网和公开查询制度。”2015 年，《最高人民法院关于全面深化人民法院改革的意见——人民法院第四个五年改革纲要（2014—2018）》明确提出“推动裁判文书说理改革”，尤其是要“加强对当事人争议较大、法律关系复杂、社会关注度较高的一审案件，以及所有的二审案件、再审案件、审判委员会讨论决定案件裁判文书的说理性。”“完善裁判文书说理的刚性约束机制和激励机制，建立裁判文书说理的评价体系，将裁判文书的说理水平作为法官业绩评价和晋级、选升的重要因素。”中央政法委和最高人民法院先后出台了一系列文件，贯彻落实习近平总书记的重要指示和党中央决策部署，具体指导裁判文书释法说理工作。2015 年，《中央政法委关于建立律师参与化解和代理涉法涉诉信访案件制度的意见（试行）》中提出，律师参与化解和代理涉法涉诉信访案件，应当遵循“依法据理”的原则，即“严格依照法律和政策，向信访人讲清法理、讲明事理、讲通情理，向政法机关提出法律意见。”2018 年，最高人民法院印发《关于加强和规范裁判文书释法说理的指导意见》，提出“裁判文书释法说理，要阐明事理，说明裁判所认定的案件事实及其根据和理由，展示案件事实认定的客观性、公正性和准确性；要释明法理，说明裁判所依据的法律规范以及适用法律规范的理由；要讲明情理，体现法理情相协调，符合社会主流价值观；要讲究文理，语言规范，表达准确，逻辑清晰，合理运用说理技巧，增强说理效果”。2021 年，最高人民法院印发《关于深入推

① 习近平：《论坚持全面依法治国》，中央文献出版社 2020 年版，第 260 页。

② 习近平在中央政法工作会议上的讲话（2019 年 1 月 15 日）。

进社会主义核心价值观融入裁判文书释法说理的指导意见》，指出“裁判文书释法说理应积极回应人民群众对公正司法的新要求和新期待，准确阐明事理，详细释明法理，积极讲明情理，力求讲究文理，不断提升人民群众对司法裁判的满意度，以司法公正引领社会公平正义”。此外，最高人民法院多个有关司法工作文件也具体就释法说理进行了工作安排。例如，2012 年，最高人民法院研究室印发《关于编写报送指导性案例体例的意见》《指导性案例样式》，提出指导性案例中的裁判理由要“根据案件事实、法律、司法解释、政策精神和法学理论通说，从法理、事理、情理等方面，结合案情和裁判要点，详细论述法院裁判的正确性和公正性”。2017 年，《最高人民法院对十二届全国人大五次会议第 1549 号建议的答复》提出加强基层法官能力培养，“加强社会知识、人文素养等方面的培训，帮助基层法官拓宽视野，善于从法律视角和社会视角通盘考虑法理、事理、情理，实现法律效果和社会效果相统一”。2019 年，最高人民法院印发《全国法院民商事审判工作会议纪要》提出，“在民商事审判工作中要弘扬社会主义核心价值观，注意情理法的交融平衡，做到以法为据、以理服人、以情感人，既要义正辞严讲清法理，又要循循善诱讲明事理，还要感同身受讲透情理，争取广大人民群众和社会的理解与支持”。这些部署表明，释法说理已经成为中国司法不断进步、追求善治的实践议程。

释法说理，重在“理”。古人云：“理者，物之固然，事之所以然也。”① 在司法审判中，“理”恰承载着事实之“固然”和法律之“所以然”，因而具有真理和正义的双重力量。“释法说理”就是向当事人和公众展示裁判合法性、正当性、合理性、可信性的论证过程，体现出法官法律思维、法治思维和法理思维相统一的鲜明特征。具体而言，释法说理的“理”主要包括法理、事理、情理等。

法理，顾名思义，就是“法之理”。“法者，天下之理。”② 一般来讲，法理乃“蕴含于法中的道理。可用以说明某事物、某现象、某说法之类能够成立，如：‘这是合乎法理的’；也可用来支持某主张、某事物、某现象，如：

---

① 语出自王夫之哲学著作《张子正蒙注》。

② 语出自朱熹《朱文公文集》中的名篇《学校贡举私议》。

‘从法律上讲应当如此’。”① 就诉讼案件而言，法理，含法律原理、法律原则、法治精神、法治原则、法学通说等多重意涵，亦指法律条文内在的或其背后的法的精神、法的价值、法的理念、道德公理、公共政策等，或曰裁判的合法性依据和正当性理据。事实表明，法理在制度生活中有很多被权威所认可而转化为实在法，但任何法律（法典、法规）规定均无法承载全部的法理，更难以淋漓尽致地全面展现法理精义，从而有待法官去分析、挖掘、提炼，并有的放矢地给当事人讲清法理、道明“言外之意”。在“公说公有理、婆说婆有理”的现实情况下，尤其是在已经陷入“舆论风波”的公众关注的案件中，更加需要法官“义正词严地讲清法理”，用法理来“定风波”。讲清法理，直接任务是说明与案件相关的法律规范的准确含义和意义、法律适用的理由根据，间接任务则是把法律条文内在的或其背后的法理揭晓出来，使当事人和公众“明达法理”，即知晓权利、义务、责任的法律根据和法理依据。鉴于“万物各异理，而道尽稽万物之理”②，必要时还应向当事人和公众讲一讲与案件相关的法律之“道”（普遍法理），诸如“公序良俗”“诚实信用”“公平正义”“权利义务对等”等法治核心价值。

当然，长于法理的法官不只是真知灼见的表达者，更是法理经典的诠释者和创作者。卡多佐说：“判决应当具有说服力，或者具有真挚和热情这样感人至深的长处，或者带着头韵和对偶这样有助记忆的力量，或者需要谚语、格言这样凝练独特的风格。忽视使用这些方法，判决将无法达到目的。”③ 卡多佐以感悟告诉我们，为了增强裁判文书释法说理的解释力、论证力、穿透力和感染力，法官应当注重引用以简洁、优雅、精湛的语言承载和表达出来的脍炙人口的法理格言和法谚，诸如，“法不阿贵，绳不挠曲”“法律面前人人平等”“宪法法律至上”“法官除了法律就没有别的上司”“国有国法、家有家规”“无规矩不成方圆”“法律的生命在于实施”“法律必须被信仰，否则形同虚设”“权利不得滥用”“享用自己的财物应以不损害他人利益为度”“不得损人利己”“任何人不得从其错误中获利”“法律活动不得违背公序良

① 参见周旺生、朱苏力主编：《北京大学法学百科全书——法理学、立法学、法律社会学》，北京大学出版社 2010 年版，第 243 页。

② 语出自《韩非子·解老》。

③ ［美］本杰明·N. 卡多佐：《演讲录法律与文学》，董炯、彭冰译，中国法制出版社 2005 年版，第 115 页。

俗”“法律不可强人所难”“没有无义务的权利，也没有无权利的义务”“有权利的地方就有救济，有救济的地方就有权利”“法不溯及既往”“法律不保护权利上的睡眠者”“善有善报，恶有恶报”“躲得过初一、躲不过十五”“打官司就是打证据”“罪刑法定”“疑罪从无”等。

事理，顾名思义，就是“事之理”、事物的使然之理。“事有必至，理有固然”①“物之所在，道则在焉”②，任何事物，其形成、存在和发展都有“规律”“轨迹”“常理”“条理”，可谓“事事有事理”“事象之中必有事理”。在法律实践领域，“事理”系指蕴含于法律行为、法律关系、法律事件等法律事实当中的“规律”“常理”“条理”，或者是法律事实的主观动因、客观原因，或者是法律行为的根本原因、动机、活动与其结果的因果联系，或者是具体法律事实中权利、义务和责任的关联度，或者是诸如不可抗力、紧急避险、善意取得等法律事实的过程、环境、情节、事由等。讲清事理，最关键的是向当事人，尤其是“不明事理”的当事人回溯性地说明裁判所认定的案件事实，注重“让证据说话”，解释证据采信与事实认定的根据和理由，展示案件事实的客观性、类案的普遍事理和个案的具体事理，讲明案件事实认定的科学性、准确性和公正性，全面公开事实认定与采信的正当程序，营造当事人亲历性场景，让当事人“心知肚明”，以臻致“已判定的事项应当被视为真理”的理想效果。

情理，顾名思义，就是“情之理”“人之常情”。法谚云：“人类受制于法律，法律受制于情理”“情理是法律的生命”。波斯纳认为，“在许多案件中，并且是在那些最重要的案件中，法官将不得不接受一个合乎情理的、一个说得通的结果……什么才合乎情理，什么才说得通，这常常取决于道德感觉、常识、同情，以及其他不易转换成可测度后果计算的思想情感成分。”③。中国在司法实践中一直注重协调法律与情理的关系。在法律适用当中，情、理、法都是共同的价值考量，法官在严格司法的同时，充分考虑“仁义礼智信”，兼顾人情世故、伦理纲常等因素，塑造了中华司法文明的优秀传统。在现代法律生活中，情理的内涵是极其丰富的，诸如我们时常挂在嘴边的“合

① 语出自《战国策·齐策四》。

② 语出自南宋叶适撰写的《习学记言》。

③ 参见［美］理查德·波斯纳：《波斯纳法官司法反思录》，苏力译，北京大学出版社 2014 年版，第 5 ~ 12 页。

乎情理”“人之常情”“人情世故”“社会常情”“普遍感情”“同理之情”“恻隐之心”“良知爱心”“社群情怀”“礼之用，和为贵”“国无德不兴，人无德不立”“要酌理、要揆情”“情理上说得过去”等。在利益多元化、价值多元化、道德多元化、审美多元化的现代社会，法律情理属于“同理心”意义上的情理。滋贺秀三的一段论述表达了“同理心”的情理观和判断方法，他指出：“情理判断的中心部分是任何人都不会想到提出异议的普遍和不言而喻之理，其边缘部分则依具体情况可以呈现出千变万化的灵活性。不过，这种灵活性并非完全无原则，其程度和范围是熟悉这个环境的人们大体上能够把握的东西。”① 我们所谓“己所不欲勿施于人”“人同此心，心同此理”“老吾老以及人之老，幼吾幼以及人之幼”“勿以恶小而为之，勿以善小而不为”“言必信，行必果”“人无信而不立”“德不孤，必有邻”等，就是“人们大体上能够把握的东西”。法律情理包括为人处事的基本道理、普遍公认的是非曲直、为人称道的人伦情操、社会大众的公理公德、历史形成的公序良俗等，法律上的情理不仅包含私人良知（同情、友善、博爱等），也包含公共良知（正义、平等、自由、人权等）。讲透情理，就是要在重视民心、尊重民意、体察民情的基础上，激发当事人和大众的“法感”，知行合一，“言必信，行必果”“德不孤，必有邻”“人而无信，不知其可也”，做一个法律上、伦理道德上、公共生活中的“明白人”，有情有义、重情重义的人，诚实守信、一诺千金的人。要激活当事人的“同理心”“同情心”“恻隐心”“道义感”等，引导当事人换位思考、将心比心、善解人意、善待弱者、懂得感恩、珍惜亲情、父慈子孝、见义勇为、互惠互利、有福同享等。让当事人不仅在个案中感受到公平正义，而且通过个案感受到法的真善美，进而基于“法感”之“共情”而成为法治的尊崇者和捍卫者。

应当认识到，释法说理并不意味着裁判文书就是修辞技术和文字游戏，其意义并非限于强化裁判过程的说理性、提升裁判文书的合理性、增强裁判文书的公信力，而且也在于提升社会公众对司法裁判的认同感，本质上表达的是对当事人诉讼权利的尊重，是“以人民为中心”的法治理念在司法领域的具体体现。英国女王王室法律顾问路易斯认为，“陈述判决理由是公平之精

---

① ［日］滋贺秀三：《清代诉讼制度之民事法源的考察——作为法源的习惯》，载王亚新、梁治平编：《明清时期的民事审判与民间契约》，法律出版社 1998 年版，第 80 页。

髓。在现代民主社会中，越来越多的人承认，受到判决的人有权知道判决是如何做出的。”[①] 裁判活动与裁判文书的释法说理不是法官自说自话，而是法官与当事人和公众的真诚对话和理性沟通，是司法民主、民主司法的常规形式。释法说理本身不是目的，其目的是让当事人知法明理、胜败皆服，达到案结事了人和，“人”才是“理”的归宿。裁判和裁判文书的感染力，主要不在法律条文的逻辑，也不在司法实践经验，而在于晓之以法、以法为据，导之以理、以理服人，动之以情、以情感人的裁判艺术，“三理融合”是其至高境界所在。

中华优秀传统法律文化以“当人情、合法理”“谨持法理，审察人情”[②]“融天理、国法、人情为一体”为底色，自古以来孕育并沉淀在定分止争、利国安民的司法经验之中。法理、事理、情理不是孤立存在的，而是有机统一、息息相通、彼此交融。其中，法理是根本理据，事理是科学判定，情理是道义基准，法理尚“善”，事理求“真”，情理通“美”。它们共同演绎出司法维护公平正义的和谐韵律，通达于“让人民群众在每一个司法案件中感受到公平正义”的终极目标。

张文显

二〇二二年三月

---

① ［英］彼得·斯坦、［英］约翰·香德：《西方社会的法律价值》，王献平译，中国法制出版社2004年版，第114页。

② 详见（宋）郑克：《折狱龟鉴译注》卷八，《何武夺财》，刘俊文译注，上海古籍出版社1988年版，第461页。

编写说明

随着全面依法治国、建设法治中国进程的不断推进，裁判文书释法说理在提升国家治理能力方面的作用日益凸显，成为展示人民法院公正形象的载体。从裁判文书的制作看，它是提高司法质量和审判效率的优化工程，是推进司法公正的升华工程，是提升人民群众幸福感、获得感的民生工程。如何进一步增强裁判行为的公正度和透明度，规范审判权行使，提升司法公信力和司法权威，发挥裁判的定分止争和价值引领作用，弘扬社会主义核心价值观，切实维护诉讼当事人合法权益，努力让人民群众在每一个司法案件中感受到公平正义，促进社会主义现代化国家的建设和发展，是本丛书编撰力求实现的目标。

为此，我们按照优秀法官与学者相结合的原则选择作者，按照应用研究与基础研究相结合的原则架构丛书体系，以《裁判文书论证与说理》《裁判文书语言与说理》《英美法系裁判文书说理——以判例分析为重点》解决通用需求，而《刑事裁判文书说理》《民事裁判文书说理》《行政裁判文书说理》探讨说理实践，在总结、借鉴学界相关成果的基础上，力求有所创新和超越，为提升法官的释法说理能力、提高法院司法公信力和促进“说理型”社会的形成与发展提供些许智慧与经验。

本丛书在编撰过程中，得到了多方支持，作者们多年辛勤耕耘，主编、副主编承担实施《丛书编撰方案》的任务，在撰写样稿、召集作者会议、申报国家出版基金、联系出版等方面做了很多具体工作，在此一并致谢。

《裁判文书说理丛书》编委会

二〇二二年三月

目 录

导　论

第一节　选题的背景与意义

习近平法治思想为全面依法治国提供了根本宗旨，也对公正司法提出了新的更高的要求。而在现代法治国家，强调法律治理、发挥司法在国家治理结构中的独特作用，往往需要回答一个带有前提性的问题：我们缘何要服从法院的判决？对这一问题的追问，在一定意义上说，也是司法制度建设和改革的首要问题，贯穿改革开放后推进司法改革、守护司法公信的整个过程，很多法学专家和审判实务者孜孜以求，探寻这个问题的答案。因为，这个问题对于我们理解法律、接受法律，乃至最终服从法律的规则之治，都起着至关重要的作用。从目前的研究来看，回答可能有各种各样的观点，比如，判决是法律公意的体现，以及法律是权威机关的权威判断，等等，但有一点应该是理论界和实务界的共识，即在深层次上，我们服从判决、接受判决，那是因为判决是说理的而不是任性的，是遵循法律理性的而不是权力恣意的。判决之所以需要说理来支撑，在于法院在现代国家治理结构中属于“最小危险部门”，没有外在的“权威”可以依靠，唯有通过自身正当化论证，进而希望当事人和公众能够理解、认可、接受，从而服从。由此可见，说理构成了裁判文书的灵魂，正如有学者指出的，“在司法领域中，裁判理由的停止意味着法律本身生命的停止”。①

1990 年 10 月 1 日《中华人民共和国行政诉讼法》（以下简称《行政诉讼法》）正式施行前，行政诉讼制度源于 1982 年颁布实施的《中华人民共和国民事诉讼法（试行）》中有关行政诉讼参照该法的规定，行政裁判文书也按照

① 谢晖、陈金钊：《法律：诠释与应用——法律诠释学》，上海译文出版社 2002 年版，第 53 页。

该法第一百二十条的规定说理，即：判决书应当写明认定的事实、理由和适用的法律。《行政诉讼法》颁布施行后，该法并未规定行政裁判文书制作和说理的要求，实践中行政裁判文书仍然参照此前民事诉讼文书的说理要求执行。1992 年最高人民法院发布《法院诉讼文书样式（试行)》，规定裁判文书必须写明理由，并在样式说明中作出了详细的解释。1999 年最高人民法院启动《人民法院五年改革纲要》，将裁判文书说理改革推向了新的历史阶段，并为此后历次“五年改革纲要”所继承和强调。2004 年 12 月，最高人民法院发布《一审行政判决书样式（试行)》，第一次结合行政审判的特点，就行政判决书的样式作出规定，并在样式说明中明确了说理的要求，但仅限于一审判决，且不包含行政裁定书的样式和说理。2014 年 11 月 1 日修正的《行政诉讼法》于2015 年5 月1 日施行，为配合该法实施，最高人民法院于2015 年4 月底发布了《行政诉讼文书样式（试行)》，其中包含行政裁判文书样式，通过规定制作裁判文书技术，间接对行政裁判文书说理技术进行了规定。尽管不是直接规范说理的，而且还是试行的，但是，这在行政裁判文书说理规范性的道路上可以说是迈出了一大步，行政裁判文书说理至少在技术上第一次有了属于自己的框架性指导意见。

毋庸置疑，从技术上对行政裁判文书说理进行规范具有重要的意义，也将在深层次上促进行政裁判文书说理质量的提高。但需要注意的是，这种规范路径，形式意味更为浓厚，对行政裁判文书说理的规范在一定程度上具有间接性，重在解决法律文书的规范化、统一化，并没有解决说什么理和如何说理的问题，更没有结合行政诉讼调整对象的不同，有区别地细化说理要求，从而提升说理的针对性和可接受性。因此，在解决行政裁判文书说理技术规范性的基础上，有必要进一步深入行政审判内部，遵循行政审判调整范围内不同性质行政行为类型的内在审查规律，研究探寻行政裁判文书说理的实质性说理规范和要求，以此实现与裁判文书形式规范性的比翼齐飞。具体来说，加强行政裁判文书说理问题研究，具有如下几个方面的重要价值和意义。

一是，从司法实践的实证分析角度来说，加强行政裁判文书说理问题研究是有效化解行政审判突出问题的重要抓手。坚持问题导向，是开展理论研究解决实际问题的基本思路和出发点。笔者之所以选择行政裁判文书说理问题展开研究，也是基于审判实践的迫切需要。长期以来，行政审判一直为上诉率高、申诉率高、实体裁判率低、老百姓胜诉率低、发回重审和改判率低、老百姓服判息诉率低的“两高四低”问题所困扰，面临着司法权威和司法公信力不足的挑战。这其中固然有体制机制不畅、行政审判受到多方干预、存在司法不公等问题，但部分裁判结果并无不当的案件也难以获得当事人的认可和接受，究其根源，是行政裁判文书说理性不强，当事人对裁判的思路和理由无从知晓，使司法认定与社会认同的隔阂加剧。因此，为了破解行政审判司法实践面临的现实困难和问题，提升司法公信力和权威性，有必要认真研究行政裁判文书说理这一课题。

二是，从遵循行政审判独特规律，推进法治政府建设的角度来说，加强行政裁判文书说理研究具有更为独特的价值。作为脱胎于民事诉讼制度的“年轻”的诉讼制度，行政裁判文书说理问题在很长一段时间内一直与民事裁判文书说理问题交织在一起，并无自身独特的要求。但近30余年行政诉讼发展历史说明，作为调整官民关系的特点较为鲜明的诉讼类型，行政裁判文书说理既有与民事、刑事裁判文书说理共性的地方，也有属于行政裁判文书自身的独特要求，需要充分体现规制行政权力的色彩，这不仅关涉行政相对人合法权益保护和司法公信，在一定程度上还与监督行政机关依法行政和维系法治秩序息息相关。特别是党中央明确提出建设法治政府的目标，其中很重要的方面是要切实做到把行政权力关进制度的笼子里。而这个目标的实现，固然有赖于立法、行政等多系统的协同推进，但更为关键的是，作为国家法定、国际通行、效力最有保障的方式，行政审判无疑应当承担不可或缺的独特作用。强化行政裁判文书说理，对同样履行法律实施职责的行政机关而言，不论案件结果是胜还是败，不仅可以知道个案的标准，胜诉方知道胜在哪里，败诉方知道败在哪里，而且还可以通过强化说理规制、提示行政机关在日常行政执法中注重行政执法的说理，并以此增强依法行政的自觉性和积极性，进而提升行政执法的公信力和执行力，推动整个政府法治建设不断迈上新台阶。从长远来看，政府法治建设取得进展，政府权力逐渐做到自觉依法行使，无疑也会带动整个社会自觉遵法守法，促进全社会法治治理水平的提高。

三是，从法律制度健全和完善的角度出发，行政裁判文书说理问题的研究也相当迫切。行政诉讼制度是我国一项较为年轻的诉讼制度，至今正式建立已30余年，诉讼本身的程序性规范尚在发展之中，行政裁判文书说理的理论和制度更不健全。在目前全面深化改革和全面推进依法治国的进程中，司法体制和机制改革正处于“快车道”上，其中，行政审判体制机制改革和加强裁判文书说理都是重要内容之一。最高人民法院在过去每一项司法改革政策指导文件中几乎都对裁判文书说理提出明确要求。2015 年 2 月发布的《最高人民法院关于全面深化人民法院改革的意见——人民法院第四个五年改革纲要（2014—2018）》，更是把“推动裁判文书说理改革”作为了 65 项司法改革重大举措之一。尤其值得注意的是，目前《行政诉讼法》及其司法解释对行政裁判文书说理，根本不是规范条文多少的问题，而是就没有涉及，只能准用《民事诉讼法》的相应规定，而《民事诉讼法》中对裁判文书说理的规定不仅条文相当少，而且规定得非常笼统和原则，更没有充分体现行政诉讼的特点和规律，因此很难应对日益复杂的行政审判实践的需要，迫切需要对行政裁判文书说理加以改革和完善，制定一套统一、完善和明确的说理规范，即使通过法律或司法解释形式予以一步到位地规范还有些困难，但起码可以经过研究，在理论上提出说理的框架和基础，并据此提炼出相对规范的说理指导意见，以适应行政审判实践的迫切需要，还是切实可行的。

四是，加强行政裁判文书说理研究，对繁荣和发展行政法和行政诉讼法学理论也大有裨益。对于行政法学和行政诉讼法学研究，目前学术界一般对行政组织法、行政行为法、行政救济程序法等规范本身的实体和程序问题关注比较多，研究也比较充分，对实践中出现的有关行政行为合法性、救济程序正当性方面的疑难复杂问题往往已有了比较好的应对之策，并为相关制度或司法解释所吸收。但是，对同样作为行政诉讼乃至整个司法制度建设核心内容之一的行政裁判文书说理问题，却关注不够，研究严重不足。这种研究不够深入，并不意味着实践中没有推动研究的动力和需求，相反，在法律体系基本建成的背景下，如何通过有效说理促进法律实施，已是摆在执法和司法理论研究和实务工作者面前的一项迫切的任务。行政裁判文书说理研究，看似范围狭小，甚至处于行政法学研究的末端，却不能小觑，因为说理是在法律实施中居于牵一发动全身的地位，不仅直接反映法律的实施状况乃至立法的质量，也在一定程度上检验理论研究的成果。因此，行政裁判文书说理研究，本身不仅应当是行政法和行政诉讼法学研究的重要组成部分，而且可能还是未来撬起整个行政法学特别是行政诉讼法学研究走向繁荣的重要支点。在理性的法治社会，判决说理是司法权不可缺少的组成部分，这几乎是超越了不同宪制体制与法律传统的普适原理。不论什么社会形态，也不论法治背景如何，只要将法律的权威建立在理性而不是强权之上，则必须强调“以理服人”。作为化解矛盾、实现正义的司法活动形式，比其他任何领域都更加重视“正义不仅要实现，还要以人们看得见的方式实现”。裁判文书作为司法裁判活动的载体和反映，必须依靠严谨、精细的说理理由才能为法律争议的解决提供“看得见的”正当性，提升裁判的可接受性和司法公信力。

第二节　研究范围与方法

一、研究范围

“说理”不是一个严格意义上的法律词汇，而是一个可以兼容多种学科语境、内涵较为丰富的概念。对于裁判文书说理问题的要求，我国诉讼法学理论界和法律实务界，一直有着较高的热情，成果较为丰硕。可以说，裁判文书说理课题，是一个开放的、广泛的选题，需要且可以研究的内容非常多，绝非本书所能全部涵盖。本书研究的缘起，既是博士后研究整体安排的一部分，可称之为“规定动作”，也与笔者从事二十年行政审判工作直接感受有关，特别是在“为什么说理”问题已有相当共识的背景下，如何说理的问题已成为摆在行政法官面前不容回避的课题，因此，开展这方面的研究也有“实践冲动”之意。本书的研究，旨在站在现有理论研究的“巨人肩膀”上，尽力结合笔者自身的感受和体验，努力搭建裁判文书说理“为什么”与“怎么样”之间的桥梁，为提升行政裁判文书说理实务提供尽可能的帮助和启发。受此目的影响，本书的研究范围，重在分析行政裁判文书说理的理论基础和实践背景的基础上，结合行政诉讼程序、裁判方式和行政行为类型，围绕如何开展行政裁判文书说理进行操作性强的实务研究，而并不对行政裁判文书说理进行法哲学上深层次的理论挖掘。具体来说，在对行政裁判文书说理基础理论和实践状况作必要梳理和铺垫之后，主要开展以下几方面研究：第一，在严格规范的研究框架下，行政裁判文书结构如何安排？结构安排对行政裁判文书说理有何影响？在“说理”指挥棒下，行政裁判文书应该有哪些构成要素？每一个结构要素如何说理？第二，在特别强调程序价值的背景下，诉讼程序的不同对行政裁判文书说理有何影响？不同诉讼程序，比如一审程序文书和二审程序文书，简易程序文书和普通程序文书有何不同，说理要点有何区别？还有，在行政案件中并不是普遍存在延长审理期限、中止审理、规范性文件一并审查等独特程序的适用，在行政裁判文书说理上有何体现和侧重性的要求？如何遵照不同程序的规律，表达出令人信服的程序正当性？第三，行政裁判文书类型复杂多样，不同裁判文书类型，比如主要的行政判决书、行政裁定书，对文书说理有哪些具体的要求？不同裁判方式内部又存在相互区别明显的裁判内容，比如行政裁定书可以分为不予受理裁定书、驳回起诉裁定书、指定管辖裁定书等，行政判决书可以分为驳回诉讼请求判决书、撤销判决书、确认违法或无效判决书、责令履行判决书、给付判决书、赔偿判决书等。不同类型的判决方式，对裁判文书相应的说理提出了更加细化和具体的要求，说理工作如何回应？第四，行政裁判文书的一大特点是回应行政行为合法性审查情况，而行政行为在理论和实践中的样态则层出不穷，不同样态的行政行为，不仅合法性审查要点不同，而且裁判文书说理的侧重点也有显著差异。比如，从最基础的视角看，行政行为划分为作为类行政行为和不作为类行政行为，二者合法性审查要点是明显不同的，如何在裁判文书中对合法性审查情况展开说理？即使是在作为类行政行为内部，又存在不同性质的行政行为方式，这些行为方式对说理有何影响？如何根据具体的行为类型和方式，确定具体的说理内容和重点？第五，行政裁判文书说理前瞻性思考，在司法改革背景下，如何规范、引导和激励法官加强和改进文书说理，不仅事关法官制度改革，更在深层次上影响行政裁判文书说理的实效性和有效性，等等。鉴于篇幅有限，再加上研究目的的考虑，本书的研究范围在于：基于行政裁判文书说理的理论分析和实践，着重研究强化行政裁判文书说理的进路，即围绕文书结构与说理、诉讼程序与说理、裁判方式与说理、行政行为类型与说理以及说理的前瞻等方面展开实务性、操作性研究。同时，考虑到行政诉讼审查对象涉及 50 余个行政管理领域，说理研究不可能面面俱到，在作为类行政行为裁判文书说理部分，以实践中案件数量占比较大、法律争议较为突出的政府信息公开案件为分析样本展开论述。

二、研究方法

方法是研究的钥匙。本书将立足实践，采用如下研究方法开展研究。

1．规范分析法

本书将围绕中央司法改革精神、现行法律规范、司法政策对裁判文书说理的要求，研究行政裁判文书说理的目标理念、制度定位和价值追求，为准确定位行政裁判文书说理的功能和意义奠定基础。

2．比较分析法

裁判文书说理是诉讼制度中的基础性、本源性内容。本书将对行政裁判文书说理的基本理论予以厘清，梳理行政裁判文书说理的发展沿革、实践状况和存在的问题，并与域外关于裁判文书说理的法律制度进行必要的比较分析，从中归纳出既有现实性又有前瞻性的完善行政裁判文书说理的对策，寻找解决疑难法律问题的启示。

3．实证（案例）分析法

以大量行政裁判文书作为分析样本，特别是其中部分具有代表性的裁判文书，对其说理的思路、理念与现状进行重点解读。根据鲜活的第一手实证素材，对行政裁判文书开展类型化说理的尝试，提升本书的针对性和实效性。

第三节 研究现状简要综述

理想与现实总是存在各种各样的张力，法治建设上如此，裁判文书说理方面也不例外。裁判文书说理不仅是彰显司法理性的内在要求，更是目前推进司法改革、促进司法公正的重要载体和抓手，因此一直是诉讼法学理论和实务研究的重点。从目前公开发表的研究成果来看，研究的主题主要有以下几个方面：一是围绕说理的理论基础展开研究。这方面，主要研究裁判文书说理的必要性、说理的内涵和构成、说理的正当性和可接受性问题。比如胡云腾法官在《论裁判文书的说理》[①] 一文中，论述了裁判文书说理的必要性和重要性，指出裁判文书的说理不纯粹是一个司法技术问题，而是一个政治问题和制度问题，重视裁判文书说理实质上是司法文明进步的体现，尤其是司法民主和司法理性的体现。该论文还指出，说理的“理”，主要指事理、法理、学理、情理和文理。有学者从通过互动凝聚共识的视角，深层次研究裁

① 胡云腾：《论裁判文书的说理》，载《法律适用》2009 年第 3 期。

判文书通过说理提升可接受性问题。比如，张纯辉博士的著作《司法判决书可接受性的修辞研究》，视角新颖，观点独到，试图从修辞论的角度对司法判决书的表达和实践进行描写分析，以此探索司法判决书改革中需要注意的一些深层因素，力图揭示出司法判决书的表达对判决可接受性产生影响的深层规律。该文不仅从说理角度论述了裁判文书可接受性的标准，更加难能可贵的，是从深层修辞的视角，以说服与劝导为关系框架，将法律推理与语言技术融入裁判文书说理之中，很有启发意义。二是围绕裁判文书说理实务问题展开研究。这类文献主要立足于现行裁判文书说理现状，分析存在的问题及其原因，并提出相应的对策建议。比如魏胜强教授的论文《当面说理、强化修辞与重点推进——关于提高我国判决书制作水平的思考》，结合大量实例，指出我国判决书说理存在的一些突出问题，如说理场合不当、修辞力度不够、案件难易程度不分等问题，并基于现行制度和文化传统，提出了改进判决书说理和判决书制作水平的建议。三是研究判决理由。裁判说理和判决理由是基本相近但存有不同的范畴，前者具有动态特征，后者基本是静态分析。判决理由主要研究理由有哪些，以及这些理由的意义和价值。比如周晓霞博士的著作《民事判决理由研究——以一审判决为中心》，认为民事判决理由主要由法官对法律争点的判断理由、对要件事实争点的判断理由、对证据事实争点的判断理由组成，该作品还重点研究了判决理由的法律效力，认为法官说理的行为及其效果具有公共属性，属于人民群众享有的公共利益之一，因此不允许法官对判决依照其个人意志任意取舍，必须受到理由制度的约束，因为我们所倡导的“法治”是一种作为理由之治的“法治”。四是从历史和比较视角展开裁判文书说理研究。从历史走向未来，通过比较博采众长，随着对传统文化的挖掘和对外交流的广泛，近年来这类研究成果较为丰富。比如，苏力教授的论文《判决书的背后》，深刻分析了英美法系和欧陆法系国家裁判文书制作，特别是说理方面的制度背景、历史传承和文化基因，并在与我国目前司法体制和工作机制相比较的基础上，得出我国判决书改革乃至司法改革的推进都必须探寻一条适合自身的路径。肖晖教授的著作《中国判决理由的传统与现代转型》，是观察我国裁判文书说理从历史走向未来的较有代表性的作品，分析了我国裁判文书说理的历史发展，以及从传统走向现代的必由之路，指出必须扬弃情理型文书说理模式，走向规范性说理模式，并要努力通过立法和释法技术克服规范型说理模式自身存在的局限性。由此可见，对于裁判文书说理的研究，理论和实务界已有丰富的研究成果，对于改进裁判文书说理工作具有很强的理论和实务指导意义。

梳理这些研究文献，不难发现，目前的研究呈现出如下特征：在研究内容上，基本解决了裁判文书说理“为什么”和“怎么样”的问题，即对于裁判文书说理的必要性、重要性，说理的内容，说理的现状与问题，都有较为清晰的认识和分析。在“怎么样”方面，对如何实现裁判文书说理，主要研究旨趣在于法律方法和文书制作技术方面，对如何根据丰富的案件类型，开展裁判文书说理类型化研究，显得不是很足够。在研究方法上，现有研究综合运用理论分析、历史分析和比较分析方法，引经据典，对域内外裁判文书说理的制度背景和历史脉络都展现得较为充分。在实证分析方法运用方面，很多文献即使是重点研究理论问题，也不忽视对实务问题和案例的关注，这是很难能可贵的。但是，在对个案进行归纳、提炼，并进而展开类型化的说理问题研究方面，显得系统性有所不足。在研究结果上，尽管在不同层次上发挥了指导实践的作用，有的已上升为说理指导意见，有的转化为文书样式，还有的在思想理念上指导法官写好判决书，但提出统一、抽象的说理要求往往较为容易，可让这些理念和要求真正走进裁判文书之中却往往是较为困难的，特别是在“案多人少”已成为目前法院工作节奏常态的背景下，更是很难做到每案都说理充分，都遵循一样的说理要求。因此，如何系统化、类型化、模块化研究不同类型裁判文书的说理要求，是未来裁判文书说理制度和制作技术必须面对和亟待解决的问题，现有研究成果显然对此需求供应不足。此外，在查阅文献时也能强烈地感受到，在研究领域方面，民事、刑事判决说理的研究文献较多，行政裁判文书说理的研究成果相对较为缺乏，这在一定程度上也凸现出加强行政裁判文书说理独特性研究的重要性和迫切性。

第四节　研究方向与预期成果

一、研究方向

目标决定思路。裁判文书改革是当前司法改革的热点和重点问题，牵涉的不仅仅是裁判文书制作的技术因素，因具有直接反映和衡量其他司法改革成果的重要价值，因而也是一个难点问题。目前法学界和实务界围绕裁判文书说理问题进行了深入研究，著述较为丰富，但学理研究成分较重，实务研究也基本围绕理论转化以及文书制作技术角度展开，特别是对行政裁判文书说理研究，尚未触及行政审判的深层次规律问题。本书试图从类型化、模块化的视角对行政裁判文书的表达和实践进行可操作性的描述分析，结合大量案例努力探寻反映裁判文书说理共性规律和行政审判内在价值的深层次因素，并以此指导行政裁判文书说理实践，提升行政裁判文书的说理性、正当性和可接受性。

因此，本书重在研究行政裁判文书说理的理论机理、内在规律，在结合行政案件裁判文书实证研究的基础上，分析探究存在的问题和应对方法与路径。因此秉持的原则和研究的框架，应明显区别于纯理论性的课题，具有较强的实践指向性。一是坚持理论性和实践性相结合。注重从裁判文书说理的理论和价值基础出发，结合行政审判实践，探索行政裁判文书说理的特质。二是坚持现实性和前瞻性相结合。以鲜活的行政裁判文书实践作为基础，分析当前行政裁判文书说理的实际状况、制约因素、问题成因，既关注裁判文书说理的现实路径，又切实探索符合裁判文书发展趋势的改革路径，体现创新精神，适度保持必要的前瞻性。三是坚持体系化和系统性相结合。深入研究行政裁判文书说理的内在体系和逻辑，同时将行政裁判文书说理问题纳入行政诉讼类型化体系中加以认识和分析，以系统的眼光研究促进和推动行政裁判文书说理的深层次体制、机制，找准其在司法改革中的系统定位。

二、预期成果

本书致力于客观分析和评估当前行政裁判文书说理的现状，找出问题，分析其成因，立足正在开展的司法改革和现有法治框架，结合实践提出若干切实可行的建议和意见，形成客观、翔实、分析深入的研究报告。同时，注重成果转化，在调研基础上为完善行政裁判文书说理机制提出意见和建议，为有关方面拟定加强和指导行政裁判文书说理规范提供有益参考和借鉴。①

① 2018 年 1 月 9 日，笔者应邀参加最高人民法院司法改革领导小组办公室组织召开的裁判文书说理改革研讨会，对《关于加强和规范裁判文书释法说理的指导意见（征求意见稿）》进行研讨，结合本报告研究成果，就裁判文书说理的定位、繁简分流、审级配置以及激励引导，特别是其中涉及行政裁判文书说理的部分发表了意见，取得了较好的效果。2018 年 6 月 1 日，最高人民法院印发法发〔2018〕10 号《关于加强和规范裁判文书释法说理的指导意见》，采纳了笔者的一些建议。此后，笔者应邀参与最高人民法院司法改革办公室编著的《最高人民法院关于加强和规范裁判文书释法说理的指导意见理解与适用》（中国法制出版社 2018 年版）一书部分条文的撰写工作，本报告研究的一些心得体会已融入其中。

第一章　行政裁判文书说理的理论基础

行政审判调整行政机关与行政相对人这一对关系，备受瞩目。在法治国家、法治社会、法治政府一体建设的当下，行政审判堪称法治国家的一面镜子，映射着法治国家建设的原理和精髓。行政裁判文书作为行政审判的一种载体，既是静态的，反映行政案件的审理过程和逻辑结果，更是动态的，深刻折射行政审判在调整行政权与公民权利良性互动方面的运行状态。说理，对于行政裁判文书来说，更是灵魂和核心，既是面向过去的，需要给已成为“历史”的争议从法律上给一个令人信服的结论，更是面向未来的，为行政机关依法行政和公民保护自己的权利提供规范指引，通过司法裁判理性的说服，规制行政权力的行使，重塑社会良善治理的良好局面。本章主要研究行政裁判文书说理的理论基础，为后续展开技术性、规范性、操作性强的说理问题研究提供理论支撑，主要讨论四个问题：一是行政裁判文书说理概述，二是行政裁判文书说理的独特价值，三是行政裁判文书说理的内容与方法，四是对几个理论问题的回应。

第一节　行政裁判文书说理概述

现代法治社会，正义不仅要实现，而且必须以人们看得见的方式来实现。裁判文书作为公共产品，不仅要展示裁判的过程和结论，更要回应当事人的诉求，即不仅要告诉当事人及公众关于案件处理的所以然，还要告知裁判背后的“之所以然”，这就是说理。说理的价值如此之大，那何为说理呢？因此，研究行政裁判文书说理，必须从概念分析入手，而在“行政裁判文书说理”词语结构中，不论是理论还是实践中，这都是一个偏重“说理”的结构组合，特别是在本书语境中，“说理”也是比“行政裁判文书”更需要优先界定的概念。所以，本节先从“说理”的含义开始分析。

一、说理的含义

说理，是语言学、政治学、社会学和法学等学科领域较为活跃的一个词，也是政治领域、公共生活领域以及私人生活交往过程中一个常见的现象，古今中外概莫能外。说理一词之所以横跨各个学科领域和社会生态，既可以高居庙堂之上，也可以适用于草根阶层，都源于“说理”一词的含义具有丰富性、广泛适用性。

不同学科中的“说理”

1. 语义学上的含义

在语义学上，说理一词由“说”和“理”两个字组成，因此，解释“说理”先得从解释“说”和“理”方面入手。那么，何为“说”？何又为“理”呢？

先说“说”。在《说文解字》中，“说，释也。从言兑声。一曰谈说”。[①] 可见，在古代，“说”主要是指解释、说明的意思。其实，《说文解字》书名中的“说”，也是这个意思。在《现代汉语词典》中，“说”有两层含义，作为动词的“说”和作为名词的“说”，后者在古代汉语中也是存在的，比如古文名篇《爱莲说》的“说”即是一种文体。本书研究对象“说理”的“说”，主要是作为动词的“说”。根据《现代汉语词典》的解释，说的含义：一是用言语解说，开导、说明、批评、主张；二是评议、谈论。

再说“理”。在古汉语中，“理”是由玉、里二个部分组成的形声字。《说文解字》的解释是，“治玉也。从玉，里声”，语义是指“雕琢、加工玉石”。随着人类社会生活的逐步发展和演变，“理”的含义，也从这个“雕琢、加工玉石”的原始古汉语语义，向“玉石之纹理”发展，接着又被引申为“事物运动变化的规律、法则”。在现代汉语中，“理”的含义已是相当丰富，主要有这样六层意思：（1）物质本身的纹路、层次，客观事物本身的次序；（2）事物的顺序，是非得失的标准、依据；（3）自然科学，有时特指“物理学”；（4）按事物本身的规律或依据一定的标准对事物进行加工、处

---

① 段玉裁：《说文解字注》，中州古籍出版社 2006 年版，第 93 页。

置；（5）对别人的言行作出反应；（6）古代也指法官。这几层的含义，在一定程度上也反映出“理”字从古汉语到现代汉语的发展脉络，既不失本义，也引申出了更多的含义。

最后说“说理”。从词语结构上来说，“说”是动词，“理”是名词，但由这两个单字从古代汉语发展演变的轨迹来看，“理”固然是由“玉的纹理”演变为“事物的规则或道理”，但“说”其实在古汉语语境下，本身即具有“说理”的含义，即“说”的对象往往就是“理”，二者往往是不可分割的。有学者研究认为，“汉以后以‘说’命名的篇章论著，一般乃表示说明或申说事理的意思。故吴讷《文章辨体》称‘按说者，释也，述也，解释义理而已意述之也’这个解释是适合秦汉以后大多数以‘说’命名的文字的”。① 可见，在古代，“说”本身即含有说明解释道理的意思。从组合词上来说，“说理”一词在古汉语中就存在，而且意义和内容与现代汉语基本一致，主要是指“说明道理”“讲理，不蛮横”。在古汉语中，“说理”一词使用就特别广泛，名篇佳作很多，经典的比如：“说天者莫辩乎《易》，说事者莫辩乎《书》，说体者莫辩乎《礼》，说志者莫辩乎《诗》，说理者莫辩乎《春秋》。”②

2. 哲学中的“说理”

从古至今，“说理”具有很强的哲学意味，特别是其中的“理”，很长一段时期内都是古代哲学的核心词。在现代哲学中，哲学是“理论化、系统化的世界观，是世界观的理论体系”，与“理”的含义有本质的联系，“理”的地位甚至直接关乎“哲学是什么”的问题。著名学者陈嘉映在《说理》一书中论述，“哲学通过说理达乎道”“哲学的突出特点在于它关乎说理；这个特点把哲学与解牛、办实业等等区分开来，也把哲学与艺术、宗教等精神领域区分开来”。③ 他还认为，“说理的目标，通过在此一事上的说服，让对方获得理解，让对方自己获得理解的能力。说理的目标，若从根本上来说，与其说是在一事上让对方接受自己的看法，不如说是一种心智培育”。

3. 诉讼法学即本书中的“说理”

在法学中，特别是诉讼法学中，“说理”已是一个耳熟能详的词汇。在审

---

① 曾常红：《汉语论辩体语篇研究》，湖南师范大学出版社 2007 年版，第 2 页。

② 出自西汉扬雄所著《法言·寡见》。

③ 陈嘉映：《说理》，华夏出版社 2011 年版，第 2 页。

判领域，特别是在裁判文书制作和研究框架内，说理是指法官以经审查确认的事实为基础，依据法律规定和法理、情理，分析认定案件性质，阐述案件处理意见及其理由，并针对诉讼当事人的诉辩意见进行评析裁判的过程。由此可见，裁判文书中的“说理”，既包含语义学和哲学社会学上的含义，也有其独特的内涵。

这种诉讼法或裁判文书中的“说理”，独特的地方在于：（1）恪守“说理”的内在含义。裁判文书的说理，核心在于讲明裁判的道理，通过说明、解释事物本身的是非曲直和内在规则，告诉当事人乃至社会公众争议处理的“所以然”以及“之所以然”。（2）体现哲学上的主体性。裁判文书说理涉及当事人与法院的诉讼构造，特别是诉讼当事人的权利义务，而说理特别注重“说出道理同时也是道理的成形”，[①] 通过裁判文书说理“释放一种理解、尊重、不轻慢对方的善意，让彼此变得温和而有理性”。[②] （3）彰显裁判的本质。裁判权具有国家强制权属性，但裁判权威的本质，决定了权威不能仅仅依靠强制来维护，必须通过理性的沟通、互动、展示、回应来构建司法与当事人乃至公众之间的良性关系，“命令—服从”的强制，可以维护一时的权威，而说理所体现出来的“说服—信任”，才是裁判权威得以维系与发展的源泉和根本。

二、行政裁判文书的内涵

行政裁判文书的内涵，比较好理解，理论与实践中的歧义也较少。行政裁判文书的内涵，可以通过构成该词汇的两个词组来分析。“行政裁判”，又称为行政诉讼裁判，“是指人民法院审理行政案件，对所涉及的实体问题及程序问题所作的处理”。[③] “文书”，又指法律文书，是指司法接管依法制作的处理诉讼案件和非诉案件，具有法律效力或法律意义的文书。将二者结合起来，行政裁判文书就是指人民法院审理行政案件过程中，对所涉及的实体问题及程序问题所作的处理，确定当事人权利义务，据此作出具有法律意义的文书。从广义上来说，行政裁判文书，包括行政判决书、行政裁定书，以及其他诉

① 陈嘉映：《说理》，华夏出版社 2011 年版，第 5 页。

② 转引自张忠斌：《公平正义与感受到公平正义》，载《人民法院报》2017 年 10 月 22 日。

③ 胡建淼：《行政诉讼法学》，法律出版社 2004 年版，第 214 ~ 215 页。

讼过程中的调解书、决定书等；狭义的行政裁判文书，仅指行政判决书和行政裁定书。本书研究的对象和范围，系狭义上的行政裁判文书，即行政判决书和行政裁定书。

（一）行政判决书

行政判决是人民法院经审理对行政争议的实体问题所作出的判断和裁决，行政判决书即是对这种判断和裁决的书面记载。具体来说：一是行政判决书记载对行政争议的实体处理结果，其中包含程序性因素和要素，但处理结果必然是实体性的，而不能是程序性的，否则即为行政裁定书；二是行政判决书记载对行政行为合法性审查的情况，反映对行政行为认定事实、适用法律和执法程序合法性适当性的评析过程，换句话说，不反映行政行为合法性审查情况的文书，不是行政判决书；三是行政判决书记载对起诉人诉讼请求和理由是否成立的判断情况。诉讼请求在人民法院审理案件中居于“核心地位”，判决应当与诉讼请求相照应，回应当事人的诉讼请求和理由。在一定程度上说，这与上述第二个方面，是“一枚硬币的两面”，即反映起诉人诉讼请求和理由是否成立的情况。

按照诉讼程序分类，行政判决书，又可以分为一审行政判决书、二审行政判决书和再审行政判决书。一审判决书包括驳回诉讼请求判决、撤销判决、履行判决、确认判决和情况判决、变更判决等；二审判决书包括维持判决、改判判决等；再审判决书包括再审维持判决、再审改判判决等。按照“两审终审制”的诉讼原则和规则，一审行政判决书作出后，当事人可以在十五日内提起上诉，上诉期内不生效。二审判决书则已经送达即发生法律效力。再审判决书又可以分为按照一审程序作出的再审判决和按照二审程序作出的再审判决，前者可以上诉，后者则是终审判决，当事人不得提起上诉。

（二）行政裁定书

行政裁定，“是指人民法院在审理行政案件过程中，根据事实和法律，就其程序问题所作的处理”。[①] 行政裁定书，即记载前述案件处理结果的文书。与行政判决书一样，行政裁定书都是人民法院权威判断和裁决的载体，都具

① 胡建淼：《行政诉讼法学》，法律出版社2004年版，第221页。

有法律权威，但二者又有本质的区别，前者处理实体问题，后者处理诉讼程序问题。①

对于行政裁定书的适用范围，一般来说，可以分为一审程序、二审程序和再审程序，当事人对一审行政裁定书不服可以依法提起上诉，对二审行政裁定书不服，还可以依法申请再审。有的行政裁定书只适用于一审程序或者特定程序，当事人不能提起上诉，前者比如撤回起诉裁定书，后者比如管辖权异议裁定书、准予执行或停止执行裁定书，等等。

三、行政裁判文书说理的内涵与外延

（一）内涵

前面解释了"说理"和"行政裁判文书"的含义，把二者合起来，即"行政裁判文书说理"，是指法官在对行政争议作出裁判制作裁判文书时，应当向当事人及相关公众说明裁判的事实和法律依据，以及通过法律解释、推理、裁量作出裁判的过程，展现出裁判结论与裁判理由之间的内在本质逻辑联系。由此可见，行政裁判文书说理的内涵，可以从以下几个方面来理解。

1．说理主体特定性

这是各种类型裁判文书的共性特征。一直以来，裁判文书说理的主体是谁，是作为组织的法院，还是作为个体的法官，存有不同程度的争议。这个问题，在西方法治发达国家，本不是一个问题，但在我国法治背景下，则成为一个颇具特色的有争议的问题。有论者认为，《宪法》和《人民法院组织法》都规定，人民法院依法独立行使审判权，不受行政机关、社会团体和个人的干涉。可见，裁判权的行使主体是法院而非法官个人，裁判文书可以由具体法官作出，理由可以由具体法官撰写，但制作文书和说理的主体只能是裁判权的享有主体即人民法院。也有与此不同的意见。对此，笔者认为，审判权依法由法院享有，但裁判文书的说理主体应当是法官或合议庭。之所以如此认识：一则，在规范上，尽管《宪法》和《人民法院组织法》都规定人民法院是享有独立审判权的主体，但这个审判权必须通过法官或合议庭的具

① 参见胡建淼：《行政诉讼法学》，法律出版社2004年版，第221～222页。

体行为来落实，其实在一定程度上，法院依法独立行使审判权，实质上就是法官或合议庭依法独立行使审判权。这也为《法官法》[①] 所确认，该法第二条、第七条规定，法官是依法行使国家审判权的审判人员，法官享有依法审判案件不受行政机关、社会团体和个人的干涉的权利。二则，从目前司法改革的目标定位来看，“让审理者裁判、由裁判者负责”，不论是从裁判权的主体，还是从责任承担主体，抑或权力与责任相对应的角度，也是对过去法院依法行使审判权的内涵的更进一步清晰化，也是对过去模糊认识的澄清。三则，从最外在形式上看，裁判文书署名制度也能在一定程度上，反映出裁判的作出主体以及文书制作和承担理由说明义务的责任主体。

2. 说理具有附属性

附属性，并不意味着地位不重要。裁判文书说理居于审判的核心位置，没有说理不能称其为裁判，但是这并不意味着说理是一个独立行为过程或载体，而是依附于一个法律上已经作出的裁判之中。如果没有裁判的作出，可能也有其他方式和程序中的说理，但无疑不存在裁判文书的说理。这也意味着，裁判一旦作出，是否说明裁判的理由，在本质上并不影响裁判的成立、生效或执行，所牵涉的只是裁判能否为当事人或公众内心所认同或接受。这同时也意味着，法官对裁判的说理，只能依附于所赖以存在的裁判文书，理由都应当记载在文书之中，也只能以文书记载的理由为准，在裁判文书之外的任何形式的“判后答疑”，其实都是对裁判文书说理规则的内在破坏，因为法官在判决文书之外，都应当“三缄其口”。

3. 说理内容具有明确性

明确性是裁判文书说理的核心要素，这是由裁判理由权威性所决定的。一方面，裁判的理由具有规则指引性，行政行为合法与否需要论证和理由，认定行政行为合法的，理由等于告诉当事人正确合法的行政行为构成要件以及如何作出行政行为就是法律所认可的，认定行政行为不合法，就等于告诉当事人法律不支持什么样的行政执法，需要在以后的执法中加以改进和避免；另一方面，裁判作为确定当事人权利义务的权威文书，其理由说明必须是明确的、清楚的，这是作为国家司法权“产品”的题中应有之义，以避免当事

---

① 《中华人民共和国法官法》由第十三届全国人民代表大会常务委员会第十次会议于 2019 年 4 月 23 日修订通过，自 2019 年 10 月 1 日起施行。

人对裁判理由的理解出现歧义。因为裁判是要执行的，是要引领当事人规范行为的，不能让当事人对裁判理由“一头雾水”，更不能让当事人自己捉摸、猜测裁判背后的理由，削弱司法的公信和权威。

4. 论理性

顾名思义，裁判文书说理，自然要说明裁判的理由，无须多言。之所以要说理，是因为说理有优势，说理的优势就在于论理。“比起小说、电影、宣传、利诱，说理是最理性的，因为说理依赖于事实与逻辑的力量。”[①] 说理的重点在“论”，对裁判形成所依据的事实和法律进行阐述和论证，体现的是说服、合作的特点。这里的论理性，既包括对裁判中事实认定和法律概念的分析和说明，更要考虑行政审判的特殊性，将裁判作出背后公共利益和个人利益的权衡展示出来，通过公开展示理由和逻辑的力量，减少裁判作出的恣意空间，增进当事人和社会公众的信任。

（二）外延

裁判文书是一个结构较为复杂、要素较为多样的法律文书类型。说理作为“红线”，贯穿于裁判文书的各个内部结构和方面。经过多轮司法改革以及实践创新摸索，裁判文书的结构和要素已基本清晰，特别是文书的结构，作为裁判文书的基本框架，有严格稳定的规范性要求。

1. 裁判文书的结构

根据现有法律规范和实践经验总结，裁判文书的结构已有基本的共识，即包含三个方面，首部、正文和尾部。首部是裁判文书的开头部分，包括法院名称、文书名称、案号、诉讼当事人及其基本情况，以及案件的由来、审判组织和审判过程等。正文是案件审理的实体部分，即使是程序处理的案件，也有需要回应的实体问题，是裁判文书的核心部分，也是裁判文书的结构主体，包括事实认定和法律适用说理和主文等三个部分。尾部是裁判文书的结束部分，包括当事人权利的交代和审判组织的署名及日期、印章，这是裁判文书乃至诉讼程序终结的标志。

2. 本书讨论说理的范围

从裁判文书结构描述可以看出，行政裁判文书的正文包括事实认定和法

---

① 陈嘉映：《价值的理由》，中信出版社 2012 年版，第 61 页。

律适用说理和主文三个部分。这三个部分除了主文一般只涉及规范表述而不涉及说理问题之外，事实认定与法律适用部分都会涉及说理问题。这就涉及说理的广义和狭义之分，广义的说理包括事实认定及证据部分的说理，也包括作为裁判理由的说理。而狭义的说理，往往仅指裁判在认定事实基础上，“本院认为”的说理部分。简而言之，说理就是在裁判文书中阐明的判案理由。① 在许多研究裁判文书制作与写作的著作中，说理往往仅指裁判文书主文中的理由部分。

本书研究的范围，不局限于狭义与广义的含义，而是把说理作为贯穿裁判文书事实理由和结果的“红线”，以裁判理由为主要论述对象，并以此作为主要着墨点。同时，考虑事实是否清楚、证据是否充分、法律适用是否正确也是司法审查的重要内容之一，因而也对事实认定部分的说理作出相应的回应，真正实现在事实与理由之间穿梭，并以此构建判决理由和裁判结论之间的因果关系。

第二节　行政裁判文书说理的独特价值

在哲学意义上，就一般含义来说，价值是客体的存在、属性及其变化同主体的结构、需要和能力是否相符合、相一致或相近的性质。如果这种性质是肯定的，就是说客体对主体有价值或有正价值。如果是否定的，则意味着客体对主体无价值或有负价值。行政裁判文书说理，在形式上是一个静态的将裁判理由跃然纸上的过程，但由于行政审判不是一个静态的程序，而是一个权利主体与权力主体之间互动的过程，既具有一般诉讼文书说理的共性价值追求，又具有相对独立的价值取向，这既有共性，又有个性的价值追求，对行政裁判文书说理具有深层次的影响力。

一、裁判文书说理的共性价值

行政裁判文书，是行政诉讼的载体与表现形式，其说理自然带有诉讼程

---

① 唐文：《法官判案如何说理：裁判文书说理研究与应用》，人民法院出版社 2000 年版，第 2 页。

序的内在属性和价值。特别是基于诉讼程序公开、公平、公正的价值要求，以及对于实践商谈理论的积极回应，行政裁判文书说理的价值，与民事、刑事裁判文理说理相比，必然有相通乃至相同的地方。

（一）展示裁判的正当性

裁判文书说理的内在机理，在于作为化解争议、明晰规则、确立行为规范的裁判，必须展示自身裁判的正当性。无正当性，裁判本身的权威与存废都会成为问题。德国法学家 H. 科殷认为，在法治国家中，法官的职责主要有三项，即：一是必须对提交到自己面前的有效的权益诉求给个说法，无权拒绝裁判，不能借口没有法律或法律规定不明确拒绝裁判；二是必须服从法律，根据法律对案件作出判决；三是法官有义务不仅根据法律，而且还要公平公正地作出判决。[①] 这就是说，法官承担着裁断是非曲直的职责，依据法律，公平公正地作出判决。如何判断法官职责的履行情况，裁判文书说理是重要的观察窗口。法官是否依法公平公正作出判决，需要通过裁判文书说理来展示。

1. 展示当事人的诉求和争议焦点

裁判文书说理，要展示自身裁判的正当性，首先就要树立好靶子，即确定当事人请求法院解决什么争议。“繁简分流要求法官应当在裁判文书中围绕争议焦点分配说理资源，集中笔墨解决有争议的事项。”[②] 只有搞清楚当事人诉争什么，确定争议的核心和焦点，法庭审查的重点才会更加明了，裁判文书说理也才会更有针对性，更有利于展示自身的正当性。如果当事人的诉求不清晰，法庭没有准确把握当事人的诉争焦点，那么有针对性的说理将无从谈起。这样的裁判，自身的正当性也将大打折扣。

有人认为，总结争议焦点并不是裁判文书说理的内在要求，而且争议焦点的归纳，也非裁判文书说理的重点。对此，一则，的确并非所有案件都需要归纳争议焦点，对许多本身事实较为清楚、争议不大，乃至高度合意性的案件，无须也没有必要归纳争议焦点。二则，争议焦点在大多数情况下，并

---

① ［奥］凯尔森：《法与国家的一般理论》，沈宗灵译，中国大百科全书出版社 1996 版，第 164 页。

② 最高人民法院司法改革领导小组办公室：《最高人民法院关于加强和规范裁判文书释法说理的指导意见理解与适用》，中国法制出版社 2018 年版，第 30 页。

不是裁判文书说理的直接内容，但并非在裁判文书中展示争议焦点就没有任何意义。相反，争议焦点是当事人争执的关键和核心环节，既是案件裁判正当性的关键，更是裁判文书通过说理展示正当性和公正性的重要基础。因此，在广义上说归纳和展示争议焦点，也是裁判文书说理的一部分。三则，在有些案件中，特别是疑难复杂案件中，争议焦点的归纳和确定过程，也是法律和事实穿梭交互的过程，同样需要理由来支撑。可见，争议焦点是当事人争议的聚焦点，也是需要法律和事实分析的集中体现，对于实现说理有的放矢，提高裁判的正当性，具有重要的基础性作用。

2. 展示事实认定和法律适用的正当性

裁判文书是法院在案件审理结束后，根据事实和法律对案件作出的具有权威约束力的结论和载体。① 行政裁判文书作为官民诉讼争议的最后载体，既是行政机关是否依法行使职权的诊断书，又是公民、法人或者其他组织维护自身合法权益的宣言书。在我国目前司法体制下，法官不仅要独立自主地认定案件事实，还要正确适用法律，较之许多域外法官，我国法官的权能更为全面而深刻。因此，裁判文书展示对事实的认定过程，对法律适用的选择和推理过程，既是裁判文书说理的需要，也是展示自身裁判合法性、正当性的内在要求。试想，如果对事实认定和法律适用有专属判断权的司法，在作为提供公共产品的裁判文书中，无须展示事实认定和法律适用的理由，这样的司法更像是擅断的司法，无论如何不是建立在法治基础上的理性的司法。因此，展示自身的合法性和正当性，是裁判文书说理的最主要价值。这不仅决定个案的正义与否，还与司法的公信力和法律的权威性直接相关。

3. 展示裁判结果与社会情理的契合度

裁判主要解决事实和法律争议问题，尽量减少社会因素对司法的不良影响，这本身并没有问题。但是司法免受不当干扰，并不意味着司法就是在真空中。相反，司法作为一个解决社会问题的艺术，不宜也不应当脱离社会生活。一则，司法解决社会争议，不可能空中楼阁，脱离社会去裁判纠纷。二则，公正适用法律具有实践性和社会性，包含了对法律社会性的考量，这也是法律适用解释中合目的性解释方法之所以重要的关键所在。正如美国波斯纳法官所言，对法官来说，最好是将他们的工作理解为，在每一个案件中都

① 刘建军、王颖：《裁判文书的法律价值与改革》，载《法律适用》2002 年第 9 期。

努力获得特定环境中最合乎情理的结果。[①] 这里，波斯纳没有将裁判结论定位在准确认定事实、正确适用法律这样显而易见的层面，而是对准确适用法律、正确认定事实提出了背后深层次的、起内在支配作用的“特定环境”和“合乎情理”。也就是说，法官在审理案件过程之中，不宜片面割裂认定事实和法律适用与社会大众生活之间的紧密联系，相反，还应当将事实认定与法律适用置于社会情理之中加以考量，以实现法律规则与社会情理之间的有效衔接。这是提升司法裁判可接受性的重要支撑点。

（二）回应当事人的诉求和理由

裁判文书说理主要由两大部分构成：一部分是为裁判结果提供理由上的支撑，这主要是展示的层面；另一部分是与前一部分紧密相连，但侧重点有所不同，即回应当事人的诉求和理由，特别是诉讼奉行不告不理的规则，当事人的诉辩主张及其理由是当事人诉讼主体地位的体现，成立与否，得到支持与否，理当由法庭予以回应。

1. 回应当事人对案件事实和法律适用的疑惑

诉讼过程，是诉讼各方当事人平等对话博弈的过程，充满着争议和当事人的疑惑。裁判就是要为争议画上句号，为疑惑给出回应，裁判文书说理是为这个句号和回应提供理由上的支撑。裁判文书说理，除了展示裁判结论的正当性和合法性，还要回应当事人对事实和法律问题的疑惑。这就是说，除了诉讼各方对事实认定和法律适用没有异议，即形成合意的部分，可以经法院简单予以确认之外，对当事人有疑问甚至强烈质疑的事实和法律问题（通常也是案件争议焦点），应当给予回应。比如，对于案件定性和处理的关键事实问题，是否有证据支撑、证据是否合法真实、证明标准是否达到要求等，如果当事人存在争议，则需要予以回应。再比如，对于案件所涉及法律适用问题，如果当事人有争议，那么法院自当对为什么适用此法而不是用彼法，此法为何适用这一条这一款，而不适用那一条那一款，此条此款为何这样解释而不那样解释，都应当给出令人信服的理由。

2. 回应当事人对司法自由裁量的疑惑

权力有扩张性和易被滥用性，因而，对权力需要设置规范，将权力关进

---

① ［美］波斯纳：《法理学》，苏力译，中国政法大学出版社2002年版，第165页。

笼子里。笼子虽然有边界、有限制，但在笼子内还是有一定的空间，权力行使者仍享有一定的自由裁量权。因此，裁判者的裁判是否公正公平，不仅要看是否有白纸黑字上的依据，还要看裁量是否适当。“法官行使自由裁量权处理案件时，应当坚持合法、合理、公正和审慎的原则，充分论证运用自由裁量权的依据，并阐明自由裁量所考虑的相关因素。”① 司法实践中，有些情况下，权力行使没有裁量空间，制裁是多还是少，都是法定的，而有的情况下，则有较大的自由裁量空间。比如，绝大多数行政处罚，尤其是拘留罚款等行政处罚类型，自由裁量空间无处不在，无时不有。当事人提起诉讼后，往往也会对裁量是否畸轻畸重进行质疑。这时，法官在裁判文书中，不仅要展示被诉行为认定事实和援引法律条文的准确性，而且要结合社会常情常理，对裁量的适当性进行梳理，并展示背后的考量。“裁判文书必须将自由裁量说理作为必备内容，通过对法律适用和法官心证的阐释，展示法官行使自由裁量权的具体理由。”② 在我国，目前法律制度不够健全，法律条文设计原则性较强，对法律的解释和适用需要展现法官的自由裁量理性。如果在法律存在漏洞，甚至不同法律之间存在冲突和需要选择适用的时候，法官的自由裁量权更需要翔实而充分的理由来支撑。这不仅是规制裁量、展示裁判正当性的需要，更可以通过回应疑虑，提升裁判的可接受性。

3. 回应当事人对诉讼程序正当性的质疑

裁判应当体现实体公正和程序公正的兼顾和平衡，甚至在一定程度上可以说，诉讼程序公正性更具有优先的价值。这是因为，程序公正是实体公正的基础和保障，如果诉讼程序公正实现不了，实体公正也很难保障，或者说即使实体是公正的，也由于程序的不公正而导致实体公正大打折扣。这就是“公正不仅要实现，而且要以人们看得见的方式实现”的深层次蕴意。在诉讼过程中，当事人会提出诸如申请回避、追加当事人、调取证据等程序性问题，二审程序中还会涉及对一审程序正当性的质疑，而且一审程序的正当性、合法性还是二审程序审查不可或缺的内容，审判程序不合法并可能导致侵害当事人合法权益的，将导致发回重审的后果。因此，诉讼程序的合法性、正当性，是裁判合法性和正当性的基础性保障，在当事人提出质疑或者疑问的情

---

① 参见《最高人民法院关于加强和规范裁判文书释法说理的指导意见》第七条。

② 邱兴华、张玉良：《展示与回应：民事裁判文书说理模式重塑》，载《山东审判》2014 年第 1 期。

况下，不仅应当予以回应，而且应当优先回应，把对诉讼程序疑问的回应放到对实体问题的回应之前，这既是消除当事人疑问的需要，更是审判权运行规律的要求。

（三）塑造良好法治环境

“罗马不是一天建成的。”我们建设法治国家正处于初级阶段，需要不断探索和前进。这种探索和进步，固然需要国家顶层设计和法律制度变革，更需要在个案中展示国家法制治理变革的成果。通过个案的积累和点滴的汇聚，逐渐形成全社会共同建设法治国家的良好环境和氛围。这也是新一轮全面深化改革中，司法体制改革成为重中之重的重要原因。司法改革的目标，是让人民群众在每一个司法案件中都感受到公平和正义，由此可见，个案公正较之于司法乃至全面依法治国，是相当重要的，而要让人民群众在每一个司法案件中都感受到公平和正义，除了在审判程序之中让群众看得见公平正义，更要在裁判文书的作品上让公民感受到公平正义，有公平正义的获得感，这就是裁判文书说理的价值所在。

1. 塑造司法公信力

司法公信力是目前困扰司法的一个突出问题，此轮司法体制和运行机制改革紧扣提升司法公信这一目标，打出了许多相互关联的组合拳，其中也包括增强法律文书的说理性。① 之所以说加强裁判文书说理，是增强司法公信力的重要支撑点和必然路径。一则，从裁判的价值上来说，法学家格雷认为，“即使是由于立法机关颁布的制定法，也不是法律，而仅仅是法的渊源，因为法律的意义及其效力，只有在法院审理案件中才能最终确定，司法判决构成法律本身”。② 可见，裁判文书扮演法律从纸面上走入公民生活中的角色，这个过程如果不是理性的而是任性的，不是讲理的而是粗暴的，则无所谓法律的信仰，司法公信力也无从谈起。二则，从裁判文书的定位来说，“不管法院的宪法地位如何，最终的书面文字是法院权威的源泉和衡量标准”。③ 可见，说一千道一万，司法权威系于书面的裁判文书，核心在裁判文书的说理性和

---

① 党的十八届四中全会通过的《中共中央关于全面推进依法治国若干重大问题的决定》第四部分“保证公正司法、提高司法公信力”明确提出“加强法律文书释法说理”要求。

② ［美］科特威尔：《法律社会学导论》，张大松译，华夏出版社 1989 年版，第 234 页。

③ 转引自傅郁林：《民事裁判文书的功能与风格》，载《中国社会科学》2000 年第 4 期。

可接受性。三则，从法官的定位来说，司法的权威与公信与否，完全依赖于法官的权威与素养。“我国是法治建设的后发达国家，人们对法律的信仰还相当欠缺，对法院的公信力还没有完全建立，对法官整体素质的信赖程度还不够高，而且，由于法官在审判案件中既决定事实问题，又决定法律适用问题，这些因素的存在，格外要求裁判文书说理，加之当前裁判文书说理确实有存在很多不足，因此，裁判文书说理的任务就更加繁重，也更加重要。”①

2. 塑造公民法律信仰

“法律不被信仰，将形同虚设”，是法治的名言。一个社会公民不信仰法律，要实现规则治理的事业，效果可想而知。而公民树立法律的信仰，又不是建立在空中楼阁之上的，固然可以通过教育、宣传等途径，但法院审判案件无疑更具有亲历性、直观性和可感受性。尤其是裁判文书，通过个案将法律与生活紧密结合起来，可以说是法律素养培养的生动教材，这也是目前裁判文书公开工作的重要出发点。通过裁判文书公开，公开裁判的理由，展示裁判的标准，在实现法律治理的同时，也使抽象的法律规则具象化，帮助社会公众明确行为规范和边界，对自己的行为作出合理的安排，明晓自己行为的合法与否，合理预见自己行为的法律后果，并做理性的选择和安排。同时裁判文书说理的展示，也向社会传递一个能量，法律是社会治理的基本方式，法律规则是社会行为方式是非对错的判断标准。而且社会纠纷的解决必须讲法讲理，法院是法律纠纷化解的法定权威平台，依靠法律规则，通过讲理，来实现司法对社会纠纷的评判，实现社会的法律治理。

3. 塑造社会法治理念

理念是行为的先导。法治社会的建设，理念塑造至关重要。特别是在当下，社会法治观念在认识上有一定共识，但在行为方式上，法治观念的坚定性和自觉性往往不强，有的情况下还呈现出极端利己主义的法律意识。这尽管与法治建设阶段和传统文化有关，但不可否认，也与法律在社会治理中的地位不够彰显有关系。而法律在社会治理中的地位或权威不够，最突出的莫过于司法领域对法律解释和运送正义职能发挥不够，导致很多情况下，不仅没有促进公民行为规范，相反还直接或间接导致行为失范。司法运送正义的方式，就是需要通过裁判文书说理，展示法律的判断基础和基准，通过解释

① 胡云腾:《裁判文书的说理》，载《法律适用》2009 年第 3 期。

和适用法律，规制社会主体的行为方式，进而引导社会大众接受法律的生活方式。在一般案件中，这种价值或者功能往往局限于当事者，而在重大复杂和社会普遍关注的案件中，裁判文书通过说理向公众运送正义的价值则更加明显。有学者结合当时备受关注的个案认为，“社会公众对于惩罚公正性的认可，在很大程度上是通过法院作出的判决书来判断的，因此只有理由详尽、论证充分、推理得当的判决书，才能达到应有的社会效果，达到宣扬行为规则、教育公众遵守法的目的”。[①] 特别是近几年，各种类型的热点案件层出不穷，在裁判文书实现普遍公开的背景下，如果裁判文书说理充分，不仅可以展示司法裁判的公正性和正当性，提升司法公信力，也可以向社会公众传递理解和对待法律的“正确姿势”，避免不必要的误解乃至曲解。“在这个过程中，一般社会公众也在实质上经历了一次生动的法治教育，这对于司法权威的树立以及法治观念的养成，都是具有十分重要的意义的。”[②]

二、行政裁判文书说理的独特性

行政诉讼，作为三大诉讼制度之一，相较之民事诉讼、刑事诉讼，有其内在相同的一面，也有属于自身的独特之处。这是行政诉讼制度得以从民事诉讼制度中独立出来，并赖以存在和发展的前提和基础。这种独特性，自然也会使行政裁判文书带有自身的一些特点和规律。

（一）行政诉讼具有复审性，裁判文书说理理当体现出对行政权的尊重

行政诉讼与民事诉讼截然不同的，是行政诉讼具有复审性，即一般是对行政机关已经作出的行政行为进行审查，而无须法院自己展开调查。当然，不作为案件较为特殊，另当别论，而且行政机关作为法律的执行机关，也是代表国家履行法定职责，也具有法律上的执法权威，司法审判在本质上与之有相似之处。只不过为了权力的分工和制约，国家又设置司法权来提供权利监督权力的平台，防止行政权滥用或违法侵害公民的合法权益。在我国国家

① 宋英辉：《从刘涌案改判引起的社会反响看公开裁判理由的必要性》，载《政法论坛》2003 年第 5 期。

② 孙光宁：《判决理由的详略之辩：基于判决的可接受性》，载《广西社会科学》2012 年第 6 期。

权力框架体系内，行政权与司法权都统一在人民代表大会制度之下，都履行维护国家法律权威和尊严的职责，只不过在分工上必须相互制约，但是这种制约也不是无限度的、任意的，而是在尊重的前提下制约。尤其在我国目前转型时期，传统和现实以及未来相当长一段时期内，行政主导都将是我国政治转型和社会发展的主要模式，司法在社会发展和法治建设中的地位越来越重要，但无论如何不宜也不可能在社会治理中扮演主导者的角色，这既是历史和国情决定的，也是我国国家权力结构体系所决定的。

在行政裁判文书说理中，如何体现这种复审性和对行政权的尊重呢？这不仅是一种说理的技术问题，更是行政法官的理念和思维模式问题，不能简单套用或借用民事诉讼的思维模式。这种尊重体现在对行政自主性的尊重方面。行政权不仅执行法律作出具体行政行为，而且还有相当大的政策主导权，需要行政权随着经济社会的发展，灵活调整社会经济政策，以适应复杂多变的社会环境。由于立法具有滞后性和原则性，许多情况下不可能为行政权提供周到详尽的法律规则，而且社会生活千变万化，需要调整的社会关系纷繁复杂，而立法程序相对严谨漫长，许多事情不可能等到了法律有明确具体规定，再有所作为，这既不符合社会运行发展规律，也不符合行政权在国家社会发展中的职能定位，立法也不会限制政府在这方面的能动性。这类领域，一般涉及专业性、政策性的问题。对于专业性较强的问题，由于受专业化程度和知识结构的影响和制约，行政执法人员往往更具有专业性，又长期在一线执法，经验也比较丰富。而行政法官，对法律尤其是基本法律相对较为专长，面对面广点多的各专门行政管理领域，则受制于知识的局限和经验的缺乏，不可能做到特别专业。这时候，争议起诉到法院，法官的工作主要是在尊重行政专业技术判断的基础上，审查行政专业人士是否存在滥用专业判断权，专业判断是否明显违反常识，或者违反法定程序开展专业判断，以及行政执法人员与案件是否存在利害关系，即是否属于在理性状态下的理性判断。比如，对于发明专利无效行政决定的诉讼，由于发明问题的判断涉及具体的科学领域，而且跨度较大，如光学、电学、力学、化学、物理学等，在专利审查部门专业区分都特别细，一个行政法官即使有理工科或自然科学背景，也不可能对每一学科都特别精深专业，因而也不得不对专业技术问题秉持审慎判断的标准。

这个问题在行政裁判文书说理上也一样。案件中涉及的一些政策性问题，往往需要行政机关根据经济社会发展情况作出相应的调整，这种权能是行政权承担维护和促进社会发展职能的内在本质要求，不仅司法权应当予以尊重，而且国家立法权同样需要予以尊重。即使立法机关制定法律对之有所制约，也不宜规定得太严太细，而应当赋予行政机关相机而动的灵活空间。司法审查在防止行政机关滥用政策调整权的同时，也应当对这种行政权能给予充分的尊重。比如，对环境保护政策的调整，特别是涉外环境保护政策，需要国家有关部门根据国家经济社会发展形势和环境保护状况确定，不同发展阶段、不同政策目标都会对环境保护政策有不同的要求，司法理当尊重乃至保障这种环境政策的调整空间。以一起限制洋垃圾进口的案件为例。某公司认为环境保护行政主管部门不予许可其进口“废枕木”违法，向法院提起诉讼。案件审查的焦点之一在于环境保护行政主管部门将“废枕木”纳入禁止进口的目录之中是否合法。法院经审理认为：

> 根据《固体废物污染防治法》第十条第一款关于“国务院环境保护行政主管部门对全国固体废物污染环境的防治工作实施统一监督管理”，第二十五条第二款关于“国务院环境保护行政主管部门会同海关总署、国务院质量监督检验检疫部门等制定、调整并公布禁止进口、限制进口和自动许可进口的固体废物目录”，以及《固体废物进口管理办法》第六条第一款关于“国务院环境保护行政主管部门对全国固体废物进口环境管理工作实施统一监督管理”等规定，被告作为国务院环境保护行政主管部门，对于包括固体废物进口在内的固体废物污染环境防治工作具有监督管理的法定职权，同时，被告有权会同有关部门制定、调整禁止进口、限制进口和自动许可进口的固体废物目录。本案中，虽现行法律规范对判定固体废物以及是否允许进口的程序性规定存在不清晰之处，但被告在其职权范围内依据相关规定作出被诉行政行为并履行告知义务，未违反现行法律、行政法规的规定。①

① 参见北京市第一中级人民法院（2015）一中行初字第1655号行政判决书。

该说理就在法律框架范围内，充分尊重国家环境保护等部门根据国家经济社会发展阶段和政策对禁止进口固体废物的目录进行灵活调整的权能。

（二）行政诉讼审查标准决定了裁判文书说理以合法性为主，兼顾合理性

如前所述，基于行政诉讼的复审性、行政权与司法权的相互关系以及司法权自身的局限性，行政诉讼以合法性审查为原则，对行政裁量权为基础的合理性问题给予适当尊让。[①]

一方面，行政裁判对行政行为合法性的说理具有全面性。即对行政行为各要素、各环节适法性进行全面评价，不局限于当事人的诉讼请求。职权要素的合法性评价，包括行政机关行使的职权是否存在法律法规规章的授权，授权的实施主体、行为内容和条件是否清晰明确。行政裁判对事实认定的说理要遵循法官职业道德，对证据的真实性、合法性和关联性作出判断，对不予采纳和不予作为定案依据的证据说明理由；把握证据之间的内在联系，形成完整的证据链条，最大限度地还原案件事实；运用逻辑推理和生活经验进行合理的事实推定等。文书说理还要论证行政行为是否具有法律、法规和规章依据；是否正确运用了法律冲突适用原则；是否在符合法律精神、原则、目的的基础上解释法律和填补法律漏洞。文书说理还要论证行政行为是否遵循了法律规定的步骤、方式、时限和顺序，在法无明文规定的情况下是否遵循正当程序原则，至少保障履行了说明理由、听取陈述申辩、告知结果等最低程序义务。此外，行政裁判对行政行为合法性的说理还具有层次性，合法与违法相对应，行政行为的违法并不是整齐划一的状态，而是基于主观状态、情节、危害后果等多种因素呈现层次性、阶梯性。违法程度不同决定了行政裁判方式的不同，直接影响行政行为的效力。因此行政裁判说理要对行政行为的违法程度有区别的论证，如对判决确认无效的行为，要对其“重大且明显”违法进行说理；对因程序问题判决确认违法的行为，要对“瑕疵”不影响当事人权利义务进行说理等。

另一方面，行政裁判对行政行为合法性的说理具有实质性。所谓“合法”并不仅仅指形式的合法，也指实质上的合法。这意味着，行政裁判对行政行为的判断和论证不仅要考虑法律条款如何规定，更要探究法律本身的精神和

① 《行政诉讼法》第六条规定，人民法院审理行政案件，对行政行为是否合法进行审查。

目的；不仅要追求法律效果的实现，更要追求政治效果、社会效果与法律效果的统一；不仅要遵循法律发展规律，更要遵循经济社会以及公民法律观念和法律意识的发展规律；不仅要合乎法律认知，更要合乎一般公众朴素的正义认知。这就涉及对行政行为合理性审查的兼顾问题。传统认为司法权对行政权监督的边界是行政裁量权的行使，实际上行政诉讼从未完全放弃对行政裁量权的审查。《行政诉讼法》明确人民法院对"滥用职权""明显不当"的行政行为可以判决撤销，[①] 裁判的前提即为审查，这实际上就暗含了司法对行政行为合理性审查的权力，只是当不合理性达到"滥用"和"明显"的程度时司法才进行干预。实际上，在实质法治的观念下，合法性与合理性本身就难以泾渭分明或者说等量齐观，因为严重的不合理即为实质的不合法，合理性的概念实际上涵盖于实质合法性的概念之中。因而司法对合理性的审查实质上就是对合法性审查的延伸。行政裁判对合理性的说理可以从以下角度展开：行政行为的目的和动机是否正当；是否考虑了相关因素；是否遵循了比例原则；是否一视同仁、平等对待；是否遵守行政先例或公序良俗等。

比如在备受法律实务界关注的刘某艳诉海淀区城市管理局和海淀区政府行政强制和行政复议案件中，[②] 对于拆除行为是否实质上合理即是否明显不当，判决理由是这样说的：

> 本案的焦点问题在于海淀城管局作出被诉限拆决定是否具有合理性。本院认为，海淀城管局作出被诉限拆决定不具有合理性，主要理由如下：
>
> 首先，被诉限拆决定将导致刘某艳的生活处于危险境地。从被诉限拆决定的内容看，其直接为刘某艳设定了自行拆除涉案房屋的义务，并告知了逾期不拆除的后果即强制拆除。故被诉限拆决定属于明显的侵权行为，会直接影响刘某艳的生活。上诉人主张涉案房屋是否最终强制拆除可以在执行过程中予以裁量，但显然该主张将导致刘某艳行使救济权的极度被动地位，甚至丧失提起救济的事实基础。

---

① 参见《行政诉讼法》第七十条。

② 北京市第一中级人民法院（2018）京01行终367号行政判决书。

其次，行政裁量权的行使应符合比例原则。比例原则要求行政行为的作出应兼顾行政目的实现与相对人权益的保护。如果行政目标的实现可能对相对人的权益造成不利影响，则这种不利影响应被限制在尽可能小的范围和限度内。行政裁量行为应充分考虑手段与后果的关系，如行政裁量行为未充分考虑行为后果以及该后果背后的法益，则不符合比例原则的要求。本案中，无论是《城乡规划法》第六十四条抑或是《北京市城乡规划条例》第六十六条第一款均对规划行政主管部门查处未取得建设工程规划许可证即开工建设的情形作出了明确规定。一般而言，规划行政主管部门应视违法建设的具体情节作出责令停止建设、限期改正、罚款、限期拆除、没收实物或者违法收入等措施或处罚。而对于何为“尚可采取改正措施消除对规划实施的影响的”，上述法律法规并无具体规定。对此，《住房和城乡建设部关于印发〈关于规范城乡规划行政处罚裁量权的指导意见〉的通知》（以下简称指导意见）第四条、第七条，作出了进一步细化规定。应当认为，本案中海淀城管局作出被诉限拆决定符合上述规定。但上述指导意见及若干规定中的有关规定并非绝对条款，而“尚可采取改正措施消除对规划实施的影响的”从法律法规层面仍有进一步解释的空间。尤其是相对人在原房屋严重影响居住安全与生活质量进行翻建的情况下，违法建设的查处机关应当充分考虑其所作行政行为是否会对违法建设人的居住安全与正常生活产生过度侵害，即应在充分平衡规划秩序利益与安居利益的前提下，采取适当的处理。鉴此，海淀城管局作出的被诉限拆决定，未充分考虑违法建设人的居住安全利益，不符合比例原则的要求。

再次，行政行为的作出应当符合法规规范的目的。《北京市城乡规划条例》第四条规定，本市城乡规划和建设应当贯彻科学发展观，体现“人文北京、科技北京、绿色北京”的理念；坚持以人为本，创造人居和发展的良好条件，妥善处理和协调各种利益关系，维护人民群众的根本利益。根据上述规定，城乡规划建设以及执法机关相应的执法行为均应贯彻“以人为本”

> 的理念，保障人民群众有所居、安于所居彰显的是人的基本权利与尊严，亦是依法行政的应有之义。城市管理综合执法部门的执法活动均须以此为依归，方能体现其正当性。

（三）行政诉讼举证责任具有特殊性，裁判文书说理应体现以行政机关负举证责任为原则，相对人负举证责任为例外的规则

不同于民事诉讼中“谁主张、谁举证”的责任分配规则，行政诉讼的举证责任因待证事实而异。但由于行政诉讼以行政行为合法性审查为核心，因此是以行政机关负举证责任为原则。这是考虑到行政机关天然的地位优势以及行政机关在行政程序中具有主导作用而确立的特殊规则。

通常情况下，行政裁判文书说理是围绕被诉行为合法性展开，事实上就是要说清楚行政机关提交的证据能否证明其作出的行政行为合法。至少要包含以下几个要点：一是列明行政机关提交的全部证据，包括职权依据、法律依据、事实证据、程序证据以及行政裁量的证据；相对人虽没有举证义务，但提交证据也要列明；二是说明对上述证据的合法性、有效性和关联性的判断，指出哪些可以作为定案依据，相对人提交的证据不成立的，不免除行政机关的举证责任；三是通过一定证明标准，结合相对人提供的证据来认定行政机关证据的证明力大小；四是对现有证据能否证明行政行为合法给出最终判断，对行政机关未提供或逾期提供的证据视为没有证据。

行政机关负举证责任是一般规则，相对人负举证责任也存在于法律明确规定的例外情况，在裁判文书的说理中应当体现。一是起诉行政机关不履行法定职责的案件，裁判文书应当说明：（1）相对人是否提供证据证明向行政机关提出过申请；（2）如果相对人未提供，应当判断是否属于行政机关应当依职权主动履职或因行政机关记录保存不完善等正当理由使原告无法提供的情况。存在前述情况，则免除相对人的举证责任。二是行政赔偿案件中，裁判文书应当说明：（1）相对人是否提供证据证明行政行为造成了损害。（2）相对人未举证时，判断是否因行政机关原因导致相对人无法举证的，如果是举证责任转移至被告。

比如在一起涉及原告举证责任的诉行政强制行为案件中，最高人民法院在再审审查裁定书中，对原告的举证责任是这样说理的：

> 人民法院对是否存在被诉行政行为以及被诉行政行为是否由被诉行政机关作出等事实的认定，应当达到清楚而有说服力的标准。在相关事实无法确认的情况下，负有举证责任的当事人应当承担举证不能的法律后果。《最高人民法院关于行政诉讼证据若干问题的规定》第四条第一款规定，公民、法人或者其他组织向人民法院起诉时，应当提供其符合起诉条件的相应的证据材料。根据该规定确立的举证责任分配原则，原告在提起诉讼时，应当负有证明被诉行政行为存在以及该行为由被告作出等基本事实的义务。本案中，再审申请人提交的证据虽然说明房屋存在断水断电、屋后存在施工作业等情形，但并不能证明上述行为系由房屋征收服务中心实施。至于相关建设项目的拆迁许可证是否失效，与本案认定再审申请人所称的强迫搬迁行为的实施主体并无必然联系。①

（四）行政诉讼法律适用具有高端性，行政裁判文书说理应体现维护国家法律统一的特色

行政诉讼的基本原则是合法性审查，行政诉讼所适用的法律规范是判断行政行为合法与否的参照系和风向标。行政机关在行政诉讼中具有特殊的地位，它既是诉讼被告，是法院监督和审查的对象，同时往往具有一定的行政规则创制权限，是行政行为依据的制定者。因此，行政诉讼的法律适用问题较之民事诉讼和行政诉讼具有复杂性，承担着维护中央政令统一和国家法制统一的职责使命。《行政诉讼法》第六十三条对行政诉讼的法律适用问题进行了专门规定，即人民法院审理行政案件以法律和行政法规、地方性法规为依据，参照规章。同时该法确立了规范性文件一并审查制度，规章以下的规范性文件可以通过与被诉行为一并提起的方式，纳入行政诉讼审查范围，由司法机关审查决定是否适用（这一部分详见第三章第四节）。总体而言，行政诉讼法律适用具有一定的高端性，对层级较低法律规范有条件地予以适用，行

① 参见最高人民法院（2016）最高法行申126号行政裁定书。

政裁判文书应当对法律规范的选择予以清晰地展现，并体现维护国家法律统一的价值取向。

这一定位，决定了行政裁判文书说理，要紧紧围绕以法律、行政法规为依据。法律、行政法规、地方性法规、单行条例和自治条例（后三者仅适用于行政区域内发生的行政案件）可以直接作为行政审判依据其制定权源、位阶、效力所决定的，对其遵守和服从法院的职责和义务。对此在裁判说理中应当作为“大前提”明确列出，并具体到款项。认真对待规章的“参照适用”。“参照”在事实上是一种“选择适用权”，或者是“准确认权”。① 实际上是赋予了法院对规章是否符合上位法这一基础性问题的判断权。如果经审查法院认为规章合法有效，可以适用，应当在说理中明确引用，并使用“参照”这一用语；如果经审查认为规章违法，则应当不予适用。

需要特别说明的，在《行政诉讼法》背景下，对涉及规范性文件合法性问题的，裁判文书说理要充分展现对规范性文件的审查态度。规范性文件制定主体广泛、法律位阶较低、缺乏法定化的制定程序保障，质量参差不齐。2014 年修正的《行政诉讼法》建立规范性文件一并审查制度，开启了司法对“抽象行政行为”进行审查认定的大门。与规章不同的是，在规范性文件一并审查的案件中，法院认为规范性文件违法不仅不予适用，更要在裁判说理中对其合法性予以评价并阐明理由。以裁判说理的方式向社会昭示规范性文件的违法之处，从而维护法律适用的统一性和权威性。

（五）行政诉讼证明标准具有多元性，行政裁判文书说理需要遵循不同行政争议所适用的不同证明标准

“证明标准是判断证据的证明力是否足以达到让事实裁判者对其主张的事项产生内心确信的尺度。”② 案件审理中对事实认定的过程实际上是从证据材料反映的事实向法律规范具备的事实推导的过程，这一推导不是依据法律专家作出的专业性判断，而是依据一般社会公众的认知和经验来作出的判断。

由于社会生活是丰富多样的，证明标准也不可能“从一而终”。有学者梳理了从强到弱的五类证明标准：“一是显而易见——案件事实非常明显，按照

① 江必新：《行政诉讼法——疑难问题探讨》，北京师范学院出版社 1991 年版，第 217 页。
② 阎巍：《行政诉讼证据规则——原理与规范》，法律出版社 2019 年版，第 59 页。

一般常识均不会产生疑问，从而形成一种绝对确定状态。二是排除合理怀疑——符合人类一般理性，能够排除其他可能性或其他可能性极为微小的盖然为真标准。三是明显优势——基于明显优势，能够达到明确且令人信服的程度，使其他合理的可能性保持沉默的盖然为真标准。四是虽不能排除或使其他可能性保持沉默，但相比较而言可能性较大，具有一定优势的盖然为真标准。五是虽然可能性上不大于其他可选项，但没有出现明确证据将其推翻之前，应当予以适用的似然为真标准。”①

行政诉讼涉及的行政管理领域极为广阔，被诉行政行为的类型也十分丰富，且为适应千变万化的社会生活，行政手段具有灵活性特点，行政政策也总是不断调整，这决定了行政争议千差万别。同时，行政诉讼的价值功能具有多重性，既体现权力分工又体现权力监督，既保障权利自由不受侵犯又要求公共秩序连续稳定，既要维护法律权威与刚性又追求争议的实质性化解。因此，行政诉讼的证明标准因争议类型不同，个案中所倡导的价值不同，无法一概而论，具有多元化特点。这要求法官在行政裁判中，结合现有证据阐明本案采取何种证明标准，采取该标准的原因，以及依据该标准所推导的结果。

三、行政裁判文书说理在国家治理体系现代化中的独特价值

国家治理体系和治理能力现代化，是党的十八届三中全会确定的全面深化改革的总目标。党的十八届四中全会提出全面推进依法治国建设，为国家治理能力和治理体系现代化提供了重要载体和核心平台。行政审判看似国家治理规范和制度体系中的一个小分子，但由于行政审判天然具有政治性的特点，决定了行政审判在国家治理体系和治理能力现代化中扮演着重要的不可替代的角色。行政裁判文书作为行政审判活动的最终载体和公共产品，其对治理体系和治理能力现代化的影响，主要反映在裁判文书说理上。

① 阎巍：《行政诉讼证据规则——原理与规范》，法律出版社2019年版，第81页。

（一）行政审判是权利制约权力的方式，文书说理必须体现制约行政权力、保障权利的本质特征

国家治理体系和治理能力现代化包罗万象，涉及政治、经济、文化和社会的方方面面，但不论是哪个领域，还是哪个发展阶段，都无外乎调整国家权力与公民权利的核心关系。“从某种意义上说，国家治理的历史就是权力与权利的博弈。”① 从本质上来讲，国家权力来源于公民权利的让渡和授予，公民权利具有本源性、根本性，国家权力是为公民权利服务的，但是国家权力具有双刃性，作为治国工具，具有较高的支配性和强制性，因而又具有较强的扩张性和腐蚀性。在国家权力中，行政权力最有代表性，集权力强制性和支配性于一身，因而，在国家权力体系发展历史上，主要是围绕争夺行政权和制约行政权而展开的。这也是行政诉讼制度得以产生并逐步发展的内生性动力，它为公民权利制约行政权力搭建了制度化的平台。

在行政裁判文书说理中，这一价值需要通过两个方面来展现。一则，行政权与公民权在行政管理关系中具有不平等性，行政权具有强制力和支配性，但在行政诉讼中，双方诉讼地位则是平等的。法院作为国家权力结构中第三方裁决机关，需要平等对待诉讼当事人，即使其中一方是在国家权力体系中占有较优越地位的行政权。这就要求在行政裁判文书制作和说理过程中，要有平等的理念，而不要有司法权与行政权惺惺相惜乃至官官相护的倾向。二则，在诉讼过程中，行政机关与相对人的诉讼地位是平等的，但接受审查的内容和程度则是不平等的。比如，行政机关应当对自己作出的行政行为承担举证责任，这是行政权具有巨大优越地位所决定的。这种举证责任是一种义务，不履行举证责任或不到位履行举证责任，行政行为将被视为没有证据或证据不足，需要承担不利后果。② 而相对人在诉讼程序中处于攻击或反驳者的角色，举证更多的是一种权利（不作为案件中证明责任除外）。这就意味着，权利既可以行使，即积极举证证明被诉行政行为违法，也可以放弃，即只对被诉行政行为提出质疑，而且最终放弃并没有什么不利的后果，并不免除行

---

① 江必新：《反腐败国家治理的理性思考》，载《检察日报》2014 年 7 月 3 日。

② 《最高人民法院关于行政诉讼证据若干问题的规定》第一条第一款规定：“被告不提供或者无正当理由逾期提供证据的，视为被诉具体行政行为没有相应的证据。”

政机关证明自身行政行为合法的责任。[①]

（二）行政审判是一种国家权力制约另一种国家权力的方式，裁判文书说理必须体现权力的分工与制约

在国家治理体系和治理能力现代化格局中，权利与权力的关系处于基础地位，权力与权力的关系则处于关键地位。这是因为权力与权力的关系，既涉及治理体系和治理能力本身的协调性和有效性问题，更涉及权力与权利关系的正当性问题。相较之民事诉讼和刑事诉讼维护社会秩序的职能，行政审判在定位上，不仅涉及化解纠纷，维护社会秩序，更关涉政治秩序，既属于司法权，受理并裁决行政纠纷，但又不单纯是司法权，更带有某种丰富的政治意味，或者说更像是一种政治权力。[②] 在功能定位上，行政审判在化解纠纷的同时，还关注权力格局的调整，强调权力对权力的制约，用一种国家权力监督另一种国家权力的运作，以维护国家权力体系内分工、制约和平衡的宪制框架。有学者概括认为，“在三大诉讼中，法院分别扮演着不同的角色：在民事诉讼中，法院是公断人，裁决公民权益之间的争执；在刑事诉讼中，法院则担负着维护公共秩序的任务，通过对犯罪的惩罚来保障公共利益和社会秩序，同时，保障无罪的公民不受法律追究。而行政诉讼是一种‘国家’（审判机关）‘反对’‘国家’（行政机关）的活动，法院的角色从严格意义上应当是约束行政权力的非法行使，保护行政相对人的合法权益不受来自行政行为的侵犯”。[③]

在行政裁判文书说理中，这种权力对权力的制约，主要体现在两个方面：一则，制约是在分工基础上的制约，即制约并非是凭空而起的，并非没有遵循的，除了遵循法律的具体规定，还要把这种制约放到国家整个权力框架结构内进行分析和思考。这种行政权与司法权的分工，对于行政权在法律范围内的职责和权限，要予以尊重，不可完全代替行政权作出专属于行政权的判断。比如，前面述及的专业性、政策性问题，要尊重行政权的主导性。再如，

---

① 《最高人民法院关于行政诉讼证据若干问题的规定》第六条规定：“原告可以提供证明被诉具体行政行为违法的证据。原告提供的证据不成立的，不免除被告对被诉具体行政行为合法性的举证责任。”

② 向忠诚：《行政审判权：一种具有政治性的司法权力》，载《行政与法》2007 年第 2 期。

③ 胡玉鸿：《行政审判权的政治性》，载《法学》2004 年第 5 期。

对自由裁量问题，也要充分尊重行政权的裁量空间。制约主要体现在防止这种自主和裁量越出法律规定的范围，存在滥用的情况。二则，要体现这种制约的全面性。行政审判奉行对行政行为全面审查原则，即可以不受当事人诉讼主张的限制，对行政行为实施全面的严格审查，这正是这种权力制约性的体现。特别在我国，行政诉讼带有强烈的客观诉讼色彩，公民提起诉讼，一定程度上启动了国家司法权对行政权行使的监督。这种监督既反映在回应公民的诉求上，审查相对人关心和关注的焦点问题，也反映在不受当事人诉讼请求和理由的限制上，对行政行为实施客观的全面审查。这对行政裁判文书说理提出的要求，不仅要回应当事人的诉争问题，更要反映行政行为合法性审查的情况。

（三）行政审判是一种调整中央和地方关系的方式，裁判文书说理必须体现维护中央权威、法治统一的精神

处理好中央和地方关系，是治理体系和治理能力现代化的重要内容。在我国单一制国家，协调好中央和地方关系，既维护中央权威、保证政令畅通，又鼓励地方发挥积极性和主动性，一直是国家经济社会改革的重要内容。“在法治社会，意味着法律享有在政治、经济、社会生活等一切领域至高无上的地位与权威。而法律权威的重要前提之一，就在于法律的一致性，即法制统一。”[①] 在国家法律体系内，法律需要维护权威，又要对地方结合本地实际情况制定地方性法规和政府规章的权力，给予必要而充分的尊重。2015 年修正的《立法法》，正是顺应这一思路，扩大了地方性法规和政府规章的制定权限和范围。这就涉及如何协调中央政令、法律与地方法规、规章之间的关系问题。虽然在理论和法律上都要求维护宪法和法律权威，任何地方性法规规章都不得与宪法法律相冲突，但是由于受我国立法主体多元、部门和地方保护主义突出的影响，地方性法规与宪法行政法规、规章与上位法规范，以及规范性文件与上位法冲突的事情时有发生，而且有时还造成恶劣的后果，严重损害法律的治理权威。[②] 尽管国家设置了备案审查、人大提请监督等渠道加以管控，但这些程序和机制都有柔性的特征，不确定因素很多，受种种因素影

---

① 陈欢：《法规备案审查：维护法制统一的“利剑”》，载《人民论坛》2006 年第 3 期。

② 刘莘：《立法法》，北京大学出版社 2008 年版，第 80 ~ 81 页。

响也很难发挥应有的作用。而行政诉讼则不然，承担监控地方性法规规章与宪法法律统一性，不仅具有制度上的支撑，而且还有不可回避的回应性，更为关键的是，行政诉讼的监控是借助权利与权力的博弈而监督，更容易发现违反法制统一的情形，因而监督起来更便捷、更有效。

在行政裁判文书说理中，这种对中央与地方关系的调整，主要体现在对地方性法规规章和规范性文件的法律适用和说理上。按照《行政诉讼法》第六十三条、第六十四条规定，人民法院审理行政案件，以法律和行政法规、地方性法规为依据。地方性法规适用于本行政区域内发生的行政案件。人民法院审理民族自治地方的行政案件，并以该民族自治地方的自治条例和单行条例为依据。人民法院审理行政案件，参照规章。人民法院在审理行政案件中，经审查认为本法第五十三条规定的规范性文件不合法的，不作为认定行政行为合法的依据，并向制定机关提出处理建议。这是一项最能体现行政诉讼特色的制度设计，即在法律适用审查和说理中，必须要回应这些地方政府规章和规范性文件与国家宪法法律是否存在冲突或不一致的情形。如果存在冲突的情形，则不予适用。如果是规范性文件，违法不仅不予使用，还可以直接宣告部分条款违法或者无效。特别是在当事人对作为下位法的地方政府规章合法性提出质疑，或者对据以作出行政行为的规范性文件提出一并审查的情况下，法院在裁判文书中必须对地方政府规章和规范性文件的合法性予以回应，合法的阐述合法的理由，不合法不予适用的，且必须阐明不合法之处及其理由。这种理由的阐明经由公开宣判和裁判文书公开，以及通过司法建议向制定机关反馈并建议修改等方式，不仅彰显中央权威及国家法律统一，而且可以有效促进地方法律治理体系的完善和协调。在这个角度上，行政裁判文书对地方政府规章和规范性文件合法性的阐述，意义巨大，影响深远。

第三节　行政裁判文书说理的内容与方法

裁判文书是司法审判的终端产品。司法运送正义的效果很大程度上系于裁判文书，尤其是说理之中。行政审判直接调整公民权利、行政权力与司法权力的关系，间接调整立法权、司法权以及中央与地方的关系，因而，行政裁判文书说理的内容比较丰富，方法也比较多元，既有与民事、刑事裁判文书相类似的地方，也有自己的独特之处。在裁判文书需要说理已有相当共识的情况下，接下来需要讨论的问题，是说什么理呢？行政裁判文书毕竟不是一般的议论文或者说明文，具有规范性和权威性，明确哪些理可以说，哪些理必须说，是正确说理的前提和基础。结合理论研究和实务体会，行政裁判文书说理的内容，主要包括以下几个方面。

一、政理：行政裁判文书的独特之理

按照现代汉语词典的解释，政，大众之事也，常称之为政治和政策。前面述及，行政审判天然具有政治性，政治、政策性考量不仅是行政审判时常绕不过的问题，而且可能还是行政审判中带有方向性的问题。在法治发达国家，司法与政治也是难舍难分的。在我国法治发展初期，强调司法的中立性、专业性和技术性并无不妥，相反还是目前司法制度建设和司法改革的重要方向，但是强调这些价值并不是要人为割裂司法与政治的关系，更不可能把司法与政治完全对立起来。

（一）直接涉及政治性问题

政治性问题一般不进入行政诉讼调整范围，但有的行政执法是为了维护国家政治安全和稳定，对于这类行政执法行为，法律规定可以纳入诉讼调整范围的，法院在审理时除了适用法律之外，如果没有政治敏感和国家安全这根弦，则是不够成熟的表现。涉及政治性问题，有的有明确的法律援引，说理比较好掌握，比如对涉及国防、外交等政治问题的，《行政诉讼法》明确规定不属于行政诉讼受案范围，因而只要能判断属于国防、外交行为，则一律不属于受案范围。有的涉及政治性问题的争议，形式和内容上都符合行政诉讼受案范围，受理后在审理和文书说理上需要进行政治考量。

（二）涉及政策性问题

行政执法与行政裁量，都与政策紧密相关。特别是在经济社会转型时期，经济结构深刻调整、内外环境不确定因素增多的背景下，政策性问题更为突出。比如，在2008年，国际金融危机爆发之后，国家采取了积极的刺激经济政策，提出了“保增长、保民生、保稳定”的政策路线图。在此过程中产生的问题，有一些转化为行政纠纷进入诉讼程序，面临行政审判合法性审查的考量。在此背景下，最高人民法院专门下发《最高人民法院关于当前形势下做好行政审判工作的若干意见》，明确提出，“要深刻领会党和政府的各项大政方针、决策部署，全面了解相关政策、措施的出台背景，密切跟踪分析形势，及时调整行政审判为大局服务的思路和方法，注意克服就案办案、孤立办案的倾向”。① 在具体的法律适用和文书说理指引上，该意见还进一步指出，“要坚持法制的原则性和灵活性相结合，法律标准与政策考量相结合。在对规范性文件选择适用和对具体行政行为进行审查时，充分考虑行政机关为应对紧急情况而在法律框架内适当采取灵活措施的必要性，既要遵循法律的具体规定，又要善于运用法律的原则和精神解决个案的法律适用问题。对于没有明确法律依据但并不与上位法和法律原则相抵触的应对举措，一般不应作出违法认定”。② 比如，在一起要求履行查处保障房建设手续不全的案件中，法院经审理认为被告在责令该证基础上没有完整履行查处职责并履行告知程序，的确是违法的，但是保障房建设本身政策性很强，需要综合衡量法律和政策的关系，最终没有判决责令被告履行查处职责，而是判决确认违法。该案中，理由是这么说的：

> 本案中，被告认定施工单位属于违法施工后，按照法律规定对违法施工单位作出《责令改正通知书》。因涉案工程属于农民回迁房工程，是北京市绿色通道工程，具有一定的特殊性，建设项目已完工交付，被告结合调查获取的相关信息责令施工单位尽快办理施工许可手续，未对施工单位处以罚款并不违反法律法规的规定，对被告在履行职责过程中的裁量判断权，本院不持异议。③

其实，政治政策性考量对行政诉讼司法审查标准和裁判方式选择，以及裁判文书说理的影响，世界各国概莫能外。即使在号称“司法独立”的美国，“无论作出裁决的法律论据多么振振有词，但这一裁决可能使汽车制造、钢

①② 《最高人民法院关于当前形势下做好行政审判工作的若干意见》（法发〔2009〕38 号）。

③ 参见北京市朝阳区人民法院（2015）朝行初字第 489 号行政判决书。

铁、石油等主要工业停摆时，大多数法官是会踌躇的”。[1]

（三）涉及改革进程中的政策问题

我们正处于全面深化改革和全面推进法治政府建设的关键时期，政府在转型，法治在转型，但执法不能停留，因此，一些进入行政诉讼的争议，带有转型时期的特点。还有的改革已经起步，或者重大决策已经作出，但法律尚未修改，或正在抓紧启动法律修改程序，在此过程中产生的争议，就需要在法律和政策范围内加以考量。比如，在备受关注的董某某诉国家铁路局政府信息公开案件中，董某某申请公开退票费审核相关政府信息，而在当时，国家铁路体制改革正在进行中，全国人大常委会已决定撤销国家铁道部，成立国家铁路局，承担部分行政职能，其中在中央编办确定的国家铁路局的方案中，已取消了退票费的审核职责，但由于当时的《铁路法》尚未修改完成，铁路主管部门仍然负有退票费审核职责，且新成立的国家铁路局也将上述职责暂列在其名下，因此，法院既要在法律未作修改的情况下维护法律的权威，又要考量铁路体制改革的政策背景。此案经过一审、二审，在二审程序中又恰逢《铁路法》的修改，取消了铁路退票费的行政审核职责，明确为企业自主决定的范围，二审判决既要适用争议发生时的法律，维护法律的权威，又要结合铁路体制改革和法律的变革，这个理是这样讲的：

> 由于争议的政府信息公开行为发生在2014年4月，因此本案依法应当依照争议发生时有效的法律即《中华人民共和国铁路法》（2009年）的相关规定来审查本案政府信息公开行为的合法性……经过2013年国务院机构改革，原铁道部作为国务院铁路主管部门不再存在，国家铁路局承接了原铁道部部分行政职责，但是，在法律没有修改的情况下，包括火车票退票费等铁路客货运杂费项目和收费标准审核属于国家铁路局的职责，国家铁路局依法应当承担在履行该职责过程中制作或获取的信息的公开职责……本院注意到，本案发生在2013年国务院机构改革之后和国家铁路管理体制改革过程中，具有较强的政策性。

---

① ［美］R. 希尔斯曼：《美国是如何治理的》，曹大鹏译，商务印书馆1981年版，第190页。

> 特别是在本案二审审理过程中，修改后的《中华人民共和国铁路法》（2015）颁布实施。遵照国务院机构改革方案和国家铁路体制改革的要求，该法对铁路旅客运输杂费的收费项目和收费标准及其制定主体作出了相应的调整，第二十五条明确规定，铁路旅客、货物运输杂费的收费项目和收费标准，以及铁路包裹运价率由铁路运输企业自主制定。因此，国家铁路局在重新作出信息公开答复时，应当考虑本案信息公开争议发生在政府体制转型和国家铁路法律制度调整过程中的背景，遵循 2013 年国务院机构改革方案的精神，并结合国家法律关于铁路旅客运输杂费收费项目和收费标准及其制定主体的调整，完善信息公开答复的内容和形式，依法重新作出相应的答复。①

二、事理：行政裁判文书的基础之理

事理，即事物的道理。在行政审判中，事理即是裁判文书阐明认定的案件事实及其根据和理由。法官寻求案件裁判的合法性和正当性，首先有赖于案件事实的认定是准确的，如果事实认定有问题或者是错误的，则裁判说理肯定是错误的，因此，搞清事理是行政裁判文书说理的基础。在行政裁判文书中，准确认定案件事实主要依据如下几个步骤。

（一）以要件事实为指引确定事实争点

判决认定事实，通常称之为事实问题。其实，在审判活动中，几乎没有纯粹意义上的事实问题，案件事实与法律规范是分不开的。一则，实体法上的构成要件指引着案件事实的认定。二则，案件事实也要在行政诉讼证据规则之下规范认定。审理一个案件，撰写一份文书，首先要明确案件的要件事实，即“法律规范是一种条件式的规定，由构成要件和法律效果两部分所构成，在构成要件被满足时，即发生法律效果”。② 司法审查的基础，就在于确定案件中的事实是否与法律规范中的要件事实相符吻合。在确定要件事实之

---

① 参见北京市高级人民法院（2014）高行终字第 3428 号行政判决书。

② 翁岳生：《行政法》（上册），中国法制出版社 2002 年版，第 193 页。

后，需要以要件事实为模版，指引进行案件事实的认定，概括出案件事实方面的争议焦点。通过审查，明确当事人对哪些事实无争议，哪些事实有争议，并据此结合当事人的诉辩主张，梳理归纳出案件在事实方面的争议焦点，为法官开展有效合法性审查和提升裁判文书说理针对性打下基础。

（二）循规分配举证责任

案件事实的查明依赖于证据，关键则是合理分配举证责任。“在认定事实时，记住哪一方承担举证责任是很重要的。”① 这是查明争议事实的核心环节。行政诉讼不同于民事诉讼的地方，是行政诉讼的举证责任，具有一定的特殊性，即行政机关一般负案件举证责任，公民法人或者其他组织只有法律明确规定负有举证责任的时候，才负有举证的义务。现行《行政诉讼法》及其证据规则，已为行政法官查明案件事实明确规定了举证责任承担规则。这个问题，本书多个地方述及，在此不再展开。

（三）依证据审核规则采信证据并据此认定事实

对于归纳出来的事实正点，是法院审查证据和认定事实的核心部分，需要法官在各方当事人举证责任基础上综合审核判断。判断的方法有总体和具体之分，在总体方面，《最高人民法院关于行政诉讼证据若干问题的规定》（以下简称《行证诉讼证据规定》）第五十四条规定：“法庭应当对经过庭审质证的证据和无需质证的证据进行逐一审查和对全部证据综合审查，遵循法官职业道德，运用逻辑推理和生活经验，进行全面、客观和公正地分析判断，确定证据材料与案件事实之间的证明关系，排除不具有关联性的证据材料，准确认定案件事实。”在具体方面，主要是判断证明的真实性、合法性和关联性，以及证据证明力的大小。这方面，《行政诉讼证据规定》也给出了明确的指引，在此不再赘述。

三、法理：行政裁判文书说理的标尺

行政裁判文书陈述法理，是在事实认定基础之上，分析案件适用的法律

① ［澳］凯瑟琳·布兰森：《判决书的结构和内容》，王瑞编译，载《人民法院报》2003年12月8日。

规范，阐述为何适用该法律规范以及如何理解和适用该法律规范的理由。在行政裁判文书中，法理的阐释主要有以下几个方面。

（一）确定适用的法律规范

找出与案件查明事实相匹配的法律规范，是裁判文书说理的关键环节，也是经由事实得出裁判结论的桥梁和标尺。因此，在审查完事实之后，法官必须找寻出与之相适应和匹配的法律规范。在行政诉讼中，由于行政审判具有复审性，往往还有成文的行政行为作为载体，而该行政行为文书中往往记载有相应的法律规范，这个规范绝大多数情况下就是要找的合适的法律规范。即使不完全是，行政文书起码可以为法律规范的确定提供发现的线索或者指引。但是考虑到行政审判在维护国家公法秩序方面的独特价值，有的时候还不能完全按图索骥，还需要法官发挥主观能动性进行法律发现。其实在前述案件事实特别是争议事实认定过程中，往往就蕴含着对法律规范的发现。通常情况下，法官接到案件后，基于对案件事实的大致了解，特别是对行政争议的性质和文书的查阅和分析，凭借丰富的司法经验和对行政法律规范的认知，即可大致判断出适合案件的法律规范。即使案件较为复杂，在逐渐认定案件要件事实的过程中，也可以大致发现适合案件的法律规范范围，再通过筛查、比较和分析，往往也能确定案件所适用的法律规范。

（二）解说法律规范

“法律必须经由解释，始能适用。”① “法律如果没有法院来阐说和界定其真正含义和实际操作，就是一纸空文。”② 可见，法律必须经由法律的解释和适用，才会从纸面上的规范走进人们的生活，成为生活中具体的行为准则。当然，无论立法者多么高明，规章条文也不可能网罗一切行为准则，不能覆盖一切具体案件。③

在有据以适用的法律规范时，可以分为以下三种情况来解释：一是，如果法律规范本身很明确，条文表述清晰明了，当事人也没有争议，则可以直

---

① 王泽鉴：《法律思维与民法实例》，中国政法大学出版社 2001 年版，第 212 页。

② ［美］汉密尔顿、麦迪逊、杰伊：《联邦党人文集》，程逢如等译，商务印书馆 1980 年版，第 111、112 页。

③ 季卫东：《法治秩序的建构》，中国政法大学出版社 1998 年版，第 87～88 页。

接援引原文，按法律条文的文义进行解释和适用，这也被称为“当然解释”。[①] 二是，如果据以适用的法律规范可以确定，但规范条文本身有歧义，或者因时过境迁而明显滞后于现实时，则需要法官与时俱进地进行法律解释，将法律置于规范与现实互动中进行分析和说明，即赋予旧的法律规范以新的生命活力。在这种解释中，“法律规则被理解，法律的意义被释放，而事实也纳入法律的能力范围，其结果是，抽象的法律规则，在被理解和解释过程中获得了生命，内容得到了丰富，不明确的东西得到了相对固定化”。[②] 三是，法律规范基本具备，但存有法律的漏洞，或者不同的法律规范存在竞合，则需要法官发挥智慧来弥补法律的漏洞，这是最体现法官价值的地方。“法典和制定法的存在，并不使法官显得多余，法官的工作也并非草率和机械。会有需要填补的空白，也会有需要澄清的疑问和含混，还会有需要淡化——如果不是回避的话——的难点和错误。”[③]

没有法律规范可以适用的案件，则需要法官在裁判文书中讲学理，即法学理论。“并没有什么法律规范能够总揽无遗甚至包括各种各样的、只要可能发生的情况。人类的预见力还没有完善到可以可靠地预告一切可能产生的事这种程度，况且，人类所使用的语言也还没有完善到可以绝对明确地表达一切立法意图的境界。人们所预料不到的或法律所没有规定的种种案件必然会不断产生。”[④] 这是法官无奈的选择，因为法官无权拒绝裁判。这也是法官最光荣的时候，因为没有规范可以创造规范，为社会确立规则。当然在学术理论丰富多彩的当下，法官引用法学理论来进行裁判文书说理，也不可以任性，而是有规可循的。除了必须是在穷尽法律规范查寻之后“无奈”之下的选择外，胡云腾法官还概括出必须遵循的三个要求：一是必须引用通说和公理，一般不能引用众说纷纭的道理，切忌选择有争议的学理作为裁判文书的理由；二是必须把法学理论与法律精神以及法律的基本原则和价值等连接起来，说明判决所持的道理符合法律的原则和精神，从而打消当事人和社会公众对说理不充分的怀疑；三是要善于把抽象的学术理论转化为判决的具体道理，并

---

① 王泽鉴：《法律思维与民法实例》，中国政法大学 2001 年版，第 213 页。

② 刘莘：《立法法》，北京大学出版社 2008 年版，第 212 页。

③ ［美］本杰明·卡多佐：《司法过程的性质》，苏力译，商务印书馆 2000 年版，第 4 页。

④ ［英］彼得·斯坦、约翰·香德：《西方社会的法律价值》，中国人民公安大学出版社 1989 年版，第 4 页。

用当事人听得懂的语言把法学理论讲出来。①

（三）案件事实归入法律规范

法律规范确定之后，法官所要做的工作是将案件事实归属于法律规范的构成要件之下，学理上称之为“涵摄”。②“涵摄”实质上是一种逻辑推理，以涵摄的方式适用法律，关键在于，针对案件事实的个别部分，判断其是否符合构成要件中的各种要素。③ 裁判的过程就是法官“来回穿梭”于案件事实和法律规范之间，最终实现认定的案件事实与法律规范相符，发现的法律规范与案件事实相符，“涵摄”过程始告完成。④

四、情理：行政裁判文书说理的佐料

“感人心者，莫先乎情。”法律源于生活，法律的价值在于美化生活，而生活是情法交融的，情理往往蕴含在法理之中，但情理更为丰富多元。裁判文书说事理、讲法理，事关裁判文书的合法性、正当性；裁判文书说情理，事关裁判文书可接受性，在深层次上也涉及裁判文书的终极正当性问题。“裁判说理的情理，是指裁判文书阐明的认定事实和适用法律的理由及结果均应符合社会生活常理，即符合社会大多数人通行的经验法则、价值理念与公平、正义观念。”⑤

（一）事实认定符合常情常理

事实认定依赖证据，证据的采信需要综合审查认定，其中很重要的一个方面是符合社会生活经验。比如证人证言是否可以采信，除了规范审查之外，可能还要结合当庭出庭作证时，证人作证的语气、语态以及连贯性、前后一致性等方面综合认定，如果没有丰富的社会生活经验，这种精准的认定是很难完成的。在事实真伪不明的情况下，法官又无权拒绝裁判，必须根据支离

① 参见胡云腾：《论裁判文书的说理》，载《法律适用》2009 年第 3 期。

② ［德］卡尔·拉伦茨：《法学方法论》，陈爱娥译，商务印书馆 2003 年版，第 185 页。

③ ［德］卡尔·拉伦茨：《法学方法论》，陈爱娥译，商务印书馆 2003 年版，第 163 页。

④ 参见王泽鉴：《法律思维与民法实例》，中国政法大学 2001 年版，第 207 页。

⑤ 周公法：《事理　法理　情理　文理——裁判文书的说理之道》，载《山东审判》2005 年第 5 期。

破碎的不完整信息运用社会生活经验，导出案件事实，这个导出的过程，即是社会生活经验和情理作用的过程。在同一事实存在两份截然相反的证据的时候，如何判断证据证明力之大小，虽然有许多规则作指引，法官也有一定的自由裁量权，但规则指引毕竟只是引导，还需要法官来判断和裁量，而法官的判断权从来都不是任意的，为所欲为的，必须接受社会生活经验的检验，符合社会常情常理。“证据之证明力，固属于法院判断之自由，但不得违背经验法则，如证据之本身，依照吾人日常生活经验所得之定则观察，尚非无疑实时，则难采为判断之基础。”①

（二）法律适用符合社会常情常理

法律是社会共识和公意的表达。法律存在的目的，在于维护和促进社会福祉，能否达到这个目的，是衡量法律解释和适用水平的重要标准。而维护和发展社会福祉，是绝无可能以违背社会常情常理的方式来实现的。相反，只有依循社会常情常理来解释和适用法律，法律的这个目的才能够达到。当下法律适用领域，有两种不良倾向：一种是僵化地适用法律，把法条的文义作为唯一教条；另一种是无视法律的合理含义，曲解文意，随心所欲地理解和适用法律。这两种做法都是违背理性精神的，更是违反法官的正义和良知的。“一方面，我们应追问理性和良心，从我们最内心的感性中发现正义的根本基础；另一方面，我们应当关注社会现象，确定它们保持和谐的法律，以及他们急需的一些秩序原则。”“法院的标准必须是一种客观的标准，在这些问题上，真正作数的并不是那些我认为是正确的东西，而是那些我有理由认为，其他有正常智力的和良心的人都可能会合乎情理地认为是正确的东西。”②

当然，“需要说明的是，裁判文书情理的来源，主要是立法的规定和精神。因为法是人制定的，一部好的法律，立法机关在立法时已经充分考虑一定的情理，裁判文书的说理性，就是把法中所蕴含的情理开发出来，或者根据形势的发展和时间的推移，把法律中应当具有的新情理解释出来，使法律体现人性、尊重人情”。③

---

① 黄茂荣：《法学方法与现代民法》，中国政法大学出版社 2001 年版，第 216 页。转引自周公法：《事理　法理　情理　文理——裁判文书的说理之道》，载《山东审判》2005 年第 5 期。

② ［美］卡多佐：《司法过程的性质》，苏力译，商务印书馆 2000 年版，第 54 页。

③ 胡云腾：《论裁判文书的说理》，载《法律适用》2009 年第 3 期。

（三）裁判结果符合社会常情常理

在案件审判过程中，法官履行审判职责具有主体性，但法官的主体性并不是绝对的，适用法律作出的裁判结果不能与社会公众的共识存在较大差异。法律是社会共识的表达，法律适用需要遵循社会常情常理，由此得出的裁判结论如果与社会情理相去甚远，这样的裁判结果不可能有可接受性，正当性和合法性也会在深层次上面临拷问。行政审判中行政权的触角很广泛，涉及群众的生老病死，从摇篮到坟墓，这个过程中的执法行为都是对人们的日常生活行为的规制，这些行为必须符合社会情理，严重脱离社会情理的行政行为，无论如何也不应当得到法院的肯定和支持。

以行政审判中的合理性审查为例。2014 年修正的《行政诉讼法》把行政行为“明显不当”纳入审查范围，何谓“明显不当”，这本质上不完全是法律判断的问题，实质上是社会情理判断问题，就是让一个理性的普通人来评判是否畸轻畸重。即使在《行政诉讼法》修改前，制度上只有行政处罚显失公正的才可以纠正合理性问题，但也并非绝对，即使法律没有明确赋予行政审判一般意义上的合理性审查权，如果行政机关严重不正当行使权力，或者严重超出社会情理认知行使权力的，也属于滥用职权。因为，即使没有法律规定，自由裁量也应当彰显人性的光芒。[①] 人性的光芒是什么？就是社会情理。

五、文理：行政裁判文书说理的艺术之理

行政裁判文书说理的内容，一般是前面四个方面，但横贯前面这四个方面，并把这四个方面有机联系起来的，是文理。而且，文理不仅自身可以有效连接案件事实、法律适用和裁判结果，而且还可以优化、美化裁判文书的理由。“语言之所以如此重要，是因为它是表达思想的工具。”[②] 裁判文书的文理，犹如一门雕刻艺术，使裁判文书事实和法律以及结果之间形成一块融为一体、洁白无瑕的美玉，给当事人和社会公众带来美的享受。

---

① 王敏：《自由裁量也要释放人性的光芒》，载《政府法制》2003 年第 2 期。

② ［英］丹宁勋爵：《法律的训诫》，杨百揆等译，法律出版社 1999 年版，第 3 页。

（一）结构严谨，逻辑严密

裁判文书的结构对说理有最为直接的影响，目前对行政裁判文书说理进行规范的径路，往往选择的也正是对结构进行规范。在裁判文书制作和说理过程中，固然要遵循既定的格式和规范，但案件是复杂多样的，更要遵循案件裁判本身的内在逻辑结构，也需要与法官认识案件、分析案件和裁断案件的心路历程相吻合。事实上，只有“严谨的结构才能反映出案件中证据、事实和法律之间的内在联系，体现出法官从大前提（法律规定）、小前提（案件事实）推导出裁判结论的法律思维过程，更容易让当事人和公众明白、接受、信服个案的裁判”。①

（二）条理清晰、层次分明

裁判具有其内在条理，这种内在条理跃然纸上，就是裁判文书的文理。裁判文书的条理，一般在裁判文书制作规范上都有所涉及，主要是前后衔接、相互呼应，推理和证据之间不存在脱节甚至相互矛盾的地方。说理必须与争议焦点相对应。尽管行政诉讼需要全面审查，但核心还是要与当事人的诉争焦点相呼应。证据认证要与事实认定相呼应，切忌在事实认定部分出现缺乏证据支撑的事实；法律规范说理要与事实认定相呼应，只有案件事实与法律规范的要件事实相吻合，这样的条理才是清晰的。裁判结论需要与裁判的理由相呼应，不能出现理由和主文的结论相矛盾的情形。

层次分明，即行政裁判文书说理要以当事人和公众乐于接受、喜闻乐见的方式来表达，照顾裁判文书读者的阅读体验，遵循司法审判的人文关怀。这就是说，裁判文书既要把法官据以作出裁判的理由说出来，而且更要以公众看得见、乐于接受的方式表达出来。实践中，有一种说理现象，即从“本院认为”一段到底，中间含有多少个“三段论”都不管不顾。虽是一气呵成，可看着不仅没有美的享受，相反可能还在“上气不接下气”的阅读中“迷失了方向”，理即使说得好，可接受起来就比较难。因此，行政裁判文书说理要善于分段，区分说理层次，层次分明，层层推进。丹宁勋爵认为，“一页整

---

① 周公法：《事理　法理　情理　文理——裁判文书的说理之道》，载《山东审判》2005 年第 5 期。

块、不加分割的文字看起来很难看，让人也不愿意读下去”。[①]

（三）简洁得当、通俗准确

裁判文书说理并非越长越好，而是要与个案的性质和实际情况相适应，做到繁简得当。标准是，当繁则繁，当简则简，目标是把理说清楚，以容易理解和接受为原则。“对于普通民众来说，复杂精细的认证在更多的时候，只会使得他们更糊涂，而不是更清楚。”[②] 裁判文书的语言，还应当通俗准确。裁判文书虽是公文，需要严肃性和庄重性，但“使用语言要有说服力，要简洁明确”。[③] 要用当事人和普通公众容易明白、容易接受的方式讲理，不能有“有理就不怕”的想法，更要力戒空话、大话和套话。当然所有简洁、通俗都是以准确为前提的，有的时候用通俗、直白语言无法表达的，法言法语使用自然是必须的。

第四节　对几个理论问题的回应

裁判文书说理，一直是司法制度和诉讼法学理论研究的热点，也是司法实践探索的杠杆性领域。梳理现有研究样本可以发现，成果比较丰富，素材比较多样，对现行裁判文书说理问题的批评意见也比较有共识，但对如何促进裁判文书说理，似乎争议不小。实践探索更是丰富多彩，探索的方式有的是本土原创的，有的则是移植域外的，这些尝试在理论和实务界也都有持续的争议。受研究范围和篇幅的限制，本书无意于也不可能对这些理论和实践争议问题进行全面梳理和回应，只是选取其中基础性，也对行政裁判文书说理影响较大的三个问题予以简要回应，目的不在于厘清这些问题的来龙去脉，而主要是阐明本书的观点，为后续开展行政裁判文书说理路径，做一些铺垫和准备。

---

① ［澳］凯瑟琳·布兰森：《判决书的结构和内容》，王瑞编译，载《人民法院报》2003 年 12 月 8 日。

② 苏力：《判决书的背后》，载《法学研究》2001 年第 3 期。

③ ［英］丹宁勋爵：《法律的训诫》，杨百揆等译，法律出版社 1999 年版，第 4 页。

一、裁判文书说理是不是越充分越好

目前对裁判文书说理批评最多的声音，是裁判文书不说理或者说理不充分，行政裁判文书说理在这方面的问题似乎更为突出。不得不承认，这些批评是理性的，有一定道理的。特别是在我国社会转型时期，司法改革快速推进的情况下，影响裁判文书尤其是行政裁判文书说理的种种体制、机制、环境和法官职业素养等制约因素还不同程度存在，需要加强说理是各方共识，没有争议。但是，对于理说到何种程度，说到什么程度即为充分，以及是不是裁判文书说理越充分越好，则存在争议。大多数理论研究的指向都是裁判文书说理，越充分越好，哪怕是每一个案件，都应当做到说理充分。也有学者认为，“对待裁判说理，要冷静看待。只能要求适当说理，不应当要求充分说理”。[①] 苏力在其著名的《判决书的背后》一文中也指出，“司法判决书的最主要的功能仍然是社会的，是要为纠纷之解决提供一个合理化的证明，以及在可能的情况下为后来的类似案件处理提供一种导引……这也就意味着在司法判决中，更重要的仍然是判断，而不是认证。认证是对判断的支持，而不能替代判断”。[②] 在判裁判文书必须说理有高度共识的背景下，“论证”到何种“适度”的程度，才可以是“对判断的支持”，由于社会科学的一大难题是无法量化的，因此，笔者结合行政裁判文书说理实际，试着提出与说理充分性有关的几个命题。

（一）行政行为对当事人权利义务影响大小与说理的充分性成正相关关系

说理应当繁简分流，对当事人权利义务影响大小是这种繁简分流标准的重要考量因素。这是因为，对当事人权利义务影响大的争议，行政机关在行政行为作出时，往往就比较慎重、严格，程序更加严谨，事实和证据要求更加扎实，对应到行政诉讼程序中，也应当有相对应的程序设计和理由说明。比如，同样是行政处罚，有的对当事人权利义务影响大，有的对当事人权利义务影响小，前者比如《行政处罚法》第六十三条规定的吊销许可证或执照、

① 梁慧星：《公正判决、适当说理》，载《北京日报》2015年3月2日。

② 苏力：《判决书的背后》，载《法学研究》2001年第3期。

停产停业以及较大数额罚款，后者比如《道路交通安全法》规定的 50 元以上 200 元以下的罚款。其一，对于前者，由于对当事人权利义务影响大，法律设计了较为复杂严谨的程序，不仅适用普通程序进行处理，而且还规定了行政机关事先告知听证义务以及当事人申请听证的权利，程序设计体现出与相对人权利义务影响程度相一致的内在规律，这个规律自然也适用于诉讼程序之中。而对于后者，法律规定了相应的简易程序进行处理，处罚文书甚至只需要格式文书，很少有充分性的说理和论证。即使到诉讼程序中，文书说理要比交通行政处罚格式文书丰富一些，但也是相对简洁明了的。其二，对当事人权利义务影响大小与国家权力回应强度也是成正比的。对当事人权利义务影响大的行为，国家权力介入的时候也应当给予充分的正当理由，其用意不言而喻，用日常理性就能理解，比如较重的行政处罚，往往意味着要剥夺相对人更长时间的自由和较大数额的财产，在处理的时候，自然需要慎重一些、谨慎一些，这种慎重和谨慎就集中体现在充分说明理由上。特别是在当事人不服处罚提起诉讼的时候，人民法院作为国家司法机关，应当给出具有权威且有说服力的理由说明，这不仅是对当事人主体性和权利的尊重，在一定程度上也是在通过说理来维系公民对国家的信任和信心。

当然，这种正相关关系是一种原则，对当事人权利义务影响大的案件，需要更加充分的说理，并不意味着对当事人权利义务影响小的案件，说理就一定不需要充分。相反，即使案件对当事人权利义务影响小，但争议较大或者社会影响大，社会关注度高，则仍然需要强化说理，通过充分的理由说明，回应法律争议或社会公众的关注和诉求。

比如在舒某某与海盐县公安局交通警察大队因“闯黄灯”行政处罚案件中，[①] 虽然交警部门按照简易程序对舒某某处以 150 元罚款，数额不大，对舒某某个人权利义务影响也不大，但该案社会关注度高，涉及“黄灯”的法律意义，具有广泛的社会影响性，因此，该案判决书说理相对较为充分。二审判决认为：

> 行政诉讼的基本功能之一是对行政行为的司法监督，通过司法监督促使行政机关依法行政；同时，通过行政诉讼也应当

---

① 参见浙江省嘉兴市中级人民法院（2012）浙嘉行终字第 15 号行政判决书。

维护依法行政的效力，对依法行政的结果加以司法确认。因此，在审查具体行政行为是否合法时，必然要审查作为具体行政行为诱因的行政相对人的行为是否合法。本案中，上诉人“闯黄灯”的行为是否合法涉及重大公共利益：一方面，作为个体的驾驶人在黄灯亮时有什么样的通行权，事关每个驾驶人的通行效率和利益；另一方面，作为公共的道路交通安全体系，接受怎样的黄灯通行方式才能确保安全优先，是必须要面对的问题。因此，对闯黄灯行为的性质必须审慎分析。

现代交通的第一要素是确保安全，道路交通也不能例外。而运行中的机动车是高度危险之物，驾驶机动车也成了高度危险行为。在外部条件相同的情况下，对该高危行为的控制，唯赖驾驶人的谨慎规范驾驶，方能达到“安全交通”之目的。故以安全优先的“谨慎规范驾驶”实为机动车驾驶之核心理念。闯黄灯行为是否违法，涉及对《道路交通安全法实施条例》的条文“黄灯亮时，已越过停止线的车辆可以继续通行”的理解，是一个法律解释问题。法律解释应当具有合目的性，即法律解释应当符合立法的目的与宗旨，同时要以法律体系与语义的内在逻辑为基础。

《道路交通安全法》第二十六条规定，“黄灯表示警示”。该条对应了《道路交通安全法实施条例》中规定的两种情形：情形一为第四十二条所规定，即在某些道口的某些时段只设定黄灯闪烁，不设定红黄绿三色灯的变换，这时黄灯的指示作用在于“提示车辆、行人通行时注意瞭望，确认安全后通过”；情形二则为第三十八条第一款第二项所规定，在红黄绿三色灯变换的情况下，“黄灯亮时，已越过停止线的车辆可以继续通行”。由此可见，所谓“黄灯表示警示”，既不是完全禁止通行，也不是等同绿灯一样通行，其具体含义应当为“附条件谨慎通行”。在这种语义环境下，与1955年的《城市交通规则》和1988年的《中华人民共和国道路交通管理条例》相关法条相比，《道路交通安全法实施条例》第三十八条第一款第二项省略掉“黄灯亮时禁止车辆通行”字样，直接规定“黄灯亮时，已越过停止线的车辆可以继续通行”，言简意赅，更加符合立法语言的要求。

同时，《道路交通安全法》第一条开宗明义确定了该法的立法目的，在于“维护道路交通秩序，预防和减少交通事故，保护人身安全，保护公民、法人和其他组织的财产安全及其他合法权益，提高通行效率”。而基于《道路交通安全法》产生的法规《道路交通安全法实施条例》自然亦秉承该立法宗旨。黄灯作为绿灯充分放行之后向红灯的过渡，其设置目的应当是缓冲绿灯转换为红灯的时间，使得在绿灯放行过程中正常驶入交叉口但还没有通过的车辆迅速安全通过，清空交叉口的滞留车辆，为冲突方向的绿灯放行做好准备。此时的通行重心已转移到冲突方向。

因此，出于安全驾驶目的，对该条文的理解应当基于“谨慎规范”之理念，即，黄灯亮时，只有已经越过停止线的车辆可以继续通行，除此之外，车辆不得继续通行。若认为“黄灯亮时没有禁止未越线车辆继续通行，因此所有车辆均可继续通行”，不仅违反了该法条语义及体系上的内在逻辑，使得黄灯与绿灯指示意义雷同，更违背了《道路交通安全法》的立法目的。该项规定实际上意味着，黄灯亮时驾驶人的通行权受到限制，限制的目的在于维护道路交通的安全。立法的价值取向在此非常明显，即为了保障公共安全，必须在合理范围内限制个人的通行权利。因此，现有道路交通安全法体系下，闯黄灯系违法行为。

（二）行政案件的审级高低一般与说理充分性呈正相关关系

审级高低与文书说理的关系，受到多种因素的影响，一般而言呈正相关关系。主要是基于如下几个方面的考虑：一是审级越高往往意味着案件对当事人权利义务影响越大，或者属于本辖区内重大案件或疑难复杂案件。因为在审级制度设计中，审级制度往往与国家动用司法权慎重程度有关。以一审案件为例，基层法院原则上管辖一审行政案件，中级法院管辖的案件相较之基层法院来说往往影响更大，复杂程度也更高，比如以县级以上人民政府、国家部委为被告的案件以及涉及海关等案件，需要慎重处理。高级人民法院和最高人民法院管辖的是“辖区内有重大影响的案件”，这类案件更是充分说理的类型和领域。因此，在一般意义上说，文书说理随着审级提升有越来越强化的趋势，这是与不同审级法院管辖案件性质相一致的。二是审级越高往往意味着争议越大，争议越大往往意味着更需要充分的理由说明，以回应当事人的争议，说服当事人信服裁判，在内心培育司法公信。比如，当事人对一审判决不服，提起上诉，如果一审判决说理不充分，与争议大小及性质不相吻合，则就需要二审承担更高的说理义务，回应当事人的诉求和理由。如果当事人申请再审，原审裁判说理不够充分或者不到位，乃至存有遗漏的地方，则需要再审文书充分说理。如果二审改判一审或再审纠正生效判决，则需要承担更多的理由说明义务。这里，有一个广泛存在的说法，是笔者所不赞同的，即审级越高，法官水平越高，因此说理理当越充分。这种认识看似合理，其实有误区，说理充分性要求与法官水平和能力高低并无直接关系，而只与案件性质、争议大小和影响等因素有关，如果一审法官应该说理而没有说理或者说理不当，那不是将说理义务转给上级法院法官的理由，而应当想办法努力提升一审法官的司法能力。

当然，审级高低与说理充分性呈正相关关系，也是在一般情况下而言的，不是绝对的。因为对于二审再审程序来说，说理具有相应的规律。对于一审说理非常充分的裁判文书，二审没有新的理由需要补充的，则可以简化文书说理。最高人民法院也明确提出：“二审或者再审裁判文书应当针对上诉、抗诉、申请再审的主张和理由强化释法说理。二审或者再审裁判文书认定的事实与一审或者原审不同的，或者认为一审、原审认定事实不清、适用法律错误的，应当在查清事实、纠正法律适用错误的基础上进行有针对性的说理；针对一审或者原审已经详尽阐述理由且诉讼各方无争议或者无新证据、新理由的事项，可以简化释法说理。”①

比如在一起证券行政处罚案件中，一审判决书说理非常清晰透彻，全面回应行政行为合法性审查要点和当事人诉求争议点，二审判决书则无须在详

① 参见《最高人民法院关于加强和规范裁判文书释法说理的指导意见》（法发〔2018〕10号）第十条。

细重复说理，二审文书是这样说理的：

> 根据《行政诉讼法》第八十七条的规定，人民法院审理上诉案件，应当对原审人民法院的判决和被诉行政行为进行全面审查。本案被诉市场禁入决定涉及证券监管行为的合法性，人民法院理当通过裁判文书阐明事理、释明法理、讲明情理，展示对被诉行政行为合法性的审查情况，提升裁判过程和结论的合法性、正当性和可接受性。同时，根据不同审级的特点和规律，裁判文书说理也应当繁简分流，一审裁判文书应强化释法说理，以提升在定分止争方面的有效性，二审裁判文书既要体现对被诉行政行为和一审判决的全面审查，也要避免与一审裁判文书在说理上不必要的重复，针对一审判决已经全面回应当事人诉讼意见、详尽阐述裁判理由，且理由并无不当，诉讼双方又无新证据、新理由的，可以简化释法说理。
>
> 本案中，被诉市场禁入决定认为蝶彩资产违反了《证券法》第七十七条第一款的规定，构成该法第二百零三条所述操纵证券市场行为，谢某华作为直接负责的主管人员应承担相应的法律责任。一审法院在梳理本案涉及的法律规范并总结当事人争议焦点的基础上，围绕本案是否存在操纵市场的违法行为以及上诉人是否应当承担责任两个方面展开说理，其中对上诉人参与实施操纵市场违法行为的分析，又遵从主客观相结合的原则进行了认定，并结合上诉人的一审诉讼请求和主张进行了详尽说理。这些方面，涵盖了法院对被诉市场禁入决定进行合法性审查的方面，也回应了上诉人所提出的诉讼请求和理由，既有实体方面，也有程序方面，既有事实认定方面，也有法律适用方面，以法理和情理相结合的方式对被诉市场禁入决定合法性进行了评价。本院经审查认为，一审判决对被诉行政行为合法性的审查和评价，说理充分、结论正确，予以确认。而且，在本案中，上诉人提出的上诉主张和理由，没有超出一审程序中提出的主张和理由，一审判决对这些主张和理由均已作了详尽

的分析和回应，且释法说理并无不当，本院不再进行重复说理。①

该篇文书说理很好地处理了一、二审判决书说理的关系，繁简得当，符合审级设计与文书说理充分性相吻合的内在规律。

（三）行政争议大小以及社会关注程度与说理充分性成正相关关系

化解行政争议是行政诉讼的重要立法目的，而争议有大有小，有的社会关注度高，有的社会关注度低，有的比较疑难复杂，有的则比较简单。审理程序和裁判文书说理充分性程度与案件性质相符合，不仅是有效应对“案多人少”矛盾的需要，更是案件审理规律使然，使公正与效率相融合的规律使然。对于争议较小、社会关注度不高的案件，适用简化的程序、简洁的文书，并不是说这些案件不重要，而是在司法资源配置上作出相应的制度安排。再说裁判文书说理的主要任务是展示裁判结论的正当性，也是回应当事人的诉求，消除当事人的疑虑或者疑惑，增强当事人的可接受性。因而既然是要消除当事人的疑惑，就要回应当事人的争议，对于没有争议或争议不大的简单撰写，对于争议较大的则要详细书写。同样的道理，裁判文书不仅是写给当事人的，也是展示给社会公众的，特别是社会关注度高的案件更具有社会引领功能，因而社会关注度高的案件则需要详细说理，回应社会关注，为社会释疑解惑，因而社会关注度高低也是判断繁简分流的重要标准。

（四）法律没有规定或者法律存在漏洞需要填补的问题，需要进行充分说理

准确理解和适用法律，离不开对法律的寻找和解释。裁判文书说理一般遵循三段论逻辑，而作为大前提，必须有相应的适用于个案的法律规范。一般裁判文书说理只需要解释论证为何适用此法律规范，以及此法律规范的法律含义及具体适用，而法律规范资源是有限的，社会生活是复杂多变、丰富多彩的，有的争议发生了，相应的法律规范却跟不上，或者没有相应的规范，

---

① 该案详细说理情况可以参见北京市第一中级人民法院（2018）京01行初78号行政判决书和北京市高级人民法院（2019）京行终2206号行政判决书。

或者有相应的规范却不好用，还有的机械适用起来结果难以让人接受，而法官又无权拒绝裁判。这个时候就需要智慧地适用法律，要使法律规范与案件事实有机相连，并在个案中形成公平、合理、正当、可接受的规则。这个时候由于法官需要在形式的法律规范之外，寻求个案的正义，为寻求这种正当性，法官必须对这种活动赋予相应的正当性理由，即加强文书的说理，以展示自身裁判的正当性以及结论的可接受性。

二、裁判文书是不是越说理，司法就越有权威

"司法的权威性，又称之为司法的尊严（judicial dignity），是指司法机关应当享有的威信和公信力。"① 在法治社会，司法权威是司法权成熟运作和法治社会良性构建的基础和保障。正如澳大利亚法官马丁指出的，"在一个秩序良好的社会中，司法部门应当得到人民的信任和支持。从这个意义上出发，公信力的丧失就意味着司法权的丧失"。② 乃至我国，在建设法治中国的背景下，如何增强司法权威和公信力这一命题正在引起越来越多人的关注和思考。裁判文书说理性问题，甚至成为司法权威稀释的罪魁祸首之一。有的学者认为，"判决书几乎不说明理由，对当事人及代理人发表的意见或提交的证据，法庭采纳与否没有相应的说理论证，这种裁判权力味道浓厚的判决，给人以强权压服的感觉，缺乏共识的基础，司法判决权威难以得到社会确认是其必然的结果"。③ 而"只有充分说理的判决，才能为法官在将来的判决中提供指引。就个案而言，只有做到判决说理，判决结果才能让当事人、让社会公众信服。无数个案的累积，才能逐步树立公众对司法、对法律的信仰"。④ 笔者认为，充分说理与司法权威的关系，可以从以下两个层面加以分析。

（一）经由说理走向司法权威是重要途径

司法是一种权能，由权力走向权威，由"命令—服从"走向"说服—认

① 王利明：《司法改革研究》（修订本），法律出版社2002年版，第136页。

② 上海市第一中级人民法院研究室：《21世纪司法制度面临的基本课题》，载《法学》1998年第12期。

③ 季金华：《司法权威论》，山东人民出版社2004年版，第177～178页。

④ 王卫明：《判决说理与司法权威》，载《读书》2009年第12期。

可”，是司法赖以发展、公信赖以维系的必经之路。在这个过程中，影响因素有许多，但裁判文书作为书面文字的载体，无疑连接着法院和当事人及社会公众。“除了很少的例外情况，法院是通过司法判决同当事人、律师、其他法院和整个社会联系和沟通的。不管法院的法定和宪法地位如何，最终的书面文字是法院权威的重要源泉和衡量标准。因此，判决正确还是不够的——它还必须是公正的，合理的，容易让人理解的。司法判决的任务是向整个社会解释、说明该判决是根据原则作出的好的判决，并说服整个社会，使公众满意。”① 由此可见，裁判文书说理与司法权威紧密相关，是树立司法权威的重要途径和方式。特别是我国目前政府转型时期，政府违法行政、滥用权力的情形时有发生，官民矛盾既多发又敏感，行政审判与司法公正权威的关系日益紧密，堪称审判权威的“晴雨表”，这就对行政裁判文书说理提出了更多更高的要求。

第一，增强行政裁判文书说理，有利于增强行政裁判的正当性和自洽性，消除当事人的猜忌和误解。行政审判之所以在整个司法权威中面临的挑战最大、困难最多，概因行政审判直接调整强势的行政权与处于相对人地位的公民关系。加之我国法院体制“先天不足”“后天营养不良”，受制于地方政府，因而争议一进入法院，不等案件审理和裁判，当事人自然有一种“会不会官官相护”“会不会公正审理”的疑虑。这在我国的国情之下，也是可以理解的人之常情。这就需要在审判过程尤其是裁判结果的载体中，把道理讲清楚，告诉当事人，胜之何在，败在何因，不仅给出“所以然”，而且充分告知“之所以然”。这样不仅能让裁判结果自证清白、公正，而且有利于消除疑虑，减少当事人对司法的不信任感。否则，如果任由当事人猜忌，裁判文书对其理由和诉求不作回应，或者作只有结论没有理由的回应，自然会进一步加大当事人对司法的猜疑，并在内心深处坐实这种猜疑，如此一来，司法权威自然树立不起来。

第二，增强行政裁判文书说理，有利于将裁判的理由展示出来，既便于接受监督，也体现司法自信。行政审判一直面临司法环境的困扰，这也是困扰行政裁判文书说理的关键所在。在一定程度上，在三大诉讼制度中，行政审判制度自信心相对来说比较弱。有些敏感案件进入诉讼程序，法官在审理

① 宋冰：《程序正义与现代化》，中国政法大学出版社1998年版，第307页。

时有许多挑战，在裁判文书撰写时也会心存忐忑。在推进司法改革过程中，行政审判的活力和自信日益释放出来，在这种背景下，增强行政裁判文书说理，敢于把理由亮出来，既是行政审判环境改善、提升自身免疫力的体现，也有利于各方面监督主体更好地、更有针对性地展开对行政审判的监督和评价。这种自信的提升，在一定程度上也有利于司法权威的树立和培育，试想，自己都说服不了自己，自己对自己的裁判都没底，或者不敢亮剑，又何以指望其他人信服呢！

第三，增强行政裁判文书说理，体现对当事人主体性的尊重，有利于提升裁判的可接受性，进而增强司法的公信力和权威性。当事人在诉讼中具有主体地位，诉讼程序的启动、进展及其方向，受当事人主体行为和诉讼请求的制约，即使是法官，也无权任意改变。当事人之所以提起诉讼，自然对被诉行政行为有质疑，这些质疑有无道理，是否应当依法获得支持，作为裁判结论载体的裁判文书，自然应当给个说法，回应当事人的诉求和质疑，这是对当事人诉讼主体地位的尊重，更深层次的则是对当事人主体人格尊严的尊重。试想，裁判文书处分我的权利与义务，却不告诉我为什么，这样的逻辑无疑看不到“人”的影子。而尊重当事人的主体人格尊严，就需要回应当事人的主张和诉求，这就是裁判文书说理。“法官只有详细而充分地论证判决的理由，才能让当事人、让社会公众相信判决至少在形式上是公正的。”①

（二）说理并非司法权威的充分条件

裁判文书详细而充分地说理，有利于提升司法公信力和权威性，事实或许正是这样，但是，这并不意味着裁判文书说理充分，就一定会提升司法权威和公信。因为，说理是司法公信的必要条件，不说理很难有权威，但这并不是充分条件，说理并不必然立竿见影地带来公信和权威。

第一，说理与裁判及司法的社会认同之间存在间隙。裁判文书说理，证明司法是理性的，裁判是有根据的，因而有利于提升司法权威。这本身并无不当，也是许多研究者在“言必称”西方司法权威时不得不说的一个理由，结论似乎是西方法治发达国家的司法之所以有权威，就源于洋洋洒洒的裁判文书说理，中国的司法权威之所以比较弱，看了“干瘪”的裁判文书即可明

---

① 王卫明：《判决说理与司法权威》，载《读书》2009 年第 12 期。

了。这个判断有并不全面，正如有学者指出的，“应注意到，中国当代相当一部分主张法院应充分说明自己裁判理由的学术文本，均已提到英语国家的法官‘充分’法律论证的写作，且时常有意或无意，以其作为中国司法裁判文书制度变革的蓝本。……仿佛这些国家中，法官‘充分’的法律论证写作，与‘法院裁判正当性的社会认同’之间，存在着某种内在联系，故由此设想，在中国实现法律论证的‘充分’，亦可带来同样的效果。但实际上，英语国家法官‘充分’的法律论证，与‘法院裁判正当性的社会认同’的联系，并非如想象的那么紧密，或多么乐观。相反，观察者就可以轻松地发现，正是在这些英语国家，一份‘论证颇充分’的裁判文书出现后，引起人们的争议，也是司空见惯的”。①

第二，在说理充分与否缺乏共识的背景下，一味强调充分说理，还有可能适得其反。我们的时代，好在开放、多元、包容，但在很多社会问题上缺乏共识，有时连常识的底线都需要重新构筑。在此背景下，对于裁判文书说理，何为“充分”，没有共识的标准可资利用。作为训练有素的专业人士，法官只有根据自己对案情的认识和理解，进行“充分”说理的度的把握，但对法官说理的质疑，往往来自于学术界和社会公众，他们以批判者的眼光，审视裁判文书及其理由。本来许多法律问题的处理，就充满理论争议，法官对此加以说明，不得不在争议观点上“裁上一刀”，以履行裁判职能。这些案件，无论法官自己如何“充分”说理，也极易引发争议和质疑。因为，法律问题本身无共识，“充分”更无标准可循。“如此一个困难问题的存在，便决定了，（许多人）基于‘自己’认为正确的标准的外部观察乃至监督，缺乏正当的理由以指出某法律人或某法律群体的‘充分’论证是错误的，直至对其指责。”在这种情况下，“法律人可能迫于压力，而愈来愈在法律论证上构筑精细化、繁复性的论说迷宫，使社会的外行人更难理解。在此，完全可以想象，若一份裁判文书的论证十分‘充分’，颇像法学的一篇学术论文，有如被赞美的英语国家的某些裁判文书的‘论文化’，不仅旁征博引，而且持续论理，其结果，将会使社会的外行人更彻底地遭遇阅读困难，甚至失去阅读的耐心，或畏惧而退”。②

---

① 刘星：《司法的逻辑：实践中的方法与公正》，中国法制出版社2015年版，第97页。

② 刘星：《司法的逻辑：实践中的方法与公正》，中国法制出版社2015年版，第103～104页。

第三，人的思维惯式，有时会使裁判文书说理和司法权威之间并非正相关。人的思维是有惯性的，一般愿意相信自己相信的东西，而大量的研究也表明，接受或拒绝某个判断，往往不是充分论证的结果。维特根斯坦也说，“请记住，有时，一个人信服某观点正确，只是因为它简单或对称”，而不是因为其认证详细。[①] 特别是对争议较大、疑难复杂的案件，“更多、更详细的论证也未必更有说服力，至少对那些先见比较坚定的人不具有更强的说服力”。[②]

三、如何借鉴域外裁判文书说理经验

随着司法改革的快速推进以及以裁判文书公开为代表的司法公开机制深入发展，裁判文书的“美”与“丑”得以更多地展露在世人面前。理论和实务界也对裁判文书说理提出了许多批评和意见，批评主要集中在认为裁判文书说理不充分，缺乏足够的法律论证和推理，建议应当学习借鉴西方域外法治发达国家，尤其是英美国家法院判决书洋洋洒洒、下笔万言的形式。对此，我们作为法治和司法后发国家，自然需要学习借鉴西方法治发达国家的法治经验，这也是改革开放吸收借鉴一切人类优秀文明成果的题中应有之义，但是，也切不可盲目冒进，而是要立足国情，实现域外良好经验的吸收、借鉴和消化、提升。

（一）裁判文书说理与法律体系背景紧密相关，不同的法系形成了与之相适应的说理模式

对于裁判文书说理，学术界和实务界最耳熟能详的，莫过于对英美法系尤其是美国裁判文书说理的印象，特别是美国联邦最高法院发表的一些重要判决意见，更像精美的法学论文，动辄上百页。国内翻译介绍域外裁判文书尤其说理的成果，也以译介美国裁判文书的居多。为何？因为美国的裁判文书不仅说理充分，更在于这些篇幅较长的文书，能回应社会重大关切，确立社会行为规则，而且行文优美流畅。而大陆法系的欧陆国家，裁判文书则相对短小，即使针对重大敏感案件，裁判文书说理也不像美国裁判文书那样鸿

---

① 转引自苏力：《判决书的背后》，载《法学研究》2001 年第 3 期。

② 苏力：《判决书的背后》，载《法学研究》2001 年第 3 期。

篇巨制，在说理充分性和旁征博引上，也更为谨慎。

我们知道，美国是典型的普通法系国家，欧州国家是典型的大陆法系国家，前者实行判例制度，后者也有判例，但主要是成文法传统。为何判例制度和成文法传统对裁判文书说理，有如此之大的影响？核心在于，这两种法系传统，对法官撰写裁判文书有种看不见的内在驱动力。英美法系的法官在撰写裁判文书时，在平衡保护当事人的合法权益时，既要考虑过去判例的适用性，又要考虑对未来案件的可能影响。尤其是对争议较大的案件，法官既要处理争议，更要考虑本院和上诉法院之前有无类似的先例。如果有类似的先例，这些先例确立的规则是什么、为何要适用于本案，以及如何适用于本案，都需要详细的论证和推理。把处理别人案件的规则适用于本案当事人，与把国家共同遵守的法律适用于个案，存在着本质的差别，自然需要更多兼具正当性、适当性和可用性的理由来支撑。这种为未来争议确立规则的职责，具有相当大的驱动力乃至“魔力”，内在地驱动“法官在撰写判决书时，特别是在那些有新意的案件中，始终有某种创造规则的考虑，某种政策的考虑。他们所必须面对的不仅是纠纷解决的问题，而且有规则之治的问题。他们必须纳入其司法判决的，不仅是手边案件是否得到了良好、恰当处置，而更多是这个判决对于未来司法的意义。”“这一点也意味着，法官在撰写司法意见时，必须事先考虑其预期听众的可能反应。而这一预期听众至少对于上诉审法官来说，主要不是案件的当事人以及关心此案的公众，而是其他法官以及实务和学术法律人。到了美国联邦最高法院，或州的最高法院，司法判决则常常与案件本身的优劣和结果对当事人是否公正无关，而更多与美国的制度运作、规则确认、利益平衡有关。”① 与英美法国家形成鲜明对应的，是大陆法系国家的法院，必须严格依据制定法来裁判，尽管也有判例制度，但判例的体系化并不像英美国家那样成熟和发达，而且判例也会逐渐上升为制定法而加以普及推广和适用，法官的主要任务不是创制规则，而是把法律适用于具体个案，对个案作出法律上的裁判。“尽管适用法律总是会有解释，有推理，甚至某种程度的创造，但是其推理形式相对简单，且更多是一种演绎的方式。”② 比如法国，裁判文书说理一般比较简单、概括。“法国法院，尤其

---

① 苏力：《判决书的背后》，载《法学研究》2001 年第 3 期。

② 苏力：《判决书的背后》，载《法学研究》2001 年第 3 期。

是最高法院，想方设法使判决书的内容缜密而紧凑，附带性论述一概排除；当判决基于某一理由应予撤销，其他理由便弃之不顾。另外，那种游离于正文之外的闲文漫笔从来不能在最高法院的判决书中发现，在下级法院的判决书中也很难找到；并且也不涉及案件的背景、法律史、法律政策或比较法。”①

由此可见，法系背景的不同，决定了不同国家法院裁判文书说理的目标定位和价值取向存在质的差异，英美法系的裁判文书努力实现规则之治，因而需要详细地阐明规则的理由，而大陆法系国家的法院裁判文书的功能大多只在于适用法律化解纠纷，因而不需要也不可能有长篇大论的说理。在这一点上，我国的法律传统离大陆法系更近一些，在法律体系、司法定位和裁判文书功能上，与大陆法系也比较接近。“在这一点上，中国社会对法官判决书说理的要求注定偏低。”② 因而，在学习借鉴域外裁判文书说理时，不能只看到英美法系看上去挺美的文书，还需要透过形式看本质，看那种说理风格与我国的法律传统是不是相融相生。

（二）裁判文书说理与一国宪制结构紧密相关，不同的宪制安排决定了说理的空间和范围

裁判文书说理，除了受法系传统诸因素的影响，还直接受法院和法官在国家宪制结构中的地位和作用影响，后者有时更起决定性作用。当然宪制安排如何，在一定程度上也是法系传统的反映，有什么样的法律文化背景，自然会结出什么样的宪制安排果实。如果一个国家法治化程度比较高，法律成为社会治理的首要和最重要的规则，不仅一般的纠纷由法院来处理，而且是权威处理，甚至连棘手的政治问题都可以顺畅地转化为法律问题，并由法院作出裁决，这样的裁决自然需要更多的法律理由和论证。“美国联邦最高法院就是这样的典型法院，你很难想象，在戈尔诉小布什案件中，总统当选者最后是由联邦最高法院裁决得出的，这样的裁决在很多国家都是无法想象的，这样的裁决无论换作谁，都需要也会自觉充分说理和论证。”正如苏力教授所总结的，“多年来，它所审理的案件包括了诸如种族歧视、人工流产、社会福

---

① ［德］K. 茨威格特：《比较法总论》，潘汉典译，贵州人民出版社 1992 年版，第 228 页。

② 苏力：《判决书的背后》，载《法学研究》2001 年第 3 期。

利、枪支控制等大量的政治、社会问题，同时它也拥有西方其他国家的法院都不拥有的广泛的司法审查权。由于它在美国政治中的这一角色，使得美国联邦最高法院在这些重大问题上不得不对自己的判决作出深入细致的解释，以获得其相对于其他政府部门的政治合法性。相比之下，如果一个国家的政治体制是议会至上……法院的任务就会相对减少，仅仅是执行议会制度的法律……这个国家的法院在司法判决书撰写上势必比较简单，法条主义的味道也渐趋浓厚”。[①]

在我国，法院的定位和法官的地位，与之则存在本质的差异。一方面，法院的定位是人民代表大会制度之下的法院，与西方作为独立分支的法院，在宪制安排中差异悬殊。《宪法》第一百三十三条规定，最高人民法院对全国人民代表大会和全国人民代表大会常务委员会负责。地方各级人民法院对产生它的国家权力机关负责。因此，需要“强调制度的重要性，而不是简单地指责法官的个人职业道德或责任心，将判决书认证之缺乏归咎于其知识的缺乏和技术的低劣”。[②] 另一方面，中国法官的地位也较为特殊。在西方国家，不论是英美法系还是大陆法系，法官撰写的裁判文书就是法官的作品，代表着个人的职业能力和职业声望。“对于一个法官来说，撰写了一份出色的司法判决，就意味着青史留名，长期为后人引用，为学者研究，成为经典判例。”“相比之下，欧陆法的法官则没有这种动力。哪怕你撰写了再好的判决书，一般说来，你的判决理由都不可能作为法律来引用。对于欧陆法的中下级法院的法官尤其如此。他们个人没有多少激励去努力撰写一份超出处理本案之必需的司法判决书，即使撰写了，对一般的法官也没有太多的个人效用，不可能给法官个人带来更多的收益，无论是司法权力上的还是学术权力上的。”[③] 我国的司法体制，强调的是法院依法独立行使审判权，法官是法院依法独立行使审判权的具体承担者和参与者。

（三）裁判文书说理与案件性质及法院审级紧密相关，案件繁简不同、法院审级不同，对裁判文书说理充分性有直接的决定性影响

裁判文书说理的充分性，与案件性质尤其是繁简程度成正比，是中外法

---

① 苏力：《判决书的背后》，载《法学研究》2001 年第 3 期。
② 苏力：《判决书的背后》，载《法学研究》2001 年第 3 期。
③ 苏力：《判决书的背后》，载《法学研究》2001 年第 3 期。

治国家概莫能外的规律。繁简分流的本质并不是选择性裁判说理，而是针对不同类型的案件，寻找符合其内在规律的裁判方式。两大法系存在着许多制度上的差异，在案件繁简分流方面的处理机制亦不同，对裁判文书说理产生了比较直接的影响。在英美法系国家，进入法院诉讼开庭审理的案件，一般都是有重要法律争议或者比较新颖需要确立行为规则、为未来裁判提供示范的案件，也就是我们通俗意义上的重大复杂案件或者社会敏感案件。由于法律上繁简分流机制比较健全，多元纠纷化解体系比较有效，绝大多数事实比较清楚、争议不大的案件，都通过庭外和解、诉辩交易等方式解决了，这些机制客观上为裁判文书是否详细说理，起到了一个筛选案件的作用。那些没有法律论证价值的案件，都被繁简分流和多元化解机制消化吸收掉了，剩下的案件往往都是有意义也有动力去充分论证的案件。而且对于这些案件，由于英美法系还实行陪审团制度，很多情况下无须对事实问题负责，只需要对法律解释和认证问题操心。在这种机制下，法官既无须为简单案件分神，又无须为事实问题“挠头”，有时间、有精力也有动力去做身为法律人最擅长的法律论证工作。如此背景下，裁判文书说理尤其是法律认证自然是丰富的、充分的。而在大陆法系国家，职权主义模式导致大量案件必须由法官作出裁决，这些案件不分简单与复杂，其中有许多案件，也是无须法律论证的。而且，法官还需要承担查明案件事实的职责，这样不可能也没必要要求法官对每一起案件都写出详细和充分论证的判决书。我国过去一直强调裁判文书充分说理，甚至有篇幅越长越好的评价旨趣，但随着近年来“案多人少”压力持续加大，繁简分流机制提上议事日程，正在探索为不同难易程度的案件确立与之相适应的说理模式，这应当是正确的选择。

总之，在我国学习借鉴西方法治先进经验，加快改进我国裁判文书说理的道路上，需要吸收和借鉴优秀成果和经验，但更需要知己知彼，实现中外情况的有机结合，切不可盲目照抄照搬，导致水土不服，经验没有学成，相反贻误了自己。

第二章　行政裁判文书说理的实践分析

行政审判实践是展现司法公正特别是司法理性的一个舞台。在这里，行政权力与公民权利、立法权与行政权、行政权与司法权之间关系的法律调整，都靠司法的说理来展示。而司法是否说理、如何说理，以及说理效果如何，都集中体现在裁判文书这一司法产品上。本章在前面理论分析的基础上，梳理行政裁判文书的发展历程，分析实践中裁判文书说理存在的问题及背后的原因，并提出加强和改进行政裁判文书说理的路径，为后续的研究提供基础和方向。

第一节　行政裁判文书说理的发展历程

我国的行政诉讼制度，最早建立在民国时期。[①] 但目前理论和实务中讨论的行政诉讼制度，一般是指改革开放后我国探索的行政诉讼制度。因此，研究我国行政裁判文书说理的发展历程，也是从改革开放后重启法制化进程的背景下展开。改革开放 40 余年来，行政审判制度从尝试建立也有 30 余年的历史。回顾 30 多年行政裁判文书说理的历程，盘点成绩，总结经验和规律，为从历史探寻走向未来的路径夯实基础。

一、阶段论：四次飞跃

新中国行政诉讼制度初创于 20 世纪 80 年代，与改革开放同步。1989 年 4 月 4 日《行政诉讼法》颁布并于 1990 年 10 月 1 日施行，标志着我国行政诉

① 《中华民国临时约法》第十条规定："人民对于官吏违法损害权利之行为，有陈诉于平政院之权。"相关情况参见何海波：《行政诉讼法》，法律出版社 2016 年版，第 9 ~ 11 页。

讼制度的正式建立，但行政诉讼案件却并不是该法实施之后才有的，因而研究裁判文书说理还必须向前追溯到 1982 年《民事诉讼法（试行）》的规定。从那时起，行政裁判文书说理就开始了探索和进步。

（一）试验阶段（1982—1990）

在我国，行政诉讼制度属于典型的“拿来主义”产物，“数千年来，中国只有一种法律，那就是刑律”。[①] 随着改革开放后法治建设的提速，我国诉讼领域的立法先行一步。1982 年初，第五届全国人大常委会第二十二次会议通过《民事诉讼法（试行）》，不仅建立了我国相对独立完整的民事诉讼制度，也不经意间开创了我国行政诉讼制度的新篇章。该法第三条规定，凡在中华人民共和国领域内进行民事诉讼，必须遵守本法。法律规定由人民法院审理的行政案件，适用本法规定。简朴的一款条文，实现了我国行政诉讼制度的“从无到有”，填补了新中国行政诉讼制度历史的空白。

由于当时行政诉讼制度尚处于试验阶段，且当时法院可以依据民事诉讼程序审理的行政案件范围很窄，仅限于法律规定可以起诉的行政案件，加之在规范上，除了规定行政案件适用民事诉讼法外，对管辖、当事人、证据、审查标准和裁判方式都适用民事诉讼程序的规定。这就决定了行政诉讼对民事诉讼有天然的依附性，乃至行政案件只是民事诉讼调整的一个较小的部分，完全没有自身的独立性。因此，在试验阶段，法院受理的行政案件非常少，裁判方式高度依赖民事诉讼程序，因而其说理也很难呈现出行政案件的独特性。但是，尽管如此，行政诉讼制度的大门毕竟开启了，有了行政案件，行政裁判文书的种类和形式才会发展，有了实践的动能，行政裁判文书说理也获得了发展的动力。

（二）初创阶段（1990—2000）

经过近 7 年的试验，《行政诉讼法》于 1989 年 4 月 4 日颁布并于 1990 年 10 月 1 日施行，标志着行政诉讼制度正式成为与民事、刑事诉讼制度并列的三大诉讼制度。这部《行政诉讼法》在开启行政诉讼新时代的同时，也开启了行政裁判文书说理的新篇章。

---

① 梁治平：《法律的文化解释》，生活 · 读书 · 新知三联书店 1994 年版，第 422 ~ 423 页。

在这个阶段，行政裁判文书说理具有如下几个特征：一是带有鲜明的民事文书色彩。这主要与行政诉讼脱胎于民事诉讼，初期行政法官大都从民事法官转任有关。这种民事文书说理的烙印，不仅表现在文书样式上，更反映在文书说理的逻辑上。行政诉讼审查被诉行政行为的合法性，说理应当主要围绕被诉行政行为是否合法，主要是审查“被告”，但是，当时许多行政法官的审理思路，还是先从原告审起，说理的重点放在了原告是否有违法行为上。二是说理在是否符合起诉条件上着墨较多。由于行政诉讼是新生事物，行政机关不愿、不敢当被告的倾向较为严重，因而往往选择在起诉条件上重重阻拦，导致当时裁判文书说理的重点，主要是具体行政行为与抽象行政行为的争议、起诉期限的争议、原告起诉资格的争议等。三是说理具有了行政诉讼自身的一些独特性。比如，行政案件的审查标准，不仅注重审查行政行为的实体合法，也审查行政行为是否符合法定程序，乃至是否符合“正当程序”，这都在当时产生了巨大而深远的影响。

（三）发力阶段（2000—2015）

经由十余年的独立蓬勃发展，行政诉讼制度日益发展壮大，逐渐有了属于自己的天地和作用场域。2000年3月8日最高人民法院发布《最高人民法院关于执行〈中华人民共和国行政诉讼法〉若干问题的解释》（以下简称《执行解释》），堪称“学界研究成果的总结，也是当时实证法学与注释法学相结合研究方式的最好见证”。[①] 加之经过十年的积淀，法院行政法官队伍储备也有一定的基础，新的司法解释在把行政诉讼制度推向前进的同时，也将行政裁判文书说理引向了深入。而且，在这一阶段，随着依法治国方略的提出和推进，依法行政的动力和压力持续加大，法治政府建设提速，行政行为合法性的内涵不仅日趋清晰，而且日益丰富，这些都对行政裁判文书的说理产生了潜在的深远影响。

这一阶段，行政裁判文书说理已有了鲜明的自身特色：一是说理的范围更加广泛，不仅注重在传统起诉条件方面的说理，而且更多地展开行政行为实体审查的说理；不仅注重对行政行为实体性问题的说理，而且还加强对行政行为程序性问题的说理。二是说理的依据更有支撑。在这一阶段，《立法

---

① 杨海坤、曹达全：《渐进发展中的中国行政法学研究》，载《浙江学刊》2006年第6期。

法》颁布实施，影响、困扰行政裁判文书说理的法律位阶和选择适用问题有了法律上的权威支撑，《行政许可法》《行政强制法》相继出台，为相应领域行政案件的说理提供了法律上的权威依据。三是说理更加全面。行政诉讼强调对被诉行政行为合法性的全面审查，因而在这一阶段，行政行为合法性的构成要件日渐清晰，裁判文书说理基本上围绕行政行为合法性审查的各个方面展开。四是说理的要求更加严格。行政裁判文书不仅要说法理，还要讲事理、情理和文理。特别是在裁判文书公开的背景下，对社会关注度高、重大敏感的行政案件，裁判文书说理的高标准和严要求都是前所未有的。

（四）全面提升阶段（2015 至今）

2015 年 5 月 1 日，《全国人大常委会关于修改〈中华人民共和国行政诉讼法〉的决定》施行，开启了我国行政诉讼制度发展的新纪元。较之修正前的《行政诉讼法》，修正后的《行政诉讼法》对许多制度进行了重大调整，比如行政复议维持双被告制度、行政协议纳入诉讼范围、确立规范性文件一并审查制度、将行政行为明显不当纳入审查范围、取消维持判决、增加无效判决，等等。2017 年 6 月，《行政诉讼法》进行第二次修正，确立了行政公益诉讼制度。这些制度的调整和完善，对我国行政诉讼制度的价值和功能产生了巨大影响，也必对行政裁判文书说理产生了潜在的深远影响。

在这一阶段，党的十八届三中全会、四中全会通过的全面深化改革、全面推进依法治国的重大改革举措相继落地生根，其中既有许多与行政诉讼制度和文书说理直接相关的改革举措，比如“加强法律文书说理”就明确写入了十八届四中全会的纲领性文件，要求严格司法、把“权力关进制度的笼子里”，又有许多对法治政府建设提出的新标准、新要求，这些标准和要求虽与裁判文书说理不是直接相关，却无疑会有间接的深层次的影响。加之这一阶段，新一轮司法体制改革全面提速，“让审理者裁判、由裁判者负责”和司法责任制改革效果逐渐显现，行政法官的自主性更强，个性得以展示的机会更多，这些都将对行政裁判文书制作和说理产生深刻的影响。

二、规范论：全面提升

行政裁判文书说理走向规范化，一直是行政裁判文书改革和发展的重要方向。从 1982 年行政诉讼制度试行，到 1990 年 10 月 1 日《行政诉讼法》正式施行，行政裁判文书制作的规范化日益发展，而在裁判文书制作规范化中，最引人注目的，莫过于对裁判文书说理的规范化。

（一）早期：依附于民事文书规范

行政诉讼制度从 1982 年《民事诉讼法（试行）》施行起开始试行，当时的行政案件较少，而且除了文书名称为行政判决书或行政裁定书外，从审理程序、规则到裁判文书形式和内容，都与民事裁判文书无二。因而，在裁判文书说理上，行政裁判文书基本上没有独立性，处于完全依附于民事裁判文书制作和说理的地位。

20 世纪 80 年代初，改革开放刚刚起步不久，法治化路径日益清晰，但法律规范供给不足问题也相当突出，裁判文书特别是判决书制作和说理规范不足，引发了广泛关注。1982 年《民事诉讼法（试行）》试行后，针对判决书制作无章法，框架、要素和说理较为零散、混乱的现象，最高人民法院民事审判庭和经济审判庭相继联合发布了 70 种“民事诉讼文书样式”，要求一审判决书必须写明判决的理由和适用的法条；二审判决书在“本院认为”部分必须对上诉理由是否合理进行论证，对一审判决是否正确作出结论，对维持原判和改判的要叙述理由。这些“文书样式”，对解决当时裁判文书制作和说理无法可依、无章可循的混乱现象，起到了很好的规范作用。虽然，这些文书样式都是为民事案件量身打造的，但行政诉讼制度本身发轫于民事诉讼制度之中，即使后来逐渐独立出来仍带有浓厚的民事诉讼色彩。这本身并不是问题，恰恰反映了行政审判的发展规律和行政审判与民事审判的内在联系。这对于试行阶段的行政诉讼来说，不仅是一个参考适用的文书样式，而且对探索行政裁判文书制作样式也发挥了非常积极的作用。

在实践探索和总结的基础上，最高人民法院于 1992 年 6 月印发《法院诉讼文书样式（试行）》，[①] 针对实践中裁判文书形式上不统一、不规范和内容要素说理不充分的问题，明确要求裁判文书必须形式规范，内容要素齐备，

---

① 2019 年 7 月 8 日发布的《最高人民法院关于废止部分司法解释（第十三批）的决定》，正式废止该文书样式，废止的理由是“已被《最高人民法院关于印发〈法院刑事诉讼文书样式〉（样本）的通知》《行政诉讼文书样式（试行）》《最高人民法院关于印发〈人民法院民事裁判文书制作规范〉〈民事诉讼文书样式〉的通知》代替”。

讲理、讲法、讲证据，增加透明度，写清事实、证据、理由和处理结果之间一环扣一环的内在逻辑关系，使裁判文书从形式到内容都更加丰富，也更有说服力和可接受性。这份文书样式颁布于行政诉讼制度正式建立之初，因而在民事裁判文书样式之外，单独设有行政裁判文书样式，但由于认识和经验的局限，行政裁判文书样式仍带有较强的民事裁判文书色彩，这也是当时理论研究和实践状况的真实反映。

（二）中期：一审行政判决书实现有规可循

随着行政审判实践经验的积累和丰富，理论研究对行政裁判文书制作和说理的独特性也有了一定的研究成果，加之行政裁判文书完全依附于民事文书样式，实质上影响、制约了行政审判职能作用的发挥。2004 年 12 月 8 日，最高人民法院在认真调研和反复论证的基础上，制定印发了《一审行政判决书样式（试行)》。这份文书样式，在历史上第一次宣告了行政裁判文书走向独立发展的道路，对于规范行政裁判文书样式，提高行政裁判文书制作水平，充分彰显行政审判职能，发挥了巨大的作用。

《一审行政判决书样式（试行)》的颁布，对行政裁判文书制作和说理产生了直接而深远的影响。在一定程度上可以说，行政裁判文书制作和说理的真正规范化，正是从这份样式发布开始的。行政法官们在写作裁判文书时，翻阅最多的，也是这份文书样式。这份文书样式，还是各地各级法院评查行政裁判文书制作水平和质量的重要标准。可以毫不夸张地说，对行政审判影响较大的顶层设计中，除了法律和司法解释之外，这份《一审行政判决书样式（试行)》举足轻重。这种影响，可以概括为以下几个方面：一是真正实现了行政裁判文书说理的独立性，行政裁判文书说理不再完全依附于民事裁判文书样式和说理模式。二是抓住重点，把握困扰行政裁判文书制作的核心部分，即行政判决书，尤其是一审行政判决书，就此进行规范，达到了以点带面的效果，行政裁定书和二审行政判决书虽无具体的样式，从一审行政判决书样式中也可以获得参考和借鉴。三是在说理方面，通过规范样式间接促进和规范文书说理。该文书样式看似规范一审行政判决书的外在形式，实质通过对每一份文书样式的注释、解释和说明，间接对每一份文书样式所适用的文书类型进行了说理的指引和规范。

（三）新时期：推进全面规范化

进入加快建设法治政府的新时期后，行政审判制度迎来了与时俱进的巨大变革，与之相伴随的，自然是裁判文书从样式到内容的变革。2014 年 11 月 1 日，修正后的《行政诉讼法》重新公布，在审理程序、审查标准、裁判方式等诸多方面，对行政诉讼制度进行了深层次的改造，这些制度变革都对行政裁判文书的制作和说理产生了直接的影响。立案登记制度和简易程序的引入，对行政裁判文书繁简分流提出了新的课题；审查标准的变化，使得说理的内容进一步丰富；裁判方式的变化，要求裁判文书说理更加具有针对性和有效性。

为了配合 2014 年修正的《行政诉讼法》对行政审判制度的深刻调整，同时解决过去仅有一审判决书样式，而没有二审文书样式和行政裁定书样式的缺憾，最高人民法院于 2015 年 4 月发布了《行政诉讼文书样式（试行）》。虽然同样称之为“试行”，有的地方尚显粗浅和简单，但是，这份文书样式的最大价值，在于具有全面性和前瞻性兼顾的特点。全面性，即不仅规定一审裁判文书，也规范二审和再审裁判文书；不仅规范行政判决书，也规范行政裁定书；不仅规范诉讼程序文书，也规范非诉程序文书；不仅规范法院制作的诉讼文书，也规范当事人和律师参与诉讼的文书样式。所谓前瞻性，是其为许多新制度新机制量身定制的文书样式，是在没有相应实践经验基础上进行设计的。比如，修正后的《行政诉讼法》将行政协议纳入审查范围，如何撰写行政协议类案件的裁判文书，是之前行政审判实践不曾有过的事情。该文书样式基于理论和制度分析，在借鉴民事合同文书样式的基础上，前瞻性地提出行政合同的裁判文书样式，实属难能可贵。

此外，乘着党的十八届四中全会决定关于“加强法律文书说理”的东风，继《行政诉讼文书样式（试行）》发布后，最高人民法院又于 2016 年 7 月发布了《民事诉讼文书样式》，同样是从文书规范化的角度，来推进文书说理的规范化。在各诉讼领域文书制作规范化的基础上，最高人民法院又在调研和论证基础上，发布了《最高人民法院关于加强和规范裁判文书释法说理的指导意见》。这是最高人民法院第一个体系化、规范化、统一化的裁判文书说理指引，为新时代裁判文书释法说理提供了基本遵循。这一努力和尝试，意义巨大，说明裁判文书说理的地位和价值更加凸显，裁判文书制作的要求和标准进一步提高，已超越了形式规范化的阶段，走向了内容强化说理的新阶段。相信在不久的将来，这份既遵循裁判文书说理共性，又尊重三大诉讼规律的裁判文书说理规范，将对提升包括行政裁判文书在内的法律文书说理质效产生巨大而深远的影响。

三、经验论：从历史走向未来

即使在短短30余年的时间里，行政裁判文书说理与行政诉讼制度一样，也经历了一个逐步发展、完善的过程。这个过程，必然蕴含着一定的内在规律，也只有在这些规律的驱动下，行政诉讼制度和行政裁判文书说理才走到今天。相信这些规律也是行政审判制度和行政裁判文书说理走向美好明天的重要动力。根据前面的梳理和总结，行政裁判文书说理的发展经验，主要有如下四个方面。

（一）行政诉讼制度的变革和发展，是行政裁判文书说理机制发展的制度支撑

行政裁判文书是行政诉讼程序处理案件的载体，反映的是行政诉讼司法审查的规则和标准，因而裁判文书说理，说的也应该是行政诉讼内在之理。可以说，行政诉讼制度的发展和变迁，直接影响和决定行政裁判文书说理的内容和方向。

一方面，行政诉讼制度的具体规定，影响行政裁判文书说理的内容。行政裁判文书说理必须紧紧依靠行政诉讼制度所确立的规则，并以这些法律规则为“红线”，来评判行政行为的合法性。比如，过去行政诉讼强调行政行为合法性审查，对合理性问题只是在行政处罚领域才属于审查和裁判文书说理的范畴，而2014年修正的《行政诉讼法》尽管仍坚持行政行为合法性审查的基本原则，但在裁判标准部分，将行政行为明显不当也纳入可撤销行政行为的范围，且变更判决也不再局限于行政处罚案件，可以扩大到所有涉及金钱给付的案件，这在实质上确立了行政行为合理性审查的标准。对于这个新的标准，在2014年修正的《行政诉讼法》实施后的案件中，将是司法审查不可或缺的一部分，也必将成为裁判文书说理的重要内容。再比如，2014年修正的《行政诉讼法》确立了行政复议维持双被告制度，在审查原行政行

为合法性的同时，要审查复议决定的合法性，这一制度创新，决定了法院行政判决书不仅要就原行政行为的合法性进行说理，还要就复议机关履行复议职责的合法性进行评析和说理。

另一方面，行政诉讼制度的变革会影响和决定说理的内容，但是，即使制度没有看得见的变革，如果行政审判的理念和思路发生了变迁，同样会对行政裁判文书说理产生直接的影响。比如，对待具体行政行为与抽象行政行为的划分，在 2014 年修正前的《行政诉讼法》中有严格的区分，实践中争议比较大。在 2000 年 3 月 8 日最高人民法院颁布的《执行解释》发布实施前，对具体行政行为的认定标准比较严，有时连涉及人数众多但相对人相对特定的行政行为，比如拆迁许可行为，都曾被认为属于抽象行政行为。而在《执行解释》颁布实施后，同样的法律制度，因为观念和思路的发展而导致判断标准的变化和发展，判断标准的变化，最直接的反映，就是裁判文书说理的内容和判断标准相一致。再比如，对于原告的起诉资格问题，法律规定是认为行政行为侵犯其合法权益。同样的法律规定，《行政诉讼法》颁布实施之初，基本限定在直接的行政相对人范围，如果不是行政行为的直接相对人则不具有原告主体资格，但后来随着审判理念的变迁，行政审判更加强化权利保护范围，原告主体资格的判断标准也逐步扩大，不再只局限于直接的行政相对人，而是可以包括行政行为的波及人和其他利害关系人。这种“看不见的”观念变迁，对行政诉讼制度的发展，对行政裁判文书说理的影响甚大，意义深远。

（二）政府法治化的治理模式变革，是行政裁判文书说理创新发展的环境支撑

行政诉讼调整权力与权利的“官民关系”，在我国行政主导的传统背景下，其难度可想而知。行政诉讼制度的产生和发展，是政府职能转变和治理方式变革的反映。没有政府治理方式的变革，提出走向民主化、法制化，也不可能在 20 世纪 80 年代的环境下催生出行政诉讼制度。同样没有新时期新阶段提出“建成法治政府”的目标，2014 年《行政诉讼法》修正的力度和影响也不会这么大，深刻调整政府治理的思维和方式。因此，可以说，行政诉讼制度的变迁和发展、完善，是与国家治理转型和政府职能转变相辅相成的，行政裁判文书说理自然会受这种转变和转型的直接影响。

政府治理的法治化转型，给行政裁判文书说理带来的最直接变化，是行政审判司法环境的改善和优化，进而为行政裁判文书说理提供了宽松的氛围。我国行政诉讼制度发展和变迁的重要经验之一，是优化司法环境，特别是获得行政机关的理解、认可和支持。可以说，这是我国行政诉讼制度发展的独特性之处，与西方法治发达国家司法审查制度的进路是截然不同的。

如果政府对待行政诉讼态度的转变，带给行政裁判文书说理是看得见的直接影响的话，那么，政府深层次的法治转型，则是对行政裁判文书说理带来潜在的深远影响。改革开放以来，法治化一直是政府转型的重要内容和方向，事实也证明法治化取得了巨大的成绩。法治化的逐步推进，是政府的自我革命。行政机关依法行政的要求越来越高，表现在文字上是从“刀”制向“水”治转变，依法行政向法治政府转型。这种转型，看似与行政裁判文书说理“不相干”，但实质上对说理有潜在的深远影响。以行政诉讼司法审查标准中的“违反法定程序”为例。过去对这一条规则的理解，主要依据“看得见的”法律规范，这也是与当初有法可依、有法必依相吻合的，按照法律规定的程序作为标准，来审查行政行为是否违反法定程序的要求。而随着依法行政向法治行政转型变迁，行政行为合法性的内涵逐渐丰富，不仅指看得见的程序性法律规范，也包含看不见的法律精神，即正当法律程序。尽管《行政诉讼法》的条文表述没有变化，但行政行为是否违反法定程序的内涵却发生了质的变化，使得正当法律程序日益成为评判行政行为是否违反法定程序的重要标准。

由此可见，我国行政诉讼制度是深深镶嵌在中国社会治理转型尤其是政府治理转型之中的。行政诉讼制度的发展固然有自身的逻辑和进路，但在很大程度上也同政府转型的范围和程度相关，行政裁判文书说理自然也与政府治理法治化转型息息相关、相辅相成。

（三）司法体制机制改革，为行政裁判文书说理改革和发展提供了动力支撑

裁判文书是司法审判程序终结的载体，是由法官来制作和说理的。无论从何种层次和角度来看，法官都是审判程序的主导者，在裁判文书制作和说理上也具有主体性。而且，裁判文书说理是一项技术性、规范性很强的工作，更是一项智慧性、挑战性很强的活动，不仅需要法官有良好的法律职业素养

和职业操守，更需要法官有主体上的积极性和能动性。如果法官的主体性得不到彰显，在裁判文书制作上畏畏缩缩的，不可能写出说理充分、让人信服的判决。过去，我国司法体制和工作机制等方面，行政化色彩较为浓厚，法官主体性地位式微，缺乏相应的动力来强化裁判文书说理。最典型的要数两个方面，一方面是合议庭和独任法官的审判权没有得到保障，“审者不判、判者不审”的现象较为普遍，不是自己的“作品”，自然不会劳神费力地精心雕琢。另一方面是裁判文书院庭长签发制度，法官在裁判文书制作和说理上的主体性基本被淹没。有许多法官绞尽脑汁对案件争议问题的说理，可能因为种种原因得不到签发者的认同，这是实践中常有的现象。过去有许多文书千篇一律，格式和说理套路、逻辑基本相同，固然有裁判文书说理不到位、格式较为僵化的问题，但也有文书形成机制的旨趣和标准基本趋同的原因。久而久之，在“案多人少”背景下，法官创造性地撰写裁判文书的动力日趋减弱，更乐于按框架式的制发标准来撰写裁判文书和进行说理。

而回溯行政裁判文书说理发展的历程，在肯定目前裁判文书说理相较之过去有了巨大进步的同时，我们不难发现，裁判文书说理的每一次进步和发展，都与当时的司法体制机制改革紧密相关。1992 年法院诉讼文书规范的大提升，是 20 世纪 80 年代民事诉讼审判方式改革的成果；2004 年行政裁判文书制作规范化迈上新台阶，固然有行政诉讼制度变迁的原因，但更为关键的，是与 21 世纪初轰轰烈烈的审判方式改革分不开的。党的十八届三中全会后，裁判文书说理改革提到了前所未有的高度，也是与此轮堪称改革开放以来最深刻司法体制改革密不可分的。此轮司法改革，直指过去困扰司法公正的症结性问题，以“让审理者裁判、由裁判者负责”为改革的基本趋向，力求较为彻底地解决司法行政化、地方化问题。这既是困扰行政审判良性健康发展的突出难题，也是困扰裁判文书说理向深入发展的体制机制问题。相信随着此轮司法改革的逐步推进，法官在诉讼程序和裁判文书制作方面的主体地位会日益彰显，法官的职业尊荣感会得到激发，法官的活力和积极性会得到极大地解放。在这种背景下，辅之以适当司法责任倒逼机制，包括行政裁判文书在内的裁判文书说理工作走向深入，自然就是一件可以期待的事情。

（四）实践探索出来的有益经验和一批优秀裁判文书说理成果，是行政裁判文书说理进步和发展的阶梯

裁判文书说理制度，反映的是司法改革和法治建设的状况，而且法治建设的进步和司法改革的持续推动，客观上对裁判文书说理又提出了新的更高的要求。多年来，由于裁判文书说理承载着法治和司法的职能和期待，因而上至最高人民法院，下至各级法院都特别重视裁判文书说理工作，各地法院还率先积极探索裁判文书说理的制度化、规范化建设，取得了相当丰硕的成果。而且，司法改革是一项综合性的改革进程，在这个进程中，裁判文书说理实现规范化的同时，一批优秀法官也积极参与到这一进程中来，发挥自身的主观能动性和创造性，涌现了一批优秀裁判文书说理典范。正是这些地方法院的探索和优秀法官的进取，裁判文书说理才能一步一个脚印地取得进步。这也为最高人民法院在全国法院范围内推进裁判文书说理改革，制定裁判文书说理指引，提供了坚实的实践基础。

在最高人民法院加强裁判文书说理的政策指引下，地方各级法院积极开展形式多样的改革活动，探索和尝试裁判文书说理路径。最常见的活动，首推加强裁判文书说理的教育培训，这已成为各级法院各层各类培训的“固定项目”，也是法官职业培训的“基本项目”，还有的开展优秀裁判文书评选活动，将说理作为评判的重要标准，以此引导和鼓励裁判文书加强说理。有的法院还探索职业法官核心技能培养之路，提出“三个一工程”，即能开一个较高水平的庭审，写一篇优秀的裁判文书，写一篇较高质量的调研报告，并将这三者的质量作为评判法官业绩的重要指标。在这些业务培训活动之外，随着实践的丰富和发展，地方法院又开始了制度化、规范化的尝试，即以最高人民法院相应的文书样式作为基本要素，对裁判文书说理给出更加具体、针对性强、操作性强的指引。早期的探索，比如1998年贵阳市中级人民法院制定的《贵阳市中级人民法院判决书理由写作要旨》，该意见言简意赅，重点突出，至今仍闪烁智慧的光辉。在21世纪头10年，地方尝试和探索的成果比较丰富。典型的如浙江省高级人民法院制定的《关于加强裁判文书说理工作的若干意见》[1]。这是一个比较全面的裁判文书说理指引，在提出总体指导思想的基础上，又分别针对民事、行政、刑事裁判文书说理提出了规范指引。新一轮司法改革背景下，各级法院都希望在深层次上推动裁判文书说理规范化。比如重庆市第四中级人民法院 2015 年 11 月在调研基础上发布的《裁判文书说理指引（试行）》。这份裁判文书说理指引，是迄今为止见诸公开报道的最为全面、适用性最强的地方性尝试。正是这些地方性尝试活动，并在总结实践经验的基础上探索实现规范化的努力，使得裁判文书说理工作不断迈上新台阶。

在此过程中，各地涌现出了一批优秀的行政法官，他们也奉献了诸多行政裁判文书佳作，这既是推进法官职业化建设、加强裁判文书说理工作的重要成果，也是探索行政裁判文书说理规律的重要尝试。这些裁判文书之所以优秀，并产生广泛的影响力，不仅仅在于这些文书制作规范，更在于这些裁判文书说理充分、透彻，甚至不仅说清楚了一个道理，而且还发展了某些法律规则，促进了法律适用和法律发展。这是比实现裁判文书制作规范化难度更大、挑战更大的地方。

比如，1998 年北京市海淀区人民法院审理的田某诉北京科技大学案，该案行政判决书说理堪称经典，至今仍是行政法和行政诉讼法学津津乐道的案例。[2] 该案判决书，通过充分说理，确立了高等学校在行政诉讼中的被告主体地位，并在法定程序之外确立了行政行为应当遵循的正当法律程序规则，弥补了法律的空白，对高等教育自治与法治化的关系和边界进行了有益探索。该判决书的观点和理由得到了最高人民法院的认可，并被《最高人民法院公报》所刊载，为全国法院审理类似案件提供参照。

上面是行政判决书说理的典范，而在行政裁定书制作和说理上，也不乏上乘之作。2015 年江苏省南通市港闸区人民法院审理的陆某霞诉南通市发展和改革委员会信息公开案件的行政裁定书，在说理上也是难得的优秀作品。[3] 行政裁定书往往处理程序问题，较为简单明了，加之案由为法定适用简易程

---

① 该意见系浙江省高级人民法院于2007 年10 月23 日发布，共27 个条文，采取总分结构，比较系统。

② 第38 号指导案例：田某诉北京科技大学拒绝颁发毕业证、学位证案，最高人民法院审判委员会讨论通过，2014 年12 月25 日发布。

③ 陆某霞诉南通市发展和改革委员会政府信息公开答复案，载《最高人民法院公报》2015 年第11 期。

序的信息公开案件，本来文书可以短小精悍，无须着墨过多，但该行政裁定书确立了不当行使信息公开申请权和不当行使诉权的标准，为立案登记制条件下信息公开滥用诉权问题设定边界，正确界定正当理性的诉权和不正当行使诉权乃至滥用诉权的范围，因而说理十分充分。该裁定书的证据认证和说理为最高人民法院所认可，并通过《最高人民法院公报》的形式展示给世人，供社会公众行使诉权时考量，也为各级法院规制滥用诉权问题提供指引和参考。

其实，除了这些闻名全国的优秀行政裁判文书之外，各地法院还以各种形式汇编优秀裁判文书，供辖区内法院和法官参考、借鉴，有的还公开出版。比如，北京市高级人民法院定期开展裁判文书“百佳奖”评选活动，按照结构合理、用语规范、事实清楚、证据翔实、说理透彻、法律适用准确的标准，评选出该年度 100 篇优秀改判文书，并结集出版，既展示法官的司法能力、裁判艺术和理论水平，又激励和鞭策法官坚守法律信仰，更加精益求精地写好更多更好的优秀裁判文书作品。正是这些优秀的裁判文书，潜移默化地熏陶和影响着一代又一代行政法官，在履行行政审判职能、强化裁判文书说理方面孜孜不倦地探索和追求。

第二节　行政裁判文书说理存在的问题

裁判文书说理，是展现行政审判职能的舞台。这里，政治与法律、经济与社会、理性与情感等诸多因素复杂交织，直接影响法官的裁判文书说理。当前，社会公众对裁判文书尤其是行政裁判文书说理反映较为强烈，认为存在许多问题，这也是新一轮司法改革之所以将裁判文书说理作为重要着力点的内在原因之一。因此，讨论加强和改进行政裁判文书说理，实现“对症下药”，必须要对现行行政裁判文书说理的问题进行现状扫描，分析这些问题存在的原因或“病根”所在，据此才能提出有针对性的“路线图”。

经过数轮司法改革的推进，相比较行政诉讼制度建立之初，行政裁判文书说理问题已取得了很大的进步。但是，相较之 20 年前《人民法院五年改革纲要（1999—2003）提出的要求，即“加快裁判文书改革步伐，提高裁判文书的质量。改革的重点是加强对质证中有争议证据的分析、认证，增强判决的说理性；通过裁判文书，不仅记载裁判过程，而且公开裁判理由，使裁判文书成为向社会公众展示司法公正形象的载体，进行法制教育的生动教材”。目前行政裁判文书说理还存在不容乐观的问题，主要是繁简分流不到位，该详细论证的说理不够充分，对裁判结果得出的理由展示不够透彻，逻辑语言不够规范准确，等等。这些问题，不仅备受社会质疑，而且也直接削弱了行政裁判的正当性和合法性，稀释了司法权威和公信。

一、不说理的问题

诉讼是理性的较量，文书则是理性的载体。经过 30 多年的发展，行政诉讼制度由小到大、由弱渐强，相应地行政裁判文书制作技术和说理也有了很大的进步，但不说理的问题仍在一定程度上存在，有时还带有一定范围内的普遍性。不说理的问题，主要有以下几种情形。

（一）证据认证上的神秘性

证据是现代司法裁判的核心，证据资格和能力问题往往也是争议的焦点，因为证据直接牵涉案件事实认定，而事实认定仅仅是法律适用的基础。当事人提交一系列证据，对方当事人提出质疑的时候，证据是否采用以及证明力大小的认定，就需要给出理由，没有理由的武断认定，很难让人信服。这个问题，主要表现在行政判决书的撰写方面。行政裁定书由于往往处理程序性问题，尽管有时也在事实认定上有争议，但一般较之行政判决书，说理性的要求并不十分突出。

比如，有的行政判决书只是罗列当事人提交的证据名称，然后就是“本院认证如下”，某某证据符合证据规则的要求，予以采信。这种写法，在对方当事人对证据资格和能力没有异议的情况下，并无不妥。但如果当事人存有争议时，这样的写法，无异于“强词夺理”，因为看不出认证的任何理由。对证据为何采信，当事人对证据合法性、真实性和关联性上的质疑是否成立，在没有对这些问题予以回应的情况下就予以采信，显得有些不讲理。同样，有的判决书对证据不予采信的，也笼统地说“不符合证据规则的要求”，或者说“不符合证据规则的相关要求而不予采信”。但如何不真实、如何不合法，以及如何没有关联性，在当事人争议的情况下，如果没有回应，则显得认证理由“一头雾水”。

还有一种判决书写法，是过去诉讼文书制作技术简单时期的产物，既不列举证据，也不梳理质证过程，还不表露认证意见，而是在表述完当事人的诉辩主张后，直接“经审理查明”，而在“经审理查明”之后，另起一段“以上事实有……等证据在案佐证”。如此一句话，足以压过围绕证据和事实问题的无限争议。这种写法是一种典型的“我说你听”的逻辑，是过去裁判文书制作和说理理念的呈现，是典型的不说理情形。当然，在繁简分流的背景下，对于适用简易程序审理的事实争议不大的案件，或者虽适用普通程序审理但事实和证据都没有争议的案件，这种写法并无不妥，但必须遵循适用的前提条件。

这个问题也充分体现在二审判决书之中。二审判决书对证据问题的审查，具有依附性和复审性，主要审查一审认证意见是否成立。二审判决书对此的写法，过去一般是先列举当事人在一审期间提交的证据，以及一审法院认证意见，如果一审认证结论没有错误，一般只写明“一审认证意见并无不当，本院予以确认”。在新的诉讼文书样式中，如果认证意见并无不当的，一审提交的证据和认证意见都无须重述，只需表述二审与一审认定事实基本一致即可。这种写法更加简洁、明了，有好的一方面，但这种写法也是有条件的，一个方面是当事人对证据问题没有争议，一、二审都可以简单认证，直接给出结论。另一种是当事人对证据问题有争议的情形，如果一审判决对认证的理由给予详细的陈述和展示，二审判决认为一审判决认证结论和理由都是适当的，也没有新的理由，也可以简单略写，问题是如果一审认证意见只有结论而没有理由，当事人又对一审认证意见有异议的情况下，二审判决则不宜也不应再简单“认可”了事，而应回应当事人的异议，同时也弥补一审判决说理不足问题，让裁判的理由更充分。

（二）事实认定重复性

行政诉讼具有一种复审性特点，即往往是对行政机关作出的行政行为进行合法性审查。在行政诉讼开始之前，行政机关已认定了相应的证据，并依据这些证据认定了相应的事实，法院的司法审查主要是对行政机关认定的证据以及依据这些证据认定的事实是否准确、充分进行审查。在行政判决书中，绝大多数情况下，司法审查认定的事实与行政机关认定的事实基本一致，这是由行政诉讼复审性特点所决定的，特别是在当事人对事实没有争议的情况下，行政诉讼认定和行政程序认定本来就应当是无区别的。但如果当事人对事实问题有争议，那么行政判决书就不应当简单照搬行政行为认定的事实，而应当在证据说理的基础上，分析当事人提出争议的事实到底是什么样的事实，有哪些证据支撑，以及这些证据为什么能够支撑这些事实。

比如，在一起交通管理处罚案件中，被诉行政行为为公安交通管理行政处罚决定。这个决定的事实很简单：某某在信号灯绿灯状态通过路口时车轮压了用于分割车道的白色单实线，被电子警察抓拍，交警队认为其违反了“驾驶人应当按照交通信号指示通行”的规则，给予200元罚款。如果当事人对压白色单实线没有争议，而只是对压单白实线是否属于违法行为有争议，判决书事实认定只需要简单重复即可，但如果当事人不仅对压白实线是否属于违法行为有异议，而且对于是否构成压白实线的事实也有异议，那么，法院判决书就不宜也不应在事实认证和证据说理上简单给出结论了事，而要结合证据分析事实是否存在，以及给出原告的质疑成立与否的理由。有的人可能会说，一个200元的罚款决定，属于简易程序的适用范围，有必要那么强调说理吗？其实，强调说理，并不是要求判决书篇篇长篇大论，也不是要求对简单的案件也必须洋洋洒洒几万言，而是说再简单的案件，只要当事人有争议，也需要给予当事人的争议一个理性的回应，简单可以，但必须要回应，这是裁判文书说理的精神内核。

（三）法律适用上的罗列性

法律适用是裁判文书说理的关键环节，也是事实认定走向裁判结论的桥梁，在说理中至关重要，往往也是争议的焦点。实践中，有的行政判决书看似讲理，但只是罗列一堆法条，不对当事人有争议的法律适用问题进行回应。比如对争议为何适用此法而不适用彼法，如何理解和适用此法等问题不予说明和阐释，还有的判决书只对法律条文的名称进行简单引用，看不到法条适用的具体内容，看不到法官在事实认定和法条选择之间的逻辑关系，也看不到当事人对法律适用问题的争议及其回应。这种没有法理分析的裁判文书，实质上只是结论书，没有展示裁判的逻辑，因而也很难令人信服。

比如，在一起起诉政府征地补偿案件中，一审法院以超过起诉期限为由裁定驳回原告的起诉。“本院认为”部分是这么写的：

> 根据《中华人民共和国行政诉讼法》第四十六条规定，公民、法人或者其他组织直接向人民法院提起诉讼的，应当自知道或者应当知道作出行政行为之日起六个月内提出。法律另有规定的除外。因不动产提起诉讼的案件自行政行为作出之日起超过二十年，其他案件自行政行为作出之日起超过五年提起诉讼的，人民法院不予受理。本案中，……原告于2007年9月27日签订的《征收补偿协议书》……于2015年向本院提起诉讼，显然已经超过了法定起诉期限，本院应予驳回。

对一个行政裁定书来说，这样篇幅的“本院认为”并不算短，但通篇似乎都没有进行理性的展示。以超过起诉期限为由进行裁判，不仅要列明适用的关于起诉期限的法条，还要讲清楚行政诉讼六个月、五年、二十年起诉期限的适用标准和条件，并对照本案的事实，明确阐明应当具体适用哪一档起诉期限的理由，在此基础上再得出是否超过起诉期限的结论。如果没有逻辑分析，只在法条罗列之后，直接给出结论，不仅突兀，而且无法让人信服。这是因为，法官是通过自己的学识、经验积累、脑力劳动、挖掘法理，行之于精美之文，将貌似抽象、枯燥的条文活现于具体个案判决之中，明理于当事人之间，揭示法理正义于大众，使他们获得一个满意的“说法”，这本身是一项创造性的技术，更不用说在法意不明、法有漏洞、法条竞合、自由裁量等时候，针对判决所进行的正当合理化的法理分析的重要性了。①

（四）裁判结论的武断性

是否武断地给出结论，是裁判文书是否说理、说理好不好的重要标准。武断地给出结论而不展示理由，是不讲理的最典型代表。这个问题，在目前裁判文书实践中，还具有一定的普遍性。表现形式主要有两类：一是重复行政行为的说理，不讲司法审查之理。之前所述，行政审判具有复审性，主要审查被诉行政行为是否合法适当，当事人有异议时，告知当事人被诉行政行为为何合法、为何适当，以及当事人的主张为何成立或不成立。如果原告的

---

① 汪鸿滨：《论判决书必须充分说理原则》，载《人民法院报》1999年4月20日。

异议成立，要告知行政机关被诉行政行为为何是不合法、不适当的，这才是裁判说理性的体现。但实践中，有的判决书重复行政行为的理由，特别是在行政行为结论是合法的情况下，在认定事实部分，重复行政行为事实认定之后，直接认定被诉行政行为合法，理据何在？往往不得而知，当事人也一头雾水。二是不给出理由。裁判应当有理由，理由充分与否可以讨论，但没有理由，无论如何都是不能接受的，也不是裁判的本质体现。但实践中，有的裁判文书，没有展示裁判的理由。不讲理由的情形，也会出现在二审、再审裁判文书中。

二、不会说理的问题

司法实践中，除了不说理的问题之外，还有裁判文书不是不说理，而是说了理，但理由的说明和事物的规律不符，反映出裁判主体不会说理的问题。如果说，不说理是态度问题，那么，不会说理则是能力问题。

（一）不区分争议属性

行政诉讼中，行政行为涉及领域宽泛，不同的行政行为性质不同，而且繁简各异，不同的争议在裁判和说理方面应当遵循不同的内在规律。比如，对于负担行政与服务行政，前者是课予当事人义务的，而后者是赋予当事人权利的，二者在法律审查标准和条件上是有明显区分的，裁判文书说理自当围绕这种争议的不同属性展开。再比如，所有的裁判文书都应当说理，以此说服当事人接受裁判结果，但是在实践中，并非所有案件都必须洋洋洒洒地大篇幅说理，充分与否并没有绝对标准，而是与个案的繁简程度相关的。对于适用简易程序审理的事实清楚、争议不大案件，或者本该适用简易程序由于制度供给不足而适用普通程序的案件，以及虽不属于简易程序范围但事实清楚、争议不大的案件，甚至还有一些当事人没有争议的案件，当事人对裁判结果往往已有了较为确定的预期，这种情形下裁判文书无须长篇大论。对于疑难复杂、争议较大的案件，则需要在事实和法律适用上条分缕析、层层推进说理，给法律争议一个逻辑上的理由，也给当事人的疑惑一个回应，说理充分性的要求相对更高、标准更严。遗憾的是，即使在“案多人少”的压力背景下，很多裁判文书还是千篇一律，分不清案件是疑难还是简单。

（二）不会聚焦说理

行政裁判文书说理的主要内核，是回应当事人诉求，展示裁判的理性和逻辑。因而，在裁判文书说理、庭审环节，特别注重争议焦点的归纳和总结，因为这既是当事人主体地位的体现，也可以使有限的司法资源集中精力处理当事人争议的问题，据此形成的裁判文书才能更好回应当事人的诉求，也才更容易为当事人所接受。但遗憾的是，受行政诉讼全面审查原则的影响，实践中有的行政裁判文书往往撇开当事人的诉讼请求和争议焦点，自说自话地把行政行为各个方面全部进行说理，这本身并不违法，更不错误，但这种说理上的面面俱到、平均着墨，有漠视当事人主体地位的嫌疑。这是对行政行为全面审查的片面理解，模糊了焦点的同时，其实也模糊了说理的重点和要点。当事人不关心的问题说理成堆，当事人关心的问题、争议的核心问题却常规回应，显然是不够的。重点不突出，当事人也会觉得自己没有受到足够重视，对裁判理由的认同和接受性自然会打折扣。

（三）不会情理交融

“法不容情”已成过去，“法语柔情”是当下共识。裁判文书属于典型的公文，需要庄重、规范，但并不意味着就必须摆出“板起面孔训人”的架势。有学者认为，“当下中国法院部分判决书的语言表达生硬而缺乏修辞，严重影响了判决的说服力，是司法难令法律界满意的因素之一”。[①] 其实，有些法院提倡“法官后语”对裁判文书进行补充或延伸式的人情说服，已或多或少说明了上述判断。虽然说裁判文书不是文学作品，更不是心灵鸡汤，但改变苍白、干瘪的写作风格，融入一些情感的表达，不仅体现出社会的风土人情，而且也更容易为当事人所接受。

此外，裁判文书说理还有个深层次的情理交融问题，不仅仅体现在个案的法理分析上，还体现在说理过程中对待当事人的情感。目前，许多裁判文书“自言自语”，法官“自说自话”的情形还不同程度存在，具有一定的普遍性，缺乏对当事人关心问题的关注和回应。这涉及当事人的主体性情感体

---

① 徐亚文、徐德志：《法律修辞、语言游戏与判决合法化——对“判决书上网”的法律思考》，载《河南政法干部学院学报》2011 年第 1 期。

验问题，也是公正不仅要实现，而且要以当事人看得见、体验得到的方式实现的问题。如果裁判文书只是法官自己写给自己的，不关注他人的关切，也不回应当事人的疑惑，这样的裁判文书，即使结论合法正当，也很难让当事人心服口服。“修辞不仅要求法官用优美的语言文字表达法律和情理，还要求法官注重自己的听众，即判决书的读者，努力与听众达成共识，进而说服他们。因此，判决书应当充分体现论辩精神，通过激荡人心的论辩把法律和情理说清楚。”[①] 当然，即便是公正的判决也难以排除当事人的不满，即使是充分的情理交融的说理，同样有可能并未完全消除当事人的质疑，但这都不是法官不说理、不好好说理的理由。这是因为，“当法律世界和生活世界的种种差异相遇时，当法官和公众的思维认识发生冲突时，就会引起‘公正的判决会被公众指责为不公’的现象，在这其中传媒的偏好又为这种现象创造了条件，或者加深了公众的误解”。[②] 只有持续不断地向社会公众传递法治思维的信号，体现理性逻辑的力量，展示当事人主体地位的受尊重，经由说理走向司法公信的时代才会来临。相反，如果因为惧怕公众质疑而不敢、不愿展示司法的理性，那么，将裁判文书作为提升司法公信的道路就是走不通的。

三、说理不当的问题

说理不当的问题，也是目前行政裁判文书说理较为突出的问题。由于本书研究的是裁判文书说理问题，偏重技术和规律研究，会涉及法律适用方法问题，但本身与法律适用错误有质的区别，因此，事实和法律适用错误，自然说理上必然存在问题，但这更多的是认识问题、法律适用能力问题，不完全是说不说理、不会说理的问题。这里的说理不当，仅指对说理的规律和要求有误，而不解决理由本身对错的问题。

（一）脱离实际说理

前面分析过，行政审判天然具有政治性，政策性强，特别是许多敏感、

---

① 魏胜强：《当面说理、强化修辞与重点推进——关于提高我国判决书制作水平的思考》，载《法律科学》2012 年第 5 期。

② 张真理、高小岩：《为什么公正的判决会被公众指责为不公》，载《政法论丛》2009 年第 1 期。

复杂和引发社会关注的案件，都会有较强的政策性，政策与法律相交织，因此，行政审判说理，既要说法理，也要说政理，讲好行政政策之理。讲政策之理，需要在"大局"的层面思考案件的处理方案，并不是说就可以把个案无限提升，甚至上纲上线，以至于脱离个案进行评析说理。

比如，在一起当事人要求评残定级的行政案件中，当事人自称在20世纪70年代在部队受伤，但由于种种原因一直未予伤残定级，直到2005年，其才申请民政部门进行伤残等级评定，民政部门不可谓不用心，不可谓不尽力，向相关单位查询、调取资料，遍访有关人员，努力还原原告所述的受伤情况，在穷尽现有所能想到并实现的手段仍无法得出可以伤残平级的结论后，当事人向法院提起诉讼，并经历一审、二审和再审，在一、二审判决均没有支持原告的诉讼请求的情况下，再审判决最后责令民政部门履行给原告进行伤残评级的职责，裁判的理由是这样的：

> 原审被告××民政局仅因××的材料不齐备，而作出不能办理评残手续的意见，显系不妥，既不利于原审原告实际困难的解决，同时也会产生一定的消极影响，从促和谐、保民生的角度出发，原审被告××民政局应根据原审原告的客观实际情况，认真分析、妥善研究，作出处理，以利于社会和谐与稳定。

这个说理，通篇体现了"文件体"的特点，尽管最终结论也是维护了行政相对人的权益，解决了他的困难，但是这样的说理很难让人接受和信服，因为行政案件要讲政理，但脱离法理的政理，很容易误入歧途，行政审判要维护行政相对人的合法权益，如果脱离个案的事实和法律适用，这样的理由很难让理性的普通人信服。

（二）违反说理规范

说理需要体现法官的个性，但个性并不是任性，需要在规范化的要求之内体现个性。裁判文书的说理规范，在全国法院尚无全面系统的规范指引，在地方法院虽有过这样的尝试，但最高人民法院在相关裁判文书制作规范中，也包含有对裁判文书说理的规范化要求。这些要求，在实践中偶尔有裁判文书违反这些规范。

当然，除了上述问题，行政裁判文书说理还存在许多其他内容或形式乃至规范上需要改进的地方，受篇幅所限，在此不再一一赘述。

第三节　改进行政裁判文书说理的路径和方向

裁判文书说理是诉讼法学理论界和实务界讨论的热点话题，在建设法治政府的目标背景下，行政裁判文书说理更是备受关注。这是因为，行政裁判文书说理不仅承载着展示裁判自身正当性和回应当事人诉争疑虑等功能，而且在塑造诚实守信的公民和法治而有责任的政府之中，发挥着不可替代的作用。

一、坚持类型化，尊重不同行政争议的本质属性

类型化是理论研究的基本方法之一，实际上也是做好司法实务工作的有效方法论。[①] 行政诉讼调整行政权力与公民权利的关系，具体表现为对行政行为合法性的审查。行政行为的类型丰富多彩，不同行政行为涉及不同的行政管理领域，不同的行政管理领域往往有不同的内在规律，而且，不同的行政行为在调整行政机关与公民关系上具有不同的属性，有的是课予义务的，有的是赋予权利的，需要遵守不同的行为规范。行政行为的分类有许多标准，以作为与不作为这一最基本的划分为例。作为类行政行为与不作为类行政行为，合法性审查的要点差异巨大，决定了裁判文书说理也需要尊重这种差异，这是事物的内在规律使然。不尊重这种行为属性的差异，合法性审查的展示不恰当，对当事人质疑的回应也势必不够到位、不够准确。

对于作为类行政行为，审查的要点主要在于作出行政行为的法定职责，行为认定事实是否清楚，证据是否充分，法律适用是否准确，执法程序是否合法正当，裁量是否合理适当，等等；对于不作为类行政行为，审查的要点主要在于是否具备启动履行职责的条件，行政机关是否具备相应的职责，具备履行职责条件的情况下行政机关是如何展开调查和执法的，最后是否对当

---

① 参见李可：《类型思维及其法学方法论意义》，载《金陵法律评论》2003 年秋季卷。

事人的请求作出有实质性的回应，等等。而且，即使在作为类与不作为类行为内部，还可以细分为不同性质的行为类型，说理同样需要遵循不同的本质属性。比如，在作为类行政行为内部，还有行政处罚、行政许可、行政强制、行政复议等行为类型，在不作为类行为内部，还有举报投诉、申请行政许可、申请给付等行为之分，而不同的行为类型具有不同的内在行为属性。这些行为属性不同，合法性构成要件和法庭审查要点也不同，裁判文书说理自然也会有各自的规律可循。

二、推进实质化，尊重当事人在诉讼程序中的主体地位

诉讼奉行“不告不理”原则，因而，对原告的诉讼请求对诉讼程序启动和进展的影响应当予以充分尊重。这就是当事人主体地位的体现。目前对行政诉讼的理解和运行模式，一般的认识是行政诉讼是对行政行为合法性进行审查，而且是全面审查，似乎只要相对人启动了司法审查程序，当事人的诉求就无所谓了，人民法院只要获得当事人起诉的“尚方宝剑”，就可以依法对行政行为进行全面审查，可以不受当事人请求的限制。事实上，行政审判实践难免存在这样操作和执行的现象。这看似是对原告权利的充分保护，看似是对行政机关实现了无漏洞的监督，但也会导致当事人特别是原告在诉讼过程中有一种迷失的感觉，裁判文书说理也往往按照司法自身的全面审查而“自说自话”，对当事人的诉求回应不够，对当事人不争议不主张的事项却不惜笔墨，造成裁判文书说理“出力不讨好”的局面。

改变这一状况，需要回归诉讼规律，尊重当事人的诉讼主体地位。具体来说，在于处理好两个关系。

一是庭审与文书说理的关系。目前的裁判文书说理与庭审“形式主义”“全面主义”相适应，不论当事人怎么主张，庭审特别是一审庭审，都固定围绕行政行为合法性审查的要点展开，这固然可以使法庭“以不变应万变”，什么案件只要按照这个固定框架和模式审查下来，起码不会出错，裁判文书说理与之保持一致，也是不管不顾只按照固定套路撰写，确保不出大的差错，但这种做法的确比较僵硬，是法官庭审能力不足的表现，也是一种机械主义的操作方式，体现不出当事人的主体地位和法官的能力和智慧。因此，推进裁判文书说理改革，首先应当从推进庭审实质化开始。只有庭审突出当事人

的主体地位，围绕争议焦点展开审查，少“演戏”，裁判文书说理也才会走向聚焦化，充分回应当事人的诉求与疑惑，法官的智慧和聪明才智才得到展示和发展。

二是处理好全面审查与焦点审查的关系。突出当事人的主体地位，强化归纳争议焦点，并围绕争议焦点开展法庭审查，并不是要否定对行政行为全面合法性审查的标准和要求，而只是让庭审和裁判文书说理回归裁判的本质，对当事人没有争议且又不存在明显违法情形的行政行为某个方面，可以直接予以确认，不需要长篇大论。

三、推进个性化，尊重法官在说理上的主体地位

法官是裁判者，也是裁判文书的制作者和说理的主体，因此，文书说理要尊重当事人的主体性，如何说理则需要尊重法官的主体地位，二者相得益彰，恰好体现裁判者与当事人之间的良性互动。

法官的主体性，主要体现在两个方面：一是有结合个案情况繁简分流说理的选择权。一个案件是复杂还是简单，裁判文书说理需要长篇大论还是简明扼要，法官最了解，感受最深刻，也最有发言权，因而对文书说理的充分性，不可作“一刀切”的要求，需要尊重法官的裁量与判断。比如，适用简易程序审理的案件，一般较为简单，事实较为清楚，依法可以简化文书说理，有的甚至还可以直接给出表格式文书，但法定适用简易程序的案件也并不一定不需要充分说理。信息公开案件属于法定简易程序适用范围，但其中有的信息公开与否还涉及商业秘密、个人隐私与公共利益之间的权衡与裁量，在选择以公共利益为由克减商业秘密和个人隐私权利时，理当给出充分的理由支撑。当然，适用普通程序审理的案件，案件情并不一定复杂，在案件争议不大、事实和法律非常清晰的情况下，也可以简易说理，没有必要重复太多的无争议乃至常识的内容。

二是在文书规范性上，尽管裁判文书规范统一，样式格式整齐划一，乃至文章词语风格一致，“看起来挺美”，但也要充分尊重法官的主动性和创造性，既要严肃规范，体现司法文书的权威，规范的主要是文书的基本要素、共性的不可或缺的内容，又要活泼生动，鼓励裁判文书制作和说理丰富多彩，允许并鼓励法官结合个案和自身个性写出个性化很强的说理内容。其实，历

史上许多伟大的法官和公认的伟大的判决，无不是个性化很强的法官写出的个性化色彩很浓厚的判决，古今中外概莫能外。比如在一起备受关注的因地名更换引发的行政案件中，最高人民法院再审审查裁定在审查完再审申请人再审理由不成立的基础上，又饱含情感、充满理解地说理：

> 在本案，再审申请人自己也承认，“这个案件，让祭城3000多名公民牵挂”“这个案件，让各地‘祭’姓人士注目”。很显然，与祭城路更名具有利害关系的远远不止原告几人。一如《人民日报》署名文章《地名是我们回家的路》所言：“慎重更换地名，就在于对地名有情感。这种情感，是个人的，是家族的，更是地方的、民族的。诸多地名情感的滋生、蔓延与丰富，才构成一个民族的文化自尊。”几个个人针对地名更改行为提起行政诉讼，固然承载着家族、地方甚至民族的情感自尊，但在《行政诉讼法》所确立的主观诉讼模式之下，又显然属于难以承载之重。不可否认，地名更改的乱象，不仅“损害了地名文化，割断了历史文脉”，也呼唤着地名管理更加法治化。如果能为地名更改中的公民参与提供切实可行的法律救济，如果能为地名的命名、更名、销名等行政决策设置一个犹豫期，让公民或者有关社会团体在相关行政决策真正付诸实施之前能够有机会提起一个预防性的禁止诉讼，无疑将会减少盲目决策所造成的社会成本和财政成本。但在法律制度进一步完善之前，我们只能依据现行法律规定驳回再审申请人对本案所提起的再审申请。①

四、讲求精细化，遵循文书说理的内在逻辑

说理的本质，就是理由的逻辑展示。经典的逻辑，是大前提、小前提和结论的“三段论”。这个人尽皆知的逻辑过程，说着容易，写起来却并不容易，或者说完全做到、做好也不容易。行政裁判文书说理，特别是重大敏感和社会关注等需要充分说理的案件，行政行为合法性审查的论理并不是由一

① 参见最高人民法院（2018）最高法行申1127号行政裁定书。

个“三段论”所构成，也并不是事实、法律适用、执法程序各部分各有一个“三段论”所能分析，往往是一个合法性审查方面都有若干个“三段论”构成，需要层层推进、环环相扣。目前许多裁判文书尽管结论正确，但说服力不强，当事人“一头雾水”，很大程度上都源于对争议说理的“三段论”过于笼统，有的遗漏争议的“三段论”说理，有的存在跳跃情形，从一个作为大前提的“三段论”，直接跳到了下一个“三段论”，导致中间存在逻辑断层，说服力不强。

比如，对复杂事实问题的争议，可能会涉及各个“三段论”，需要一层一层推进说理。在证据资格层面，首先要明确证据资格和条件是什么，什么样的证据具有案件证据的资格，其次要分析本案中证据的状况，与大前提的条件和标准是否相对应，最后得出是否具备证据资格的结论。在解决证据资格问题后，又需要推进到证据能力层面，即判断有资格的证据，对于与待证事实之间的关联程度，特别是实践中常见的，都有证据资格的证据所证明的内容是不一致乃至矛盾或相反的，如何确定证据的证明能力，这同样需要确定证明能力的标准，进行本案相互矛盾的证据的分析，并在比较、比对的基础上得出结论。在解决完证据资格、证据能力问题基础上，可能还会涉及证明标准的争议。行政诉讼证明标准呈现出各层次的特征，既有民事诉讼通常采用的优势证明标准，也有刑事诉讼适用的排除合理怀疑证明标准，还有更多的适用行政诉讼自己的明显优势证明标准。个案到底适用哪一个层次的证明标准，在当事人有争议的情况下，同样需要法官用“三段论”来推进说理义务。

再比如，对于法律适用问题的争议，可能同样需要多个“三段论”环环相扣来推进说理。在法律规范有无方面，需要分析个案的属性以及对应的法律关系，并据此确定法律规范体系中有无据以适用的对应的法律规范。在为何适用此法而不适用彼法方面，如果存有争议，同样需要分析此法与彼法的适用条件和范围，再分析本案的法律关系贴合此法还是彼法，并据此推进法律规范选择上的说理。在法律具体条款理解和适用出现争议的时候，则需要明确法律条款适用的构成要件，并据此展开对本案的分析和说理。以超过起诉期限为例，法律共列举了六个月、一年、五年和二十年等四种期限情形，并为每种情形的适用设定了条件，进行裁判文书说理时就不能笼统地在列出上述四种情形后直接得出超过起诉期限的结论，而需要在区分上述四种起诉期限不同的适用条件和构成要件后，分析每一类型的起诉期限对应的适用范围，然后再分析具体个案的情况与哪一种情形相对应，据此给出为何对应的理由，再由此得出是否超过起诉期限的结论。

五、坚守理性化，尊重社会的常情常理

裁判文书说理，理性化是题中应有之义，无须赘言，但理性化的理，不仅是法理，还包括社会的常情常理，在一定程度上后者直接决定了前者的通俗化和可接受性。法理与社会常情常理的关系，绝不是割裂的、矛盾的，而是对立统一的，法理需要通过情理、事理走入普通人的心里，情理、事理需要寓于法理之中才能得到规范的表达和权威的保障。比如在《最高人民法院公报》曾刊登过一篇工伤认定典型案例，对职工受伤地点是否属于“工作场所”的争议焦点问题，法院根据法理特别是社会情理进行了充分而有说服力的说理：

> 关于被上诉人孙某兴摔伤的地点是否在“工作场所”范围内的问题。《工伤保险条例》第十四条第（一）项规定的工作场所，是指职工从事职业活动的场所，在有多个工作场所的情形下，还包括职工来往于多个工作场所之间的必经区域。本案中，位于商业中心八楼的中力公司办公室，是孙某兴的工作场所，而其完成任务需驾驶的汽车，是孙某兴的另一处工作场所。汽车停放在商业中心一楼门外，孙某兴要完成开车任务，必须从商业中心八楼到一楼门外停车处，故从商业中心八楼到停车处是孙某兴来往于两个工作场所之间的必经区域，也应当认定为孙某兴的工作场所。上诉人园区劳动局认为摔伤地点不属于孙某兴的工作场所，是将完成工作任务的必经之路排除在工作场所外，既不符合立法本意，也有悖于生活常识。①

目前法官队伍整体呈现出年轻化的态势，这对于特别需要社会经验和阅历的行政法官来说，在裁判文书说理中，就有一个如何用常情常理表达的问

① 参见孙某兴诉天津园区劳动局工伤认定行政纠纷案，载《最高人民法院公报》2006年第5期。

题。每个法官在具体表达时，都会认为自己的表达就是站在常情常理的角度，但实践中仍会出现一些令人错愕的文书说理。个中原因，在于有的法官表达的所谓的“常情常理”，实际上只是他自己的“私情私理”，假之以裁判文书的形式，冒充社会常情常理进行表达而已。对此，笔者以为，在法律语言的表达中，判断一个说理是否理性，是否尊重了社会的常情常理，关键需要区分不同主体。一个方面，是对于法律职业共同体来说，法官的裁判文书说理是否理性化，主要看是否获得了共同体内其他主体的认同程度，特别是法官同仁、律师和法学专家的认可程度，能获得一致认可的自然是最理想的效果，即使不是完全赞同或认同，起码也需要法律职业共同体觉得，裁判文书说理的逻辑基本可以自圆其说，没有明显常识性矛盾或错误；另一个方面，对普通社会公众来说，由于受法律素养的影响，他们对裁判文书之理是否理性、是否符合常情常理不会有非常专业的认知和判断，但起码论证说理不能有硬伤，这个“硬伤”就是让普通社会公众觉得裁判的理由论证很奇怪、很意外，乃至“吓了一跳”。这样的说理，违背了社会公众的常情常理，即使以“法理”的形式展现出来，在实质上却是背离法理的基本逻辑的，也会削弱裁判结论的正当性和可接受性。概言之，裁判文书说理是否理性化，对法律专业人员而言，力求认可、认同，对普通公众而言，能实现“感同身受”固然最好，最坏的效果，起码是不能让人感觉奇怪或意外，这是说理的最低标准。

总之，在经由说理走向司法权威和法律信仰的路途上，行政裁判文书说理看似技术问题，实质上折射出的是整个司法体制运行情况和社会理性化、政府法治化的程度。加强和改进行政裁判文书说理，落脚点是“文书”，“功夫”关键在文书之外，既需要顶层设计，为说理创造良好的体制机制氛围，更需要行政法官及法律职业共同体的共同发力。

第三章　行政裁判文书说理：以审判程序分类为视角

在现代社会，程序的价值得到了充分的肯定，无论是在实体上还是在程序本身方面。这是因为，在一定程度上，程序决定了理性的法治与恣意的人治之间的基本区别。诉讼作为一项规范、严肃的国家权力调整社会关系的活动，本身就有很强的程序性，甚至可以说，一部诉讼法就是某一方面的诉讼程序法。裁判文书作为法院诉讼活动的终端产品，与诉讼程序紧密相关，不仅是程序终结的表征和外在宣言，而且其内容还要充分反映诉讼程序的内在规律。在行政诉讼法典中，内嵌许多诉讼程序，有的是与民事诉讼相类似的程序，也有许多是独具行政诉讼特色、民事诉讼所不具有的程序类型。因此，探讨裁判文书说理，需要将其放入不同诉讼程序中加以考量，这也是司法规律、裁判文书说理科学化的必然要求。

第一节　诉讼程序与裁判文书说理

行政诉讼程序脱胎于民事诉讼，与民事诉讼程序有很多相似的地方。与民事、刑事诉讼程序不同的是，行政诉讼法不仅是一部诉讼程序法，而且还是一部兼具实体内容的程序法。

一、行政诉讼程序的类型划分

诉讼程序的划分，既遵循法理学上关于程序类型的分类方法，也需要结合行政诉讼的实际。按照法理学上的划分，行政诉讼程序与民事诉讼程序几乎没有区别，都分为简易程序和普通程序、一审程序和二审程序以及再审程序，而《行政诉讼法》有自身独特的程序，主要有一般程序和特殊程序，以及诉讼程序和非诉讼程序。

（一）简易程序与普通程序

在我国，行政诉讼程序在很长一段时间内，一审程序都只有普通程序，没有简易程序，体现了行政诉讼的严格性和严肃性。随着理论的发展和实践的深化，2014 年修正的《行政诉讼法》增加了行政诉讼简易程序，该法第八十二条规定对于一些事实清楚、法律关系明确、争议不大的案件，法律规定可以适用简易程序。“简易程序是与普通程序相对的程序，在起诉手续、传唤当事人方式、审理程序以及审理期限等方面都作了简化。由于简易程序具有办案手续简便、审理方式灵活、不受普通程序有关规定约束的特点，有利于及时审结案件，降低当事人的诉讼成本，保护当事人的合法权益。”①

（二）一审程序、二审程序与审判监督程序

现代诉讼法基本上都奉行程序法定主义，行政诉讼也不例外。“行政诉讼程序是指行政诉讼原告起诉、被告应诉，人民法院审查被诉具体行政行为并作出裁决的过程、顺序、步骤和方式，是行政诉讼的时间和空间表现形式。”②按照《行政诉讼法》的规定，行政诉讼程序分为一审程序、二审程序和审判监督程序等。其中，一审程序是所有行政诉讼案件必经的基本程序，也是案件数量最多的诉讼程序。二审程序又称为上诉审程序，“是指当事人不服第一审人民法院的判决、裁定而请求上级人民法院对第一审判决、裁定的合法性进行审查，并要求撤销或者改变原判决、裁定的诉讼行为”。③我国实行两审终审制，这就意味着第二审判决是终审判决。审判监督程序主要适用于当事人认为二审裁判或者超过上诉期没有上诉的一审裁判有错误，申请监督的救济程序。

（三）一般程序与特殊程序

一审、二审和审判监督以及普通程序和简易程序，都是行政诉讼一般程序，除此之外，2014 年修正的《行政诉讼法》还规定了一些特殊程序，即镶

---

① 袁杰：《中华人民共和国行政诉讼法解读》，中国法制出版社 2014 年版，第 219 页。

② 姜明安：《行政诉讼法》，法律出版社 2007 年版，第 208 页。

③ 袁杰：《中华人民共和国行政诉讼法解读》，中国法制出版社 2014 年版，第 227 页。

嵌在一般程序之内的特殊程序。这类程序并不是每一个案件都会涉及，不具有普遍性，具有特殊性。这类程序主要有三个：一是复议维持双被告程序；① 二是民事争议一并审理程序；② 三是规范性文件一并审查程序。③

（四）诉讼程序与非诉讼程序

非诉程序是相对于诉讼程序而言的。法院受理的行政案件，除了诉讼案件，还有非诉执行审查案件。这类案件的法律依据，主要是《行政诉讼法》第九十七条，该条规定："公民、法人或者其他组织对行政行为在法定期限内不提起诉讼又不履行的，行政机关可以申请人民法院强制执行，或者依法强制执行。"此外，《行政强制法》第五十三条规定："当事人在法定期限内不申请行政复议或者提起行政诉讼，又不履行行政决定的，没有行政强制执行权的行政机关可以自期限届满之日起三个月内，依照本章规定申请人民法院强制执行。"

二、诉讼程序与裁判文书说理的关系

在行政诉讼中，不同的诉讼程序对应不同的案件类型乃至当事人诉讼请求的审查程度，而裁判文书回应的主体则正是行政行为的合法性评价和当事人的诉讼请求是否成立，因此，不同的诉讼程序直接决定裁判文书的说理范式。

（一）诉讼程序决定说理的范围

这个问题，主要是针对诉讼审级程序而言的。一般来说，相较之民事诉讼程序，行政诉讼程序遵循全面审查的原则，但也有例外。以实体审理的案

---

① 《行政诉讼法》第二十六条第二款规定："经复议的案件，复议机关决定维持原行政行为的，作出原行政行为的行政机关和复议机关是共同被告。"该法第七十九条规定："复议机关与作出原行政行为的行政机关为共同被告的案件，人民法院应当对复议决定和原行政行为一并作出裁判。"

② 《行政诉讼法》第六十一条第一款规定："在涉及行政许可、登记、征收、征用和行政机关对民事争议所作的裁决的行政诉讼中，当事人申请一并解决相关民事争议的，人民法院可以一并审理。"

③ 《行政诉讼法》第五十三条规定："公民、法人或者其他组织认为行政行为所依据的国务院部门和地方人民政府及其部门制定的规范性文件不合法，在对行政行为提起诉讼时，可以一并请求对该规范性文件进行审查。前款规定的规范性文件不含规章。"

件为例，一审行政案件作出的行政判决书，需要全面回应行政行为的合法性和当事人的诉讼请求与理由。这是因为，根据《行政诉讼法》第六十九条的规定，行政行为证据确凿，适用法律、法规正确，符合法定程序的，或者原告申请被告履行法定职责或者给付义务理由不成立的，人民法院判决驳回原告的诉讼请求。可见，对于一审行政诉讼程序来说，裁判文书说理主要是关于行政行为合法性的评价情况和当事人请求的理由是否成立的审查情况。根据《行政诉讼法》第八十七条的规定，人民法院审理上诉案件，应当对原审人民法院的判决、裁定和被诉行政行为进行全面审查。可见，对于二审行政案件，法院作出的判决书则不仅要对一审裁判的合法性进行审查和回应，还要对被诉行政行为的合法性审查情况进行回应。《行政诉讼法》对行政诉讼再审程序的审查范围未作出规定，但该法第一百零一条规定，人民法院审理行政案件，关于期间、送达、财产保全、开庭审理、调解、中止诉讼、终结诉讼、简易程序、执行等，以及人民检察院对行政案件受理、审理、裁判、执行的监督，本法没有规定的，适用《民事诉讼法》的相关规定。而按照《最高人民法院关于适用〈中华人民共和国民事诉讼法〉的解释》的相关规定，人民法院审理再审案件应当围绕再审请求进行。当事人的再审请求超出原审诉讼请求的，不予审理；符合另案诉讼条件的，告知当事人可以另行起诉。由此可见，再审案件的审查要点是当事人的再审请求，因而再审案件裁判文书的说理，主要应当围绕再审请求是否成立展开，既维护生效裁判的效力，又切实回应当事人的诉求。

（二）诉讼程序决定裁判文书说理的繁简

2014 年修正的《行政诉讼法》增加了行政诉讼简易程序，即对于事实较为清楚、争议不大的案件，比如信息公开案件、当场作出行政行为的案件以及涉及款额在 2000 元以下的案件，适用简易程序，其他案件适用普通程序。顾名思义，简易程序，不仅是审理组织、程序简化，而且裁判文书也要相应的简化。如果没有裁判文书制作和说理上的简化，简易程序的价值也将大打折扣。尽管《行政诉讼法》对简易程序的规定较为简单，法条内容较少，对简易程序案件裁判文书说理更是没有作出明确的特别规定，但是，按照准用的民事诉讼简易程序规范，行政诉讼简易程序裁判文书在制作上依法应当而且可以做到简化。

（三）诉讼程序决定说理的程度

说理程度问题，一直是裁判文书改革的热点话题，除了前面已述及的简易程序与普通程序案件在裁判文书说理程度上的差别外，由于行政诉讼还有一些特别程序，对裁判文书说理有直接的影响。比如，规范性文件一并审查程序，这个程序启动与否，在一定程度上直接影响裁判文书说理的程度问题。如果当事人没有就被诉行政行为所依据的规范性文件提起一并审查，则说理时就没有必要对规范性文件的合法性进行深入分析和说理论证，只要规范性文件没有明显违法的情形，一般可以直接引用作为说理的依据，而如果当事人就此提出一并审查的请求，则裁判文书不仅要对被诉行政行为的合法性进行审查和说理，还要对一并审查的规范性文件是否合法进行深入审查和详细说理，回应当事人的一并审查请求。这就意味着，当事人是否申请启动一并审查程序，对法院裁判文书关于行政行为所依据规范性文件合法性的说理，具有直接而有约束力的重要影响。

（四）诉讼程序影响说理的评价

不同的诉讼程序，遵循不同的诉讼规律，也有不同的评价标准。这个评价标准，既指向程序本身的合法性，而且也表现在作为诉讼程序最终结果和载体的裁判文书上。前面述及，不同诉讼程序的裁判文书，在说理范围、重点以及程度上有所不同，因此，评价一份裁判文书说理好与不好、透与不透以及是否符合诉讼程序的内在要求，都必须与相应的诉讼程序为标准。

三、裁判文书说理应与诉讼程序相适应

裁判文书说理是裁判文书的灵魂和核心，而不同诉讼程序对应不同的说理内在规则。因此，不仅不同诉讼程序对裁判文书说理有深层次、实质性影响，而且裁判文书说理本身应当与所依赖的诉讼程序相适应。具体来说：

（一）依法说理需要与诉讼程序相适应

说理规则千万条，依法说理是首当其冲的第一规则。这是因为，裁判本身即是人民法院适用法律的结果，司法的权威和公信都系于裁判是依法作出

的公正裁判。裁判文书作为裁判的具象化的载体，自然应当恪守依法原则。在行政诉讼中，一审程序强调对行政行为进行全面审查，依法说理就要求对行政行为的合法性进行全面审查和回应；二审程序强调对一审裁判和被诉行政行为进行全面审查，这就意味着二审裁判文书说理只有全面回应被诉行政行为的合法性和一审裁判的正确性，才是依法说理的体现；再审程序强调对当事人提出的再审请求的审查，这就意味着，再审裁判文书说理要全面回应当事人的再审请求和理由是否成立，如果再审裁判文书没有回应或全面回应当事人的请求和理由，则裁判文书说理是不充分的，也构成对依法说理规则的违反。

（二）说理充分与否需要与诉讼程序相适应

一般认为，裁判文书说理应当充分，但是，何为“充分”，则要与相应的诉讼程序产生的裁判相适应。对于适用简易程序作出的裁判，裁判文书说理应当与“简易程序”相适应，适当简化，乃至给出格式化、表格式的文书。[①]而对于适用普通程序特别是重大疑难的案件，则“充分”说理的要求程度则又是不一样的，也是简单案件的“简易程序”所不能比拟的。再比如，进行再审程序的行政案件，由于争议往往较大且具有持续性，因而再审裁判文书应当给出更加充分的理由，论述一审裁判是否公正以及当事人的再审请求是否成立，这是与再审程序的最终权威性所决定的。

（三）繁简得当标准与诉讼程序相适应

行政案件繁简分流，是符合司法审判规律之举，是2014年《行政诉讼法》修正的重要着力点，有利于构建与案件性质相适应的诉讼程序，同时还是目前应对“案多人少”突出矛盾的有效办法，俗称“向程序要效率”。2021年5月14日，最高人民法院印发《关于推进行政诉讼程序繁简分流改革的意见》，对“行政诉讼案件繁简分流、轻重分离、快慢分道”提出了新的明

---

① 《最高人民法院关于进一步推进案件繁简分流 优化司法资源配置的若干意见》（法发〔2016〕21号）第15条规定，推行裁判文书繁简分流。根据法院审级、案件类型、庭审情况等对裁判文书的体例结构及说理进行繁简分流。复杂案件的裁判文书应当围绕争议焦点进行有针对性地说理。新类型、具有指导意义的简单案件，加强说理；其他简单案件可以使用令状式、要素式、表格式等简式裁判文书，简化说理。当庭宣判的案件，裁判文书可以适当简化。

确要求。裁判文书说理要与案件繁简相适应，即简案简审、简单说理，繁案精审、充分说理，这既是司法公正与效率的有机结合，在保障公正的基础上尽量较少司法资源的投入，也体现出不同诉讼程序的差异，是遵循具体问题具体分析、区别情况区别对待规律的必然要求。实践中，需要简化裁判文书说理的，除了有适用简易程序审理的案件外，还有大量即使适用普通程序审理但仍属于事实清楚、争议不大的案件，既有一审普通程序审理的简单案件，也包含有一审简易程序审理的案件进入二审程序后形成的案件。需要繁案精写的情形，主要是适用普通程序审理，而且事实和法律争议较大的行政案件，特别是对事实和法律适用争议较大，又进入二审或再审程序的案件，以及社会舆论普遍关注的案件。这些案件，裁判文书需要立足展示法院的说理过程，回应当事人的诉求和社会公众的关切，强化裁判文书的说理性，以理服人，促进行政争议在法律上得到有效化解。

（四）说理风格与诉讼程序相适应

裁判文书的说理，固然要求法言法语，但裁判文书毕竟不是议论文，也不是学术论文，不能上纲上线，更不能刻意拔高或渲染，需要注意语言朴素，在专业性与通俗性方面实现有机平衡。这是因为，尽管裁判是一个专业化程度很强的工作，需要专业的法学素养和法律专业人士的参与，但裁判毕竟是面向当事人的，解决当事人日常生活中的问题和争议，因此，法官作为法律共同体的一员，在裁判文书说理方面，既要站在法律人的视角，专业、敬业地分析案情，说好裁判的理由，又要站在当事人特别是普通当事人和社会公众的视角，把裁判的理由用通俗易懂的语言表达出来。因此，对于适用简易程序审理的简单案件，或者适用普通程序简便化审理的案件，往往事实较为清楚，法律争议不大，也都是与公民生活息息相关的，说理风格上就需要简单明了，更讲求通俗易懂，用大众化的语言讲大众听得懂的道理。但是，由于行政案件领域众多，几乎涉及社会生活的方方面面，并不都是群众身边的事情，因而，对有些行政案件，可能在努力做到通俗易懂的同时，首先要确保专业和严谨，不能用通俗牺牲专业。特别是对于涉及专业技术性判断的领域，往往属于专业人士的专业判断空间，专业本身可能就包含许多不易为大众所理解的语言和逻辑，这时的说理风格则无法用通俗易懂来衡量。比如环境保护案件，对于环境污染指数、指标的测算等，都涉及非常专业的判断问题，非专业语言无法描述其内容。还有专利发明确权类行政案件，一项发明是否构成实质性进步或创造，都是非常专业的事情，普通群众在缺乏基础知识储备的情况下，要想做到让其一眼就看明白、一下就听明白，是不可能的事情，也是与审判规律背道而驰的。其实，这也不是文书说理不通俗易懂的问题，核心在于这本身就不是一个大众化的领域，根本无法用众人皆知的语言和逻辑说清楚裁判的理由。再比如，对于重大法律争议的案件，对于法律内在逻辑、法理论证等方面的说理，可能需要有一定的法学背景的人才能理解深刻，同样不能强求法官必须把法律理论讲得人人皆知、人人易懂的程度。

第二节　简易程序与普通程序文书说理

案件争议大小、复杂程度与诉讼程序简易与否相适应，也与裁判文书说理繁简相适应，这是公正与效率相匹配使然，也是把有限的司法资源优化配置的必然要求，符合司法规律的内在机理。

一、程序选择与繁简说理的价值取向

简易程序与普通程序，是行政案件进入诉讼程序后的一种最基本划分。除了法律规定可以适用简易程序的案件外，其他案件一般适用普通程序。简易程序的适用，划分标准主要有两个：一个是法定的，即事实清楚、争议不大的案件，比如法律列举的当场作出的行政行为涉诉案件、涉及款额2000元以下的案件、信息公开案件；另一个是意定的，即不属于法定适用简易程序的范围但当事人合意选择适用简易程序的案件。这样的规定，体现了意定优于法定的价值取向，也体现了对当事人主体性的尊重。这两个标准，看似规范简易程序的适用范围，事实上是对司法规律的一种显性表达，即程序繁简与否，一个取决于案件本身争议大小，另一个取决于当事人的主体性表达。这个规律，同样适用于作为行政诉讼程序结果的裁判文书制作，尤其是说理方面。

（一）适用简易程序审理的案件，说理一定要简化

根据《行政诉讼法》第八十二条的规定，简易程序适用于第一审行政案件，而且案件事实清楚、权利义务关系明确、争议不大的案件。这里显而易见的是，既然案件事实清楚、权利义务明确、争议不大，或许本来就没有必要进入诉讼程序解决，只不过为了给争议当事人一个更权威的说法，以国家强制力保障的相对独立、中立的法院扮演这一角色，主要目的不是明晰和厘清法律的模糊界限，乃至为社会创制规则，只是简单地宣示法律规定，告知双方当事人法律是什么、争议该怎么处理，就是这么简单，因此，没有必要给出太多的理由，事实上也没有那么多的理由需要阐述，其实不仅没有必要，而且如果要求对争议不大乃至没有争议的问题长篇大论，也不符合常识，纯属浪费司法资源。当事人其实关心的往往也是结果，而对理由的要求，通常只是发现法律规定是怎么样的。具体如下。

1. 对当场作出的行政行为的裁判文书说理

在行政程序理论和规范中，行政程序有一般程序与简易程序，对于权利义务清楚、对当事人权利义务影响不大的事项，行政机关可以当场作出行政行为。当场作出的行政决定，往往也是简易行政文书，在行政程序中只需要告知当事人事实和依据，并不要求展开长篇大论的说理。最典型的也最为常见的当场作出行政决定的行为类型，是交通违法行政处罚，某交警在道路上执勤，发现闯红灯、违反限行或禁行等各类道路交通违法行为的，可以依法当场作出行政处罚决定。法律还规定，适用简易程序作出处罚决定的，可以由交通警察一人作出处罚。而且，有这方面交通体验的人都不难发现，行政处罚决定书相当简单，什么行为违反了什么规定，依据什么规定罚款多少元，简单明了。对于这样的案件，进入诉讼程序后，理当适用简易程序进行审理，过去行政诉讼没有设置简易程序的时候，哪怕是一个交警作出的 50 元罚款，一旦进入诉讼，一审、二审分别都要组成合议庭进行审理，固然体现了对行政诉讼权利的重视，但无疑也是一种司法资源的浪费。而且，既然行政决定文书很简单，那么，此类案件进入诉讼程序后的裁判文书自然也应当简化，宣告、明确、重申法律规则和违法制裁即可。

2. 对涉及款额 2000 元以下行政行为的裁判文书说理

涉及款额 2000 元以下的案件，法律之所以规定可以适用简易程序审理，

是考虑到权利保障与诉讼成本的配比与均衡。在目前所处的经济社会发展阶段，2000元虽不算是一个小数目，但并非是争议非常大、对当事人影响非常严重的数额，相应的程序成本应当与权利保障的急迫与否相适应。这里，并不是说2000元的权利就不重要，关键是要与保护权利的成本成正比。这类案件进入诉讼后，程序之所以要简化：一则，行政诉讼是一种复审程序，进入诉讼程序之前，争议都已经过行政机关处理，而且行政机关尽管与法院地位、功能不同，但同样是权威的执法机关，在行政机关已经对相关事实和法律适用作出认定的情况下，法院本就无须耗费太多的资源进行“创造性”审查，加之涉及款额并不大，不论是对个体当事人，还是对整体社会权利义务的影响也并不大，相应的诉讼程序与诉讼成本都应当相应简化和简略。二则，行政诉讼脱胎于民事诉讼，但行政诉讼在繁简分流规律的规范和适用上，还远远赶不上民事诉讼程序。民事诉讼程序中，对于争议不大、权利义务关系明确，且涉及款额较小的案件，[①] 不仅适用简易程序，而且还可以适用速裁程序，且一审终局，可见民事诉讼对于权利保障与程序成本之间的配置，要远远走在行政诉讼之前。由于行政诉讼简易程序刚刚建立起来，即使没有确立与之相适应的一审终局速裁机制，但在程序简化和裁判文书说理简化方面，参照民事诉讼简易程序和速裁程序，进行探索和发展还是必要的。

3．对于政府信息公开案件的裁判文书说理

政府信息公开案件，与其他案件的不同之处，不仅在于涉及的权利类型拓展了传统的人身权、财产权属性，更在于这类诉讼属于给付诉讼，且是事实性的给付诉讼。一个信息是否公开，取决于是不是政府信息，是不是被申请的机关公开，以及法律有没有规定这类信息不予公开。尽管由于现行《政府信息公开条例》规定得过于原则，导致这类标准在一定程度上有争议，有的法律问题争议甚至还比较尖锐，但基本上仍属于事实清楚、权利义务较为明确的案件类型，适用简易程序审理的，理当对其裁判文书制作和说理予以简化。

（二）适用普通程序审理的案件，说理并不一定复杂

适用简易程序审理的行政案件，裁判文书制作和说理进行相应简化，比

① 法律规定标的额为各省、自治区、直辖市上年度就业人员年平均工资百分之五十以下，一般都高于行政诉讼简易程序中的2000元。

较好理解，也比较好接受。这是不是意味着，适用普通程序审理的案件，说理就一定要面面俱到、全面充分，不能简化呢？唯物辩证法告诉我们，这也不能一概而论，还需要具体问题具体分析。一方面，通常来说，相较之适用简易程序审理的案件，普通程序审理的案件相对会复杂一些，需要组成合议庭进行审理，裁判文书制作和说理也要更充分一些，这也是说理程度和程序繁简相适应的应然之义；另一方面，并非所有适用普通程序审理的案件，裁判文书制作和说理就不可以简化，特别是在当下“案多人少”矛盾加剧，繁简分流压力加大的背景下，更需要探索普通程序简便审的机制。由于说理上的繁简分流，重在找出哪些可以简化的案件类型，因此，这里结合审判实践，列举几类虽然适用了普通程序，但可以简便审理和简化文书说理的案件。

1. 简易程序制度供给不足而进入普通程序审理的案件

《行政诉讼法》用了三个条文规定了行政诉讼简易程序制度，分别规范简易程序的适用范围、审理组织和期限以及与普通程序转化问题。这就导致实践中关于行政诉讼简易程序的适用存在严重制度供给不足的问题，导致行政诉讼简易程序适用效率并不高，以至于本属于简易程序审理范围的案件流入普通程序之中。这些问题，有的是技术性问题，比如适用简易程序的案件被告行政机关是否可以不答辩，或者人民法院是否可以在法定最长答辩期限内合理缩减行政机关的答辩期限，简易程序开庭传唤方式是否可以更灵活、开庭流程更简便、简易，程序文书是否可以简化乃至适用令状式文书，等等。这些问题，可以按照行政诉讼“准用”民事诉讼程序的规则，将民事诉讼简易程序规则直接运用到行政诉讼简易程序之中。

2. 适用普通程序审理的事实清楚、权利义务关系明确的案件

前面述及，简易程序的确立标准主要是两条，即事实是否清楚和对当事人影响大小。实践中有许多事实较为清楚、争议也不大的案件，囿于法定简易程序范围的限制，未能进入简易程序流程，而不得不进入普通程序流程进行审理。按理说，这类案件同样需要遵循案件性质与审理程序繁简相适应规律，即使进入普通程序通道，也应当予以简便化审理。

比如，虽然案由不属于法定简易程序范围，但处理方式是需要用裁定方式结案的，尤其是对其中明显不符合起诉条件的案件，本就应当在立案阶段裁定不予立案，只不过因立案登记制度实施后进入了诉讼程序，对这类明显不符合起诉条件的案件，裁定书的制作和说理完全可以简化。

再比如，对于行政不作为类案件，此类案件有的复杂有的简单，这也是在《行政诉讼法》确定简易程序适用范围时比较有争议的一类案件。虽然经过权衡，这类案件最后未被列入法定简易程序范围，需要适用普通程序进行审查，但是，对其中事实较为清楚的不作为案件，在被告法定职责清楚，原告申请履行职责请求清楚，被告是否履行职责的判断并不难的情况下，理当可以简便审理和简化说理。当然，对于被告是否负有法定职责、是否依法履行职责存有较大的法律争议的案件，裁判说理理当做到充分充实。

3. 适用普通程序审理的当事人对事实和后果都认同或认可的案件

这类案件之所以文书制作和说理可以简化，还是说理繁简程度与争议大小的案件性质相匹配规律作用的结果。行政案件纷繁复杂，各式各样的争议都会遇到，有的当事人寻求司法救济，并不是事前对案件处理没有预期，只不过是要从法院这个权威第三方处获得一个对外法律效力高的结论，还有的直接就让法院确认相关事实和处理意见。对于这类案件，本质上仍属于当事人争议不大的案件，裁判文书制作和说理理当予以简化。

（三）疑难复杂的案件，裁判文书说理必须充分

回归裁判文书说理充分的本质，必须与案件本身的性质和复杂程度相适应。案件简单，说理简单。案件疑难复杂，说理必须充分。在一定程度上说，简易程序与普通程序的划分，只是给审理程序和说理繁简指出了大致的方向，本身并不能直接决定裁判文书说理繁简的程度。

1. 适用简易程序审理的案件，也有疑难复杂案件，也有需要充分说理的情形

行政诉讼简易程序的适用范围，尽管是法定的，但也不是刚性的，也有例外，而且《行政诉讼法》规范简易程序仅有的三个条文，还有一条专门是为简易程序转换为普通程序而设计。当然，属于简易程序适用范围的案件，即使案件相对有些疑难复杂，也并非必须转换为普通程序，这个程序转换与否，取决于办案法官对个案事实和法律问题的判断。如果法官认为适用简易程序可以继续审理，无须转换为普通程序，那么，由于案件疑难复杂，说理上也要与一般常规简易程序有所区别，需要更加充分地说理。

2. 事实和法律争议较大的案件，需要说理充分

行政审判实践中，往往有一个“二八定律”，80%属于事实较为清楚、争

议不大的案件，20%属于疑难复杂或争议较大的案件。这个定律对司法审判的支配性影响，是要把80%的精力投入到20%疑难复杂的案件之中，用20%的精力处理80%简单或相对简单的案件之中。属于20%的案件，一般有这样几类：一是新类型案件，此类案件过去不曾遇到过，也没有现成的经验可以借鉴，需要给今后案件审理确立标准。二是事实和法律争议较大的案件，特别是事实处于模糊状态、依靠举证规则难以认定事实，以及法律适用存在法律规范冲突或矛盾的地方，需要法官对“左右为难”的问题给出对策或方案，这个时候，给出的任何方案都必须有充足的理由支持，这些理由可能有分歧，也可能遭受批评，这也是裁判争议较大问题时不得不面对的情势，必须要展示法官判断是出于理性和良知的考量，而不是任性乃至滥用判断权的结果。三是法律没有规定或法律规定很抽象，需要法律漏洞弥补的案件。这类案件由于法律制度规范供给不足，需要法官结合个案进行规则的发现、选择和适用，这个过程是充满不确定因素的过程，需要法官理性、慎重地作出判断并展示据以作出如此判断的逻辑。

3. 社会关注度高的案件，需要充分说理

当今社会，是一个权利意识高涨、自媒体高度发达、眼球效应凸显的时代。特别是随着法治进程的加快，以及官民矛盾的日益多发、易发，很多行政案件从进入诉讼程序始，就处于媒体聚光灯下，备受社会各方面关注。这类案件，由于裁判的结论不仅影响当事人的权利义务和公正感受，还直接影响社会公众的行为规则和对法律与正义的整体观感，因而需要在审理过程和裁判结果上展示更多的理性因子，既要对被诉行政行为的合法性进行审查和评述，也要对当事人特别是原告的诉讼请求和理由予以充分回应，还要对社会公众关注的问题和疑惑进行充分的回应。唯有如此，这样的裁判文书才具有权威性和可接受性。

二、简易程序裁判文书说理——以最高人民法院发布的十大政府信息公开案例为样本

简易程序法定适用范围有三类案件，即当场作出的行政行为涉诉的、涉及款额2000元以下的以及政府信息公开案件。实践中适用简易程序审理的，绝大多数都属于这个范围，也有属于简易程序范围但由于其他种种原因而未

适用简易程序的，还有个别情况下基于当事人的合意而对法定范围之外的案件适用简易程序的。无论是属于哪种情形，只要适用简易程序审理，不是争议不大、权利义务较为清楚，就是当事人合意简化案件审理流程，因此，在审理程序上不仅要做到流程简化便捷，而且文书说理简单、明了也是题中应有之义。这里，基于分析的方便，以《行政诉讼法》规定可以适用简易程序审理、实践中案件数量占比较大的政府信息公开案件为例，展开简易程序文书说理研究。在此作三点前提性的说明：一是适用的政府信息公开案件，既包括实际上适用简易程序审理的政府信息公开案件，也包括因种种原因虽适用普通程序审理但需要简便审理的政府信息公开案件。二是为分析方便，本部分仅围绕作为类政府信息公开案件进行分析。三是本部分的研究范围，仅限于实体判决书的说理问题，起诉条件问题不在此论，属于第四章裁判方式的讨论范围。

在作为类的信息公开案件中，涉诉的案件类型主要受被诉政府信息公开答复形式影响，这是由行政诉讼对被诉行政行为的合法性进行审查的基本原则决定的。根据《政府信息公开条例》规定和实践经验，对申请公开的政府信息，行政机关答复容易产生争议的，主要有五种答复方式，即政府信息公开方式告知、非政府信息告知、政府信息不予公开告知、政府信息不存在告知、政府信息非本机关公开告知。以下关于政府信息公开案件判决书说理的讨论，既按照被诉行政行为的类型即被诉政府信息公开告知的形式展开，又遵循政府信息公开行政程序的办理流程，以是否属于政府信息、是否属于公开义务主体、是否存在、是否属于公开范围以及公开告知方式是否正确妥当等五个方面展开。

（一）非政府信息告知方式的判决书说理

政府信息公开案件司法审查，首先就要明确“政府信息”的内涵。《政府信息公开条例》的调整对象为“政府信息”，因而开宗明义在第二条即明确规定：本条例所称政府信息，是指行政机关在履行行政管理职能过程中制作或者获取的，以一定形式记录、保存的信息。这样的规定，比较明确、具体，但在具体适用时，面对形形色色的信息表现形式，对“政府信息”的界定仍然需要的案件审理和裁判文书中予以说理。

这类案件，说理的要点主要有三项：一是在主体上，政府信息的制作者或获取者主要是指行政机关。顾名思义，政府信息公开主要是以“政府”为调整对象。在我国的法律框架下，法律、法规和规章授权的组织，一般也具有行政机关的地位。二是属性上，政府信息与行政机关履行职责有关。这是界定政府信息的核心要素，即政府信息必然是行政机关在履行行政管理职责过程中形成的，而不是行政机关在履行其他职责中形成的。三是在获取方式上，政府信息的形成是双向的，即制作或获取。制作主要是指行政机关自身在履行行政管理职责过程中制作、汇总、加工形成的信息，获取主要是指从其他主体处获取的信息。

在奚某强诉中华人民共和国公安部信息公开案件中,① 争议焦点就在于争议的信息是否属于政府信息，是否属于政府信息公开条例调整范围。在该案中，奚某强向公安部申请公开《关于实行“破案追逃”新机制的通知》（公通字〔1999〕91 号）、《关于完善“破案追逃”新机制有关工作的通知》（公刑〔2002〕351 号）、《日常“网上追逃”工作考核评比办法（修订）》（公刑〔2005〕403 号）等三个文件中关于网上追逃措施适用条件信息，法院经审理认为：根据《政府信息公开条例》第二条规定，政府信息是指行政机关在履行职责过程中制作或者获取的，以一定形式记录、保存的信息。本案中，奚某强向公安部申请公开的三个文件及其具体内容，是公安部作为刑事司法机关履行侦查犯罪职责时制作的信息，依法不属于《政府信息公开条例》第二条所规定的政府信息。据此没有支持原告的诉讼请求。这里的说理，就是紧紧围绕政府信息的内涵而展开的。

（二）非本机关公开告知方式的判决书说理

公开义务主体也是政府信息公开案件中容易产生争议的问题。《政府信息公开条例》第十条第一款规定，行政机关制作的政府信息，由制作该政府信息的行政机关负责公开。行政机关从公民、法人和其他组织获取的政府信息，由保存该政府信息的行政机关负责公开；行政机关获取的其他行政机关的政府信息，由制作或者最初获取该政府信息的行政机关负责公开。法律、法规对政府信息公开的权限另有规定的，从其规定。该条例第三十六条第五项规定，所申请公开信息不属于本行政机关负责公开的，告知申请人并说明理由

---

① 最高人民法院发布的十大政府信息公开案例之二。

单纯从法条上来看，共有四层含义，除了法律法规有特殊规定遵从该规定之外，确定公开义务主体规范主要有三层含义，分别对应三个规则。行政答复需要说明理由，理由也应围绕这三个规则来把握公开义务主体的确定，相应的裁判文书说理也应围绕这个规则来把握。首先，制作机关负责公开，是公开义务主体确定的一般规则，当事人向信息制作机关申请公开，制作机关是当然的公开义务主体。其次，对于行政机关从公民、法人或其他组织处获取的信息，保存机关是公开义务主体，在这方面，说理主要围绕申请事项是不是政府信息，信息来源是行政机关制作的还是从相对人处获取的，如果是获取的，保存机关是公开义务主体。最后，对于行政机关获取的其他行政机关的政府信息，由制作或者最初获取该政府信息的行政机关负责公开。这其中，说理围绕信息获取渠道以及被申请主体性质展开，如果行政机关保存的信息是其他机关制作的，则一般向制作机关申请公开，或者向最初获取的机关申请公开，保存机关公开的适用情形主要限于其属于最初获取信息的机关。

2019 年 5 月，《政府信息公开条例》进行了修订并予以实施，在这个背景下，这类公开义务主体的争议可能会较之过去有所减少，最高人民法院公布的十大政府信息公开案例中也没有选取这方面的案例。

（三）政府信息不存在告知方式的判决书说理

政府信息不存在告知方式是实践中行政机关经常使用的答复方式，也是实践中争议较多的领域，因为行政机关与相对人乃至法官之间信息严重不对称，行政机关容易用该答复方式规避公开义务。《政府信息公开条例》第三十六条第四项规定，经检索没有所申请公开信息的，告知申请人该政府信息不存在。对于这类信息公开行为的审查和文书说理，主要在于三个方面：一是政府信息是否应当存在，即根据行政机关的职责定位以及相应的事实根据，分析涉及的政府信息是否应当或可能存在，如果明显不可能存在则无过多分析的必要。二是如果应该存在，那行政机关答复不存在是否有事实依据，这个问题就转化为行政机关的检索义务，对于可能存在的政府信息，如果在适当范围内用适当方式进行查找为果，则可以答复不存在，并就检索查找的合理性进行说理。三是是否有证据证明存在，如果原告有证据证明政府信息实际存在，那就要对此进行说理，能否得出行政机关答复不存在缺乏事实依据或违法的结论。

在张某诉上海市规划和国土资源管理局信息公开案件中，[①] 张某向上海市规划和国土资源管理局申请获取“本市116地块项目土地出让金缴款凭证”政府信息。上海市规划和国土资源管理局在其档案中心以“缴款凭证”为关键词进行手工查找，未找到名为“缴款凭证”的116地块土地出让金缴款凭证的政府信息，遂认定其未制作过原告申请获取的政府信息，答复张某其申请公开的政府信息不存在。法院经审理认为：

> 原告申请公开的相关缴款凭证，应泛指被告收取土地使用权受让人缴纳本市116地块国有土地使用权出让金后形成的书面凭证。在日常生活中，这种证明缴纳款项凭证的名称或许为缴款凭证，或许为收据、发票等，并不局限于缴款凭证的表述。原告作为普通公民，认为其无法知晓相关缴款凭证的规范名称，仅以此缴款凭证描述其申请获取的政府信息内容的主张具有合理性。而与之相对应，被告系本市土地行政管理部门，应知晓其收取土地使用权出让金后开具给土地使用权受让人的凭证的规范名称，但在未与原告确认的前提下，擅自认为原告仅要求获取名称为缴款凭证的相关政府信息，并仅以缴款凭证为关键词至其档案中心进行检索，显然检索方式失当，应为未能尽到检索义务，据此所认定的相关政府信息不存在的结论，也属认定事实不清，证据不足。判决撤销被诉政府信息公开答复，责令被告重新作出答复。

这个文书说理不仅对申请内容是否清楚进行了说理，更描述了行政机关检索范围和方式的适当性标准，合情合理，充分展示了政府信息公开制度的目的和价值。

（四）不予公开告知方式的判决书说理

政府信息公开法律规范体系内，公开是原则，不予公开是例外，不予公

---

① 最高人民法院发布的十大政府信息公开案例之九。

开具有法定性。《政府信息公开条例》第五条规定，行政机关公开政府信息，应当坚持以公开为常态、不公开为例外，遵循公正、公平、合法、便民的原则。这就意味着，行政机关答复不予公开的，需要说明不予公开的理由，而不予公开的范围具有多层次性和丰富性，不同的不予公开理由对应不同的说理要求和标准。根据《政府信息公开条例》的规定，不予公开主要有这样几个情形：一是依法确定为国家秘密的政府信息，法律、行政法规禁止公开的政府信息，以及公开后可能危及国家安全、公共安全、经济安全、社会稳定的政府信息，不予公开。二是涉及商业秘密、个人隐私等公开会对第三方合法权益造成损害的政府信息，行政机关不得公开。但是，第三方同意公开或者行政机关认为不公开会对公共利益造成重大影响的，予以公开。三是行政机关的内部事务信息，包括人事管理、后勤管理、内部工作流程等方面的信息，可以不予公开。行政机关在履行行政管理职能过程中形成的讨论记录、过程稿、磋商信函、请示报告等过程性信息以及行政执法案卷信息，可以不予公开。同样是不予公开，强弱也有所不同，有的是应当不予公开，有的则是可以不予公开，这在分析说理的时候需要予以注意。

在公开的基本原则方面。在余某珠诉海南省三亚市国土环境资源局信息公开案件中，余某珠请求三亚市国土环境资源局公开搅拌站相关环境资料，包括：三土环资察函〔2011〕50 号《关于建设项目环评审批文件执法监察查验情况的函》、三土环资察函〔2011〕23 号《关于行政许可事项执法监察查验情况的函》、三土环资监〔2011〕422 号《关于三亚金冕混凝土有限公司海棠湾混凝土搅拌站项目环评影响报告表的批复》《三亚金冕混凝土有限公司海棠湾混凝土搅拌站项目环评影响报告表》。随后，三亚国土局作出《政府信息部分公开告知书》，同意公开 422 号文，但认为 23 号、50 号文系该局内部事务形成的信息，不宜公开；《项目环评影响报告表》是企业文件资料，不属政府信息，也不予公开。法院经审理认为：

> 原告请求公开之信息包括了政府环境信息和企业环境信息。对此，应遵循的原则是：不存在法律法规规定不予公开的情形并确系申请人自身之生产、生活和科研特殊需要的，一般应予公开。本案原告申请公开的相关文件资料，是被告在履行职责过程中制作或者获取的，以一定形式记录、保存的信息，当然

> 属于政府信息。被告未能证明申请公开之信息存在法定不予公开的情形而答复不予公开，属于适用法律法规错误。据此，判决撤销被告《政府信息部分公开告知书》中关于不予公开部分的第二项答复内容，限其依法按程序进行审查后重新作出答复。

应当指出的是，在案件裁判的当时，以公开为原则、不公开为例外的原则尚未成为成文法上的规则，只是到2019年5月，新修订的《政府信息公开条例》才确立了这一原则。可见，在当时，裁判文书说理紧紧把握政府信息公开制度立法目的和原意，分析解说法理，确立了公开为原则的规则。

在涉及商业秘密不予公开方面。在王某利诉天津市和平区房地产管理局信息公开案件中，[①] 王某利向天津市和平区人民政府信息公开办公室提出申请，要求公开和平区金融街公司与和平区土地整理中心签订的委托拆迁协议和支付给土地整理中心的相关费用的信息。2011年10月11日，和平区信息公开办将王某利的申请转给和平区房管局，由和平区房管局负责答复王某利。2011年10月，和平区房管局给金融街公司发出《第三方意见征询书》，要求金融街公司予以答复。2011年10月24日，和平区房管局作出了《涉及第三方权益告知书》，告知王某利申请查询的内容涉及商业秘密，权利人未在规定期限内答复，不予公开。法院经审理认为：

> 和平区房管局审查王某利的政府信息公开申请后，只给金融街公司发了一份第三方意见征询书，没有对王某利申请公开的政府信息是否涉及商业秘密进行调查核实。在诉讼中，和平区房管局也未提供王某利所申请政府信息涉及商业秘密的任何证据，使法院无法判断王某利申请公开的政府信息是否涉及第三人的商业秘密。因此，和平区房管局作出的《涉及第三方权益告知书》证据不足，属明显不当。

判决撤销被诉《涉及第三方权益告知书》，并要求和平区房管局在判决生效后30日内，重新作出政府信息公开答复。该案例说理紧紧围绕涉及商业秘

---

① 最高人民法院发布的十大政府信息公开案例之一。

密不予公开的法定条件和程序展开，有理有据，具有较强的说服力。涉及商业秘密信息认定和处理如此，涉及个人隐私的案件说理亦然。

在涉及内部管理信息不予公开方面。在张某军诉江苏省如皋市物价局信息公开案件中，[①] 张某军向如皋市物价局举报称，如皋市丁堰镇政府在信息公开事项中存在违规收费行为。该局接到举报后答复称，丁堰镇政府已决定将收取的31位农户的信息检索费、复印费共计480.5元予以主动退还，按照《如皋市物价局行政处罚自由裁量权实施办法》第九条第三项的规定，对其依法不予行政处罚。张某军向如皋市物价局提出政府信息公开申请，要求其公开如皋市物价局印发的皋价发〔2009〕28号《如皋市物价局行政处罚自由裁量权实施办法》。如皋市物价局答复称，该文件系其内部信息，不属于应当公开的政府信息范围，向原告提供该文件主文及附件《如皋市物价局行政处罚自由裁量权实施办法》，但未提供该文件的附件一（2）。法院经审理认为：

> 本案的争议焦点为涉诉信息应否公开。首先，行政机关进行行政管理活动所制作和获取的信息，属于政府信息。行政机关单纯履行内部管理职责时所产生的信息属于内部管理信息。如皋市物价局称其对丁堰镇政府作出不予处罚决定的依据即为“皋价发〔2009〕28号”文件，在相关法律法规对某些具体价格违法行为所规定的处罚幅度较宽时，该文件是该局量罚的参照依据。可见，涉诉信息会对行政相对人的权利义务产生影响，是被告行使行政管理职责过程中所制作的信息，不属于内部管理信息。其次，涉诉信息是如皋市物价局根据该市具体情况针对不同的价格违法行为所作的具体量化处罚规定，根据《国务院关于加强市县政府依法行政的决定》（国发〔2008〕17号）第十八条的规定，针对行政裁量权所作的细化、量化标准应当予以公布，故涉诉信息属于应予公开的政府信息范畴。再次，如皋市物价局仅向张某军公开涉诉文件的主文及附件《如皋市物价局行政处罚自由裁量权实施办法》，而未公开该文件的附件一（2），其选择性公开涉诉信息的部分内容缺乏法律依据。如

① 最高人民法院发布的十大政府信息公开案例之六。

> 皋市物价局应当全面、准确、完整地履行政府信息公开职责。

据此判决被告于本判决生效之日起十五个工作日内向原告公开“皋价发〔2009〕28号”文件的附件一（2）。在该裁判文书中，说理紧紧围绕内部管理信息的内涵以及法律价值展开，运用法律原理并援引政府政策文件进行充分说理，为行政机关准确完整履行信息公开义务确立了行为规范。

在涉及个人隐私裁量公开方面。在杨某权诉山东省肥城市房产管理局信息公开案件中，[①] 杨某权因向山东省肥城市房产管理局等单位申请廉租住房未能获得批准，进而申请公开经适房、廉租房的分配信息并公开所有享受该住房住户的审查资料信息（包括户籍、家庭人均收入和家庭人均居住面积等）。肥城市房产管理局答复了2008年以来经适房、廉租房、公租房建设、分配情况，并告知其中三批保障性住房人信息已经在肥城政务信息网、肥城市房管局网站进行了公示。一审法院经审理认为申请信息涉及个人隐私，不予公开并无不当。二审法院经审理认为：

> 《廉租住房保障办法》《经济适用住房管理办法》均确立了保障性住房分配的公示制度，《肥城市民政局、房产管理局关于经济适用住房、廉租住房和公共租赁住房申报的联合公告》亦规定，“社区（单位），对每位申请保障性住房人的家庭收入和实际生活状况进行调查核实并张榜公示，接受群众监督，时间不少于5日”。申请人据此申请保障性住房，应视为已经同意公开其前述个人信息。与此相关的政府信息的公开应适用《政府信息公开条例》第十四条第四款“经权利人同意公开的涉及个人隐私的政府信息可以予以公开”的规定。另，申请人申报的户籍、家庭人均收入、家庭人均住房面积等情况均是其能否享受保障性住房的基本条件，其必然要向主管部门提供符合相应条件的个人信息，以接受审核。当涉及公众利益的知情权和监督权与保障性住房申请人一定范围内的个人隐私相冲突时，应首先考量保障性住房的公共属性，使获得这一公共资源的公民

① 最高人民法院发布的十大政府信息公开案例之四。

> 让渡部分个人信息，既符合比例原则，又利于社会的监督和住房保障制度的良性发展。被告的答复未达到全面、具体的法定要求，因此判决撤销一审判决和被诉答复，责令被告自本判决发生法律效力之日起15个工作日内对杨某权的申请重新作出书面答复。该文书说理有效平衡公共利益和个人隐私保护的关系，围绕保障性住房的性质和功能分析涉案信息的性质，阐述了个人隐私与公开利益的关系，以及虽然涉及个人隐私仍需要裁量公开的考量因素，说理充分，有说服力。

（五）信息公开告知方式的判决书说理

政府信息公开案件说理除了上述实体性法律关系之外，还涉及一些事项的合法性审查和文书说理。这些事项主要包括公开内容是否与申请事项相对应、公开答复是否符合法定时限要求、公开方式是否与相对人要求相一致、公开的查询方式是否准确等。这些是行政机关依法履行政府信息公开义务的法定要求，说理必须紧紧围绕这些要求，比照法定条件和要求，阐述政府信息公开行为是否与法定要求相吻合。

这方面，在如果爱婚姻服务有限公司诉中华人民共和国民政部信息公开案件中，[①] 石家庄市如果爱婚姻服务有限公司请求民政部向其书面公开中国婚姻家庭研究会的社会团体登记资料、年检资料、社会团体法人登记证书及对中国婚姻家庭研究会涉嫌欺诈行为的查处结果。民政部接到如果爱公司的申请后，未在法定的15日期限内作出答复。在行政复议期间，民政部向申请人作出《政府信息告知书》，答复如果爱公司获取该政府信息的方式和途径，即登录中国社会组织网查询并附上网址。如果爱公司不服，提起行政诉讼。法院经审理认为：

> 民政部认定中国婚姻家庭研究会的社会团体登记情况、历年年检情况属于公开信息，并告知如果爱公司登录中国社会组织网查询。但通过前述网址查询到的内容显然不能涵盖如果爱

---

① 最高人民法院发布的十大政府信息公开案例之十。

> 公司申请公开的中国婚姻家庭研究会的社会团体登记资料、年检资料所对应的信息。对于中国社会组织网查询结果以外的，中国婚姻家庭研究会的其他社会团体登记资料、年检资料信息，民政部未在被诉告知书中予以答复，亦未说明理由，其处理构成遗漏政府信息公开申请请求事项的情形。同时，尽管民政部不保留登记证书的原件及副本，但作为全国性社会团体的登记机关，民政部应当掌握中国婚姻家庭研究会登记证书上记载的相关信息。民政部在未要求如果爱公司对其申请事项予以进一步明确的情况下，仅告知其不保留登记证书原件及副本，未尽到审查答复义务，予以纠正。民政部作出被诉告知书明显超过法定期限，且无依法延长答复期限的批准手续，民政部在复议程序中已经确认超期答复违法，予以确认。

该文书严格按照《政府信息公开条例》确立的履行答复义务的标准和程序，分析阐明了行政机关履行信息公开义务的不当之处，对行政机关是否充分履行告知义务进而完全尽到公开义务确立了明确的司法审查标准。

三、普通程序案件裁判文书说理

在诉讼法上，简易程序与普通程序的划分主要取决于案件难易程度、争议大小以及权利义务关系清晰程度等因素。这些因素也决定了，简易程序和普通程序裁判文书在说理中的要求有所不同，而且尽管简易程序与普通程序的适用在法律上具有一定的规范性，各有其适用的法定范围，但二者之间又存在一定的相对性，在说理的简易和复杂程度上并不是泾渭分明的关系。

（一）普通程序中简单案件说理参照简易程序说理模式

在简易程序和普通程序的区分上，法律采用的是列举可以适用简易程序的法定范围，除此而外应当适用普通程序审理。对于《行政诉讼法》第八十二条列举的几类案件，法律规定“可以”适用简易程序，并不是必须或者应当适用简易程序，在结合前面述及的简易程序适用中面临许多现实法律和实践困难导致适用效率较低的实际，实践中上述法定适用简易程序范围的案件实际上绝大多数还在适用普通程序进行审理。对这些事实清楚、争议不大、本该适用简易程序审理的案件，裁判文书按理说也应与之相适应，走繁简分流、简案简审、说理简洁明了的路径，但由于种种原因没有适用简易程序，而是适用了普通程序，并不意味着这些案件就此走上简案繁审的道路，在文书说理上仍然应当坚持与案件本身争议大小、事实清楚与否相适应，即使适用普通程序审理，因为本身属于简易程序适用范围且案件本身争议不大、权利义务较为清晰，所以文书说理自当相应简化，遵循简易程序案件文书说理的内在要求和规律，而不能被表面上适用“普通程序”表现所迷惑。

其实，本该适用简易程序审理的案件，不该因形式上适用普通程序审理而导致文书说理繁简失衡，而且还有本来就属于普通程序审理范围但由于案件本身很简单而不需要冗繁说理的案件。这是因为，简易程序适用范围具有法定性，列举不可能涵盖所有争议不大、权利义务关系较为清晰的领域，还有许多领域的案件由于法律列举的“挂一漏万”而走入了普通程度的路径。这些案件虽然不属于法定适用简易程序的范围，但在案件性质和争议本质上符合简易程序审理的内在标准，因此其审理和文书说理也可以参照简易程序案件的标准把握。比如，对于不予行政许可类案件，行政机关的不予许可决定很多并不是当场作出的，提起诉讼后如果发现案件事实很清楚，争议不大，由于不属于法定适用简易程序审理的范围，必须走普通程序进行审理，这种情况下的裁判文书说理应当与其案件性质相一致，即普通程序审理也可以简易说理。再比如治安行政处罚类案件，很多既不是当场作出的，也并非涉及款额2000元以下的，当事人之间争议却并不大，权利义务关系也很清晰，这时候裁判文书说理则不必拘泥于案件的审理程序形式。

此外，还有一些案件本该属于简易程序适用范围却又被法律排除简易程序审理的情形。这个时候，案件需要适用普通程序审理，说理相应地应当较之简易程序有所复杂，但本质上如果事实清楚、争议不大的，文书说理仍可以遵循简易程序案件文书撰写的内在规律和要求。比如，《行政诉讼法》第八十二条第三款规定，发回重审、按照审判监督程序再审的案件不适用简易程序。虽然说，发回重审、按审判监督程序再审的案件往往具有监督性和补救性的特点，审理应当更加慎重，从实体和程序方面更加注重公正性和可接受性，自然对说理的要求也相对更高，但对于符合法定适用简易程序范围的案件，说理是否必须长篇大论，则值得讨论。毕竟说理繁简与否并不完全取决于案件的审理程序，还是应当“透过现象看本质”，看案件本身争议的大小和复杂程度。正如简易程序案件也有需要充分说理的一样，发回重审和再审的案件中也难免会有事实并不复杂、争议并不是很大的案件，对这类案件尽管适用普通程序审理，但文书说理还是可以从简的。

（二）疑难复杂案件的说理要求

前面已经述及，疑难复杂行政案件的裁判文书必须详细说理，详细说理并不是无章可循的，而是有一定规律可循的，主要有以下几个方面。

1. 说理要体现行政行为合法性审查的全面性

《行政诉讼法》第六条规定，人民法院对行政行为是否合法进行审查。尽管行政诉讼是由原告的诉讼引起的，但行政诉讼作为一种国家权力制约另一种国家权力的平台，对行政权进行监督的味道较为浓厚，因而监督的范围和程度，既与原告诉讼请求的范围有关，原告主张的要重点关注与审查，又不完全受原告的主张和诉求所限，还具有全面审查性，即使原告没有提出相应的主张，法院仍然需要对行政行为的相应方面和内容进行审查，并根据案情在裁判文书中予以回应。这是行政诉讼全面审查原则在裁判文书说理中的要求和反映。

2. 说理体现行政诉讼证明责任分配的特点

行政诉讼区别于民事诉讼的重要特征，是行政诉讼的举证责任具有特殊性，即被告对被诉行政行为负举证责任，被告在法定举证期限内无正当理由未提供证据的，则视为被诉行政行为没有证据。因此，行政裁判文书说理，主要是说被诉行政行为是否合法之理，而被诉行政行为是否合法，又分为事实、法律、程序等多个板块，每个板块的说理都需要依赖一定的事实依据和证据支撑，而这个事实的证明责任和证据的举证责任都在行政机关一方，即被告有责任有义务证明自己所作出的行政行为证据充分、适用法律正确、程序合法，如果有一个方面不能证明合法正当，则可以推定行政行为不合法。因此行政裁判文书说理，主要说的是被诉行政行为是否合法之理，而是否合法之理，又重在被告是否对行政行为的合法性提供足够的证据和理由。正是被告在诉讼中证明责任的特殊性，体现了行政裁判文书说理的独特风格和逻辑。

当然，被告负证明责任是行政诉讼的一般规则，随着实践和理论的发展，这种规则也在发生演变。比如过去被告负举证责任，不区分作为类案件与不作为类案件，不论哪种类型的案件都由被告负举证责任，但随着理论和认识的深化，在行政争议实质性解决的背景下，不作为类案件的证明责任规则发生了潜移默化的变化，即原告应当证明自己提出过申请，且申请具有适法性的证明责任，只有原告申请且申请具有适法性、可得性的情况下，被告才负有回应和满足原告请求合法性的责任，如果原告没有证据证明提出过请求，或者提出的请求并非行政机关的职责范围，在这种情况下证明责任在原告，裁判文书的说理也应体现原告举证责任的规则。

3. 回应当事人和社会公众的疑问与诉求

这个要求在前面已有述及，在此不再展开论述。需要说明的是，许多重大疑难复杂行政案件，不仅当事人关注，社会也高度关注，而且与许多民事纠纷进入法院后才引起关注不一样，许多重大复杂行政案件在行政程序中已引起巨大关注，而且社会关注度本身在一定程度上还成为判断案件是否疑难复杂的重要指标。因而对于社会影响较大、社会关注度较高的案件，裁判文书说理，不仅要体现对行政行为全面合法性审查，还要涉及对当事人诉求和社会公众关注问题的回应，这是疑难复杂案件裁判文书说理的内在必然要求。

（三）复杂案件说理实例评析——以一起起诉新闻出版总署注销记者证案件为例①

案件的基本情况是：2014 年 6 月 20 日，广东省韶关市武江区法院作出刑事判决，其中认定：刘某某、胡某某两人在胡某某担任南方日报地方新闻中心主任助理兼南方日报记者期间，利用胡某某的职务便利，共同收取魏某共计人民币 31.5 万元，为魏某谋取利益，两人的行为均已构成受贿罪。两人还以非法占有为目的，伙同他人利用媒体采访新闻的权利，以所谓“新闻曝光”或删除处理网络信息为由，勒索他人财物共计人民币 17.8 万元，数额巨大，两人的行为又构成敲诈勒索罪。综上，法院最终判决刘某某犯受贿罪，判处有期徒刑十一年，并处没收财产人民币 10 万元；犯敲诈勒索罪，判处有期徒刑四年，并处罚金人民币 5 万元；决定执行有期徒刑十四年，并处没收财产

---

① 参见北京市第一中级人民法院（2016）京 01 行初 195 号行政判决书。

人民币10万元，罚金人民币5万元。刘某某不服，提出上诉。二审法院裁定驳回上诉，维持原判。基于上述事实，国家新闻广播部门于2015年6月25日作出本案被诉决定，决定将原告列入新闻采编不良从业行为记录，终身禁止从事新闻采编工作。原告不服申请复议。2016年1月19日，国家新闻广播部门作出被诉复议决定，认定被诉决定所称原告于“2011年6月至2012年4月任法治网广东频道主编”确与原告当时非新闻采编人员的身份不符，应予纠正。但根据生效判决，2011年6月至2012年4月期间，原告因从事违法新闻报道以收受他人贿赂并以新闻报道为由进行敲诈勒索的违法行为，被依法判处受贿罪和敲诈勒索罪。原告作为非新闻采编人员违法从事了新闻采编活动，被告依据生效判决认定的事实将其列入新闻采编人员不良从业行为记录并无不当。综上，被告决定维持被诉决定。刘某某不服，向法院提起行政诉讼。

这起案件属于新类型案件，列入不良记录名单的性质为何，是否可诉，有很大争议，又因涉及媒体监督和“删帖”等敏感事项，备受社会关注，直接涉及今后当事人行为规范和执法标准问题。

一审法院经审理认为：

> 本案审查的首要问题是被诉决定的性质问题，其不仅是审查被诉决定可诉性的基点，也是对被告作出被诉决定的职权和程序合法性进行审查的前提。
>
> 关于被诉决定的性质，从形式上看，被诉决定与行政处罚类似，但结合新闻采编从业行政许可管理制度的具体规定来看，本案被诉决定并不产生剥夺原告从事新闻采编工作资格的法律效果，故不应当属于行政处罚，具体理由在于：第一，从事新闻采编工作属于行政许可事项。对此，《国务院对确需保留的行政审批项目设定行政许可的决定》（国务院令第412号）的附件《国务院决定对确需保留的行政审批项目设定行政许可的目录》第333项明确规定了新闻记者证核发这一行政许可事项。同时，《新闻记者证管理办法》（新闻出版总署令第44号）第二条第二款规定，在中华人民共和国境内从事新闻采编活动，须持有新闻出版总署核发的新闻记者证。第二，被告作为新闻采编从业

行政许可的管理机关，有权对相关许可条件作出具体规定，且被告已在《新闻记者证管理办法》中作出具体规定。《国务院对确需保留的行政审批项目设定行政许可的决定》（国务院令第412号）规定，为保证本决定设定的行政许可依法、公开、公平、公正实施，国务院有关部门应当对实施本决定所列各项行政许可的条件等作出具体规定，并予以公布。《新闻记者证管理办法》（新闻出版总署令第44号）第九条规定了领取新闻记者证人员所需具备的条件，同时在第十条中规定了不发新闻记者证的人员范围，该条第（四）项规定："下列人员不发新闻记者证：……（四）有不良从业记录的人员、被新闻出版行政部门吊销新闻记者证并在处罚期限内的人员或者受过刑事处罚的人员。"此外，该办法第三十八条进一步规定，新闻记者因违法活动被吊销新闻记者证的，5年内不得重新申领新闻记者证，被追究刑事责任的，终身不得申领新闻记者证。第三，原告受到的刑事处罚致使其落入相关行政许可法律规范所确定的不予许可的人员范围，从而导致相关许可资格的丧失，即：从刑事处罚生效之日起，原告即已丧失了从事新闻采编工作的资格。被诉决定仅是对原告所处的既定法律状态进行阐明与告知，本身并不单独产生剥夺原告从事新闻采编工作资格之法律效果，故不属于行政处罚。

关于被诉决定的可诉性，如上所述，被诉决定并非行政处罚，而仅是对原告所处的既定法律状态予以确认与宣告。从形式上看，原告的诉讼请求为撤销被诉决定，但其实质是想推翻被告对于上述法律状态作出的确认，以此来厘清其在新闻采编从业行政许可事项上的行政法律关系。因此，本案诉讼本质上属于确认行政法上法律关系成立（不成立）的确认之诉。虽然我国现行《行政诉讼法》并未明确规定此类诉讼类型，但对于本案情形而言，司法审查的介入具有积极的意义，也符合我国现行《行政诉讼法》的立法宗旨，且能够得到具体法律条款的支撑，主要理由在于：第一，被告业已作出被诉决定，相关的行政争议已经出现，法院对于该行政争议的审查具有形式载体，此时司法审查的介入能够及时解决行政争议，这一点契合行政诉讼法解决争议的功能定位。第二，虽然被诉决定并不单独产生剥夺原告从事新闻采编工作资格的法律效果，但在欠缺确认法律关系诉讼类型的情况下，对此类行为进行监督，符合行政诉讼法解决行政争议的功能定位，也有利于构建我国行政诉讼无漏洞之权利救济制度体系。第三，《行政诉讼法》第十二条第一款第（十二）项规定："人民法院受理公民、法人或者其他组织提起的下列诉讼：……（十二）认为行政机关侵犯其他人身权、财产权等合法权益的。"如上所述，被诉决定实际上会对原告权益造成一定影响，原告提起本案诉讼具有值得保护的诉讼利益，将被诉决定纳入上述兜底性条款所确立的受案范围符合该条法律规定的立法本意。

关于被诉决定的合法性，结合各方当事人的诉辩主张，本院总结了三个方面的焦点问题。第一，关于被告作出被诉决定的职权。被告作为新闻采编从业行政许可的主管部门，有权在不违反上位法的情形下，采取适当的方式对新闻采编从业人员进行管理，以此来规范新闻采编行为，遏制新闻违法活动，建立健康有序的新闻采访秩序。如前所述，被诉决定并非行政处罚，仅是被告对原告所处的既定法律状态所进行的阐明与告知，该管理行为并未超出被告的职权范围。第二，关于被诉决定的程序，如前所述，被诉决定并非行政处罚，亦不单独产生剥夺原告从事新闻采编工作资格的法律效果，其不应适用行政处罚的相关程序要求。而且，被诉决定系对原告所处的既定法律状态的阐明与告知，对于此类行为的作出程序，尚无法律、行政法规或规章层面的强制性规定。被告制定的规范性文件《新闻采编人员不良从业行为记录登记办法》第九条规定了认定新闻采编不良从业行为记录的具体程序，被告作出的被诉决定也未违反上述规定。因此，对于原告提出的被告在作出被诉决定前未听取其陈述和申辩，构成程序违法之主张，本院不予支持。第三，关于被诉决定的事实认定及与之相应的法律适用，虽然被诉决定中认定的原告在2011年6月至2012年4月任法治网广东频道主编这一事实与客观情况不符，但被告已在被诉复议决定中予以纠正。同时，基于该事实认定的修正，被告在被诉复议决定中调整了相应的法律规范依据，即依据《新闻采编人员不良从业行为记录登记办法》第十六条之规定，基于原告作为非新闻采编人员违法从事新闻采编活动这一事实维持了被诉决定的认定结论。对于此类复议维持的案件，《最高人民法院关于适用〈中华人民共和国行政诉讼法〉若干问题的解释》第九条第二款规定，作出原行政行为的行政机关和复议机关对原行政行为的合法性共同承担举证责任。该规定确立了原行政行为与复议决定的一致性原则，即将原行政行为的作出程序和复议程序作为一个整体的行政程序来加以对待，即便复议决定调整了原行政行为的事实认定和法律适用，只要复议决定的结论是维持原行政行为，仍应以修正后的原行政行为作为审查对象。对于本案而言，虽然被诉决定在认定事实和法律适用方面存在不当之处，但被告在被诉复议决定中已进行修正，修正后的被诉决定认定事实清楚、适用法律正确。原告仍以被诉决定修正前的事实认定问题对其合法性提出质疑缺乏事实根据和法律依据，本院不予支持。此外，原告因犯受贿罪和敲诈勒索罪被判处刑事处罚系生效刑事判决所确立的事实，虽原告表示不服该刑事处罚且已提出再审申请，但这并不能否定法院生效刑事判决的效力，其对刑事处罚这一事实提出的异议不能成立，本院亦不予支持。

此外，《最高人民法院关于适用〈中华人民共和国行政诉讼法〉若干问题的解释》第九条第一款规定，复议机关决定维持原行政行为的，人民法院应当在审查原行政行为合法性的同时，一并审查复议程序的合法性。本案中，被告收到原告提出的复议申请后，在法定期限内作出被诉复议决定，且原告亦在庭审中明确表示对被诉复议决定程序的合法性不持异议，故依法对被诉复议决定程序的合法性予以确认。

对于该疑难复杂案件，该篇文书说理具有鲜明的特点：一是层次分明，由于本案既涉及程序上是否可诉的问题，又涉及实体上是否合法问题，而程序上是否可诉问题，又直接涉及行为性质认定问题，该文书依据三个争议焦点问题的内在逻辑顺序展开说理，很清晰；二是体现全面审查原则，既审查程序问题并说理，又审查实体问题，在审查实体问题时，贯彻行政诉讼全面审查原则，对被诉行为的合法性进行全面审查，对事实和法律以及程序问题进行了有针对性的审查和说理；三是繁简得当，对于当事人争议的三个焦点问题充分说理，不惜笔墨，而对于当事人没有争议的复议决定程序合法性问题，则一笔带过，直接予以确认。

第三节　审级程序与文书说理

裁判文书说理与案件审级呈正相关关系，审级越高裁判文书说理要求一般也越高。这并不是说审级低的裁判文书说理就无须高标准、严要求，而是在国家法律救济制度设计上，由于审级高，审级程序越往上，往往对裁判的功能和目标有更高的定位。这个更高的定位，在裁判文书说理上必然有不同的要求。在我国，审级程序主要分为一审、二审和再审程序，三个审级程序对应不同的诉讼定位，裁判文书说理上也有不同的定位和要求。由于后面第四章还要对一、二审程序中以裁判方式为分类，详细阐述说理的要素和要点，因而本节内容主要是提纲挈领的描述，审级程序不同对裁判文书说理的宏观影响，分门别类地分析具体裁判方式，可以详见下一章相关内容。

一、一审行政裁判文书的说理

一审程序是相对于二审程序、审判监督程序而言的。一审程序是人民法院审理行政案件最基本的程序，完整反映行政诉讼基本结构，在整个行政诉讼程序中占有十分重要的地位。“在这个诉讼程序中，第一审程序如果能够充分保障行政相对人的合法权益，独立公正的审理行政案件，必然会降低行政案件的上诉率、申诉率，同时避免再审程序的频繁启动，有利于节约司法资源，从而实现程序效益。"[①] 一审裁判文书作为一审程序的最终产品和成果，必然反映一审程序的特点和规律，也是实现前述一审程序功能的重要载体。

（一）一审程序文书说理的特点。

一审文书是一审程序结出的果实，必然带有一审程序的特点和味道。相较之二审程序和再审程序，一审文书具有如下特点。一是全面系统性。由于一审程序是最为完整系统的程序，作为一审程序产品的裁判文书也具有系统完整的特点，既有事实问题也有法律问题，既有行政程序问题也有行政实体问题，还有司法程序问题，每个方面和环节都涉及裁判的公正性、合法性和可接受性，因而，在当事人有争议的情况下都需要理由支撑。二是基础性。这是由一审程序在诉讼程序中的地位和作用决定的，一审程序对行政行为审查最全面，裁判文书说理理当把这种审查情况展示出来，为后续二审、再审程序做好铺垫。这就是说，如果一审程序文书说理性充分透彻，案件进入二审程序以及再审程序后，对于一审文书已阐明的裁判理由，且该理由并无不当的，二审或再审文书就可以适当简化或者直接表述认可，既可避免不必要的重复，也是裁判文书繁简分流的重要途径。三是具有特殊性。与二审、再审程序文书相比，一审文书特殊之处，还在于有一些独特程序的理由，必须在一审裁判文书中予以阐明。比如对调查收集证据的申请，原告原则上只能在一审程序中提出，如果申请不能成立，必须由一审程序来阐明。再比如，规范性文件一并审查请求，原告也必须在一审程序中提出，理由也必须由一审文书来阐明，二审和再审主要是对一审理由合法正当与否的审查，如无明显不当，直接认可一审文书理由即可。

（二）一审文书说理要点

一审文书主要包括一审行政判决书与一审行政裁定书，这两类裁判文书分别适用于作出实体判决和程序性驳回起诉两种情形，而这两种文书的说理后续第四章将分门别类进行阐述。

---

① 江必新、梁凤云：《行政诉讼法理论与实务》（下卷），北京大学出版社 2011 年版，第 762 页。

（三）实例展示与评析

在一起居民起诉区政府抗震加固行为案件中，[①] 一审法院围绕案件是否符合起诉条件以及被诉抗震加固行为是否合法等当事人争议较大的问题，展开了充分而有说服力的说理，因为篇幅较长，不再全文展示，这里只列出文书说理的一、二级标题，如果需要可以到中国裁判文书网上进行查询。一审法院经审理认为：

> 本案系因被告西城区政府对原告承租的房屋所在的黑窑厂西里4号楼进行抗震加固综合改造引发的行政诉讼案件。本院根据查明的事实，依据相关法律法规的规定，重点围绕各方当事人的争议焦点，就相关问题分别阐述如下：
>
> 一、关于原告起诉条件、本案涉及的主要法律规范以及各方当事人的争议焦点
>
> 第一，关于起诉条件……
>
> 第二，关于本案涉及的主要法律规范……
>
> 第三，关于本案的争议焦点……
>
> 二、关于黑窑厂西里4号楼4、5单元应否被纳入抗震加固综合改造范围问题
>
> 第一，关于黑窑厂西里4号楼4、5单元的建成时间……
>
> 第二，关于本市抗震加固综合改造对象的具体范围……
>
> 三、关于涉案《抗震鉴定报告》能否作为被诉行政行为的有效根据问题
>
> 第一，关于委托抗震鉴定的适格主体……
>
> 第二，关于抗震鉴定机构的选定……
>
> 第三，关于鉴定报告内容的准确性……
>
> 四、关于将黑窑厂西里4号楼4、5单元列入抗震加固综合改造范围是否符合相关程序规定问题

---

① 参见北京市第四中级人民法院（2017）京04行初910号行政判决书，该文书获得2018年度北京法院行政裁判文书一等奖。

第一，实施责任主体的确定……

第二，关于业主共同决定程序……

五、关于被告是否滥用了职权和被诉行政行为是否侵害了原告的合法权益问题

第一，防震减灾事关人民生命财产安全和经济社会发展全局，由于地震具有巨大破坏力，精准预测又有一定难度，因此对地震的预防至关重要，通过抗震加固综合改造提高城乡建筑物的抗震能力正是地震灾害预防的关键环节之一……

第二，对既有房屋建筑采取抗震加固措施，可能会给该房屋建筑的使用人带来不便，如在必要时需要使用人在施工期间搬出；也可能对房屋建筑所有权人带来影响，如实施加固后房屋建筑的结构、面积等可能有所变化。不过，必要的抗震加固所带来的不便和造成的影响显然不能等同于对房屋所有权人和使用人合法权益的侵害，毋宁说是为了保障所有权人和使用人的合法权益，尤其是其生命财产安全，而应当在一定限度内予以容忍的不便和影响。实际上，房屋建筑的抗震能力不足，不仅对该房屋建筑的所有权人和使用人的生命财产安全构成潜在威胁，也会对相邻房屋建筑的安全和不特定公众的安全构成潜在威胁……

六、关于对被诉行政行为合法性的评价及本案应当采取的判决方式

保护人民生命和财产安全，是人民政府及其相关部门开展防震减灾工作应当追求和实现的首要目标。对于人民政府及其相关部门为防御和减轻地震灾害而依法对既有房屋建筑采取的合法抗震加固行为，人民法院应当依法予以支持……

需要指出的是，涉案的抗震加固综合改造工作存在不严谨的情形……

另需指出的是，自古以来，地震这一自然灾害给人类带来了巨大的生命和财产损失。即便在科学技术日新月异、地震监测水平不断提升的今天，地震的潜在风险和威胁也远未消除。为了保护人民的生命和财产安全，人民政府及其相关部门自当

> 肩负起职责使命，依法做好各项防震减灾工作。同时，对于人民政府及其相关部门依法采取的防震减灾措施，任何单位和个人理应予以支持、配合，并负有依法参加防震减灾活动的义务。在此，本院希望全社会更加关注并积极参与防震减灾工作，为地震监测预报水平的提高、城乡建设和基础设施抗震能力的增强、应急救援机制的完善以及更加科学高效的防震减灾工作格局的形成作出努力和贡献。
>
> ……依照《行政诉讼法》第六十九条的规定，判决如下：驳回原告姜某秀的诉讼请求。

该文书说理全面、严谨，情理法相融合，既依法严格审查被诉行政行为的合法性，并展示了相应的认定理由，又有针对性地回应了原告的诉讼请求和理由。

二、二审裁判文书的说理

二审程序是上一级法院根据当事人的上诉，对下一级人民法院审结的尚未生效的行政裁判进行审理和裁判的程序。“第二审程序是一种裁判瑕疵的纠正程序，对于纠正法院裁判错误，保护当事人的合法权益，维护法律的统一适用具有重要意义。”① 由于我国实行四级两审终审制度，二审程序是终审程序，经过二审程序审结的案件即会发生终审的效果。因而，作为二审程序终端产品的裁判文书自然更具有权威性，其说理也会有不同于一审的特点和要求。

（一）二审程序文书说理的特点

在行政诉讼中，二审程序的功能和价值在于“通过二审程序纠正一审判决与裁定的错误，保证人民法院裁判的正确合法，保护公民，法人或者其他组织的合法权益，保障国家行政机关依法行使行政权。同时规定二审程序，

---

① 江必新、梁凤云：《行政诉讼法理论与实务》（下卷），北京大学出版社 2011 年版，第 911 页。

也便于上级法院监督和指导下级法院的审判工作，提高水平和办案效率，保证人民法院正确行使国家审判权”。[①] 作为二审程序结果的载体，二审裁判文书也具有相应的特点。一是递进性。二审程序是对一审程序的发展和继续，一审程序是二审程序的前提和基础。一审程序对证据和事实的认定，裁判文书载明的裁判结论及其理由说明，为二审程序及文书写作奠定了基础，如果没有特别的事由，或者当事人没有在二审程序中提出新的事实和理由，二审程序应当尊重一审程序认定的事实和理由。二是监督性。二审程序不仅是当事人救济的程序，也是上级法院对下级法院的监督程序。“第二审程序的设置使得当事人获得通过上诉到上一级法院寻求进一步救济的机会，从而使得行政裁判更为科学合理和正当。”[②] “就审判权而言，在第二审程序中，人民法院在特定情况下，不仅可以接纳新的证据和事实理由，而且还可以对第一审程序中的事实问题进行再次审理；就审判监督权而言，第二审程序可以就第一审程序作出的未生效的裁判进行复核，对第一审法院审理程序认定事实和适用法律的公正性进行监督。”[③] 二审裁判文书的说理，必然应当体现这两种权能的要求。

（二）二审裁判文书说理的要素

与一审裁判文书说理要素一样，后续第四章会分门别类地对二审文书说理要点进行详细阐述，这里不做过多的分析。需要注意的是，二审裁判文书说理要素，除了包含一审文书的各项要素外，还具有自己的独特要素。一是说理对象更丰富。一审文书说理主要对被诉行政行为的合法性而展开，而二审程序兼具审判权能和监督权能，审查对象除了被诉行政行为的合法性外，还有一审裁判是否正确，因而裁判文书说里除了要阐明被诉行政行为的合法性，还要回应一审裁判是否正确的疑问，对一审裁判是否合法正确予以理由说明。二是说理针对性更强。一审程序具有全面性，因而一审裁判对被诉行政行为合法性的审查和理由回应也更加全面，二审程序作为继续性的程序，主要针对当事人对被诉行政行为和一审裁判的质疑而展开，对于一审裁判理由无明显不当的，可以简略回应，对当事人二审程序提出的新的事实和理由，

---

① 胡康生：《〈中华人民共和国行政诉讼法〉讲话》，中国民主法制出版社 1989 年版，第 189 页。

②③ 江必新、梁凤云：《行政诉讼法理论与实务》（下卷），北京大学出版社 2011 年版，第 914 页。

以及一审裁判说理存有不当和需要补充的地方，二审文书需要强化说理。

（三）实例展示与评析

二审文书说理有其自身的特点，需要根据对一审裁判理由和结论的审查来确定说理的方向和重点。如果经审查一审判决理由和结论均无不当，且没有需要补充说理的地方，则二审文书说理和简化。

比如对于前述居民起诉区政府抗震加固行为一案的一审文书说理，结论正确，且说理全面、准确，则二审文书说理可以概括简写。该案提起上诉后，[①] 二审法院的文书是这样说理的：

> 根据《中华人民共和国行政诉讼法》第八十七条的规定，人民法院审理上诉案件，应当对原审人民法院的判决和被诉行政行为进行全面审查。本案被诉行为涉及抗震加固行为的合法性和正当性，事关社会公共利益，事关群众民生福祉，法律关系较为复杂，人民法院理当通过裁判文书阐明事理、释明法理、讲明情理，展示对被诉行政行为合法性的审查情况，提升裁判过程和结论的合法性、正当性和可接受性。同时，根据不同审级的特点和规律，裁判文书说理也应当繁简分流，对于本案这样当事人争议较大、法律关系复杂、社会关注度高的案件，应当强化一审裁判功能，提升一审裁判在定分止争、释法说理、服判息诉方面的有效性；对于二审来说，裁判文书既要体现对被诉行政行为和一审判决的全面审查，也要避免与一审裁判文书在说理上不必要的重复，重点针对上诉人的上诉主张和理由以及一审裁判文书说理不当或错误需要纠正地方强化说理，针对一审判决已经全面回应当事人诉讼意见、详尽阐述裁判理由，且理由并无不当，诉讼双方又无新证据、新理由的，可以简化释法说理。本案中，一审法院在详细分析阐述原告起诉条件、本案涉及的法律规范并总结当事人争议焦点的基础上，围绕黑窑厂西里4号楼4、5单元是否被纳入抗震加固综合改造范围问

① 参见北京市高级人民法院（2018）京行终2901号行政判决书。

题、关于涉案《抗震鉴定报告》能否作为被诉行政行为的有效根据问题、关于将黑窑厂西里4号楼4、5单元列入抗震加固综合改造范围是否符合相关程序规定问题、关于西城区政府是否滥用了职权以及被诉行政行为是否侵害了上诉人的合法权益问题、关于对被诉行政行为合法性的评价及本案应当采取的判决方式等五个方面进行了详尽的说理。这五个方面，涵盖了法院对被诉行政行为进行合法性审查的全部方面，也回应了上诉人所提出的所有请求和理由，既有实体方面，也有程序方面，既有事实认定方面，也有法律适用方面。而且，从这五个方面的阐述看，一审判决将事理、法理、情理有机融合，通过对当事人争议较大的涉案《抗震鉴定报告》有效性的分析，展示了案件事实认定的客观性和公正性，通过对黑窑厂西里4号楼4、5单元列入抗震加固综合改造范围以及程序是否合法的分析，展示了裁判所依据的法律规范及在本案中适用该法律规范的正当理由，通过对被诉行政行为合法性的综合评价，展示了法、理、情相结合的裁判基调。不仅如此，一审判决的说理和论证，还深刻体现了行政审判解决行政争议、监督行政机关依法行使职权、保护相对人合法权益的宗旨和目的，既阐明了被诉行政行为符合合法性和正当性的基本要件，还客观指出本案被诉行政行为存在的瑕疵和不足，为行政机关今后的执法指明方向，又本着有效化解行政争议、实质性保护相对人合法权益的精神，指出被诉行政行为对上诉人具有授益性，存在的瑕疵和不足尚不足以导致认定被诉行政行为违法或撤销被诉行政行为，体现了对被诉行政行为有理、有力、有节的监督理念。而且，在本案中，上诉人提出的上诉主张和理由，没有超出一审程序中提出的主张和理由，一审判决对这些主张和理由均已作了详尽的分析和回应，且释法说理合法正当。综上，一审判决对被诉行政行为合法性的审查和评价说理充分、结论正确，本院经审查确认一审判决驳回上诉人诉讼请求具有合法性和正当性，上诉人的上诉主张不能成立，并不再进行重复说理。据此，依据《中华人民共和国行政诉讼法》第八十九条第一款第（一）项的规定，判决如下：驳回上诉，维持一审判决。

如果二审是改判一审结论的，则说明二审对一审文书说理也是不认可的，这时候，二审文书说理就应当更加翔实、充分。比如在一起备受社会关注的涉及骗取节能补贴规制的行政案件中，[①] 二审法院经审理改变了一审的理由和结论，二审文书就重点结合需要改变的地方进行说理。二审文书围绕是否存在“明显不当”展开说理的：

> 本院认为本案被诉行政行为在以下方面涉及上述规范性文件的相关规定：
>
> 第一，关于抽样核查方式。按照335号文第三条“监管核查内容”的规定，监管核查包括三个环节，即生产环节、流通环节、消费者环节。对生产环节，核查生产企业推广产品的期初库存、当期生产和出货等有关情况；对流通环节，核查销售企业推广产品的期初库存、当期生产和出货等有关情况，其中对一级销售商的推广信息情况进行全面监管，对其他销售商的推广信息情况进行抽样核查，抽取比例为年度推广量的20%左右；对消费者环节，核查节能产品消费者信息真实性，采取抽样核查方式，抽取比例为5%～10%。一审判决认为对生产环节所应采取的核查方式无强制性要求，抽样比例超过5%即具有合理性。本院认为该规范性文件对其他核查对象规定可以抽样核查而对生产企业没有规定可以抽样核查，并且核查的全面性和比例数是随着从生产企业到消费者的发散而逐步递减的，对不同的对象核查方式的不同要求是明确的，即使考虑核查数据量大的情况也不能得出对生产企业的核查可以采用小于消费者和销售商的抽样比例的结论。因此，一审判决上述认定不当，被诉行政行为采用的抽样核查方式不符合335号文的规定。
>
> 第二，关于省级工信部门的核查结果。335号文第四条“监管核查程序”中规定，省级工信部门会同相关部门组织相关

① 参见北京市高级人民法院（2017）京行终1661号行政判决书。

机构对本辖区内节能产品销售情况进行核查，根据核查要求对销售网点保存的消费者资料进行核查，对消费信息采取入户调查、电话回访等多种方式进行核查；对本地区生产企业的推广产品信息管控方案及其实施情况进行监管；并将有关核查、监管结果上报工信部。工信部根据省级工信部门和第三方机构核查结果审核确认企业推广节能产品数量。按照上述规定，省级工信部门的核查结果应当作为工信部审核确认的依据。本案中，工信部仅依据第三方机构核查结果作出审核确认，未提供省级工信部门核查结果的相关证据，因此其对第三方机构核查结果的采用具有片面性，不符合335号文的规定。一审判决认为，工信部可以用企业最大可能推广量乘以企业推广信息真实率的公式计算出核定结果，本院认为该公式计算法并无依据，导致运用该公式计算出的本案空调推广量为零的结论明显不当。

第三，关于第三方机构核查。335号文第四条“监管核查程序”第（三）项规定，“第三方机构根据工业和信息化部下达的核查任务及要求，对生产及销售企业（不含销售网点）的生产、销售、采购、财务等信息核查，确定企业节能产品库存、生产及出货数量”。首先，本案被诉核查结果依据的是对生产企业提供的增值税发票的核查结论，欠缺销售企业信息核查的证据，与上述规定不符。其次，本案核查显示的生产量是有一定数量的，对所抽查的增值税发票的真实性亦未予否定，采取“票据与数据完全一致”作为唯一判定标准的核查操作方法失之简单，未能全面反映企业推广节能产品的有关情况；再次，缺乏比较平衡，当核查结论与实际情况明显不符时，未综合考虑其他核查情况，也未考虑其他进一步核查的方法，核查操作方法的简单与核查结论的重大影响之间不成比例。

第四，关于信息与数据的真实准确问题。按照260号文规定，推广企业将销售、安装及用户信息及时录入“节能产品惠民工程”信息管理系统，于月度终了后10日内将月度推广报告上报财政部、工信部；工信部会同财政部组织有关第三方机构对推广情况进行审核。335号文规定，生产企业是确保节能产品推广信息真实准确的责任主体。生产企业应当对自身生产和销售环节加强管理与控制，会同销售企业对上报的节能产品推广信息的真实可靠性负责。本案涉及授益性行政行为，在利益授予时问题一般不会暴露，而在利益收回时争议容易突显，因此，对授益性行政行为设定合理、合法、精细的程序尤为必要，一方面可以规范授益方行政裁量权，另一方面可以引导受益方诚信行为，以利于防范和解决争议。本案中，在企业申报和资金发放的利益授受过程中对信息管理系统数据申报的真实有效性及资金发放与领取的多少各方均未有异议，争议出现在此后的核查清算程序中，争议之大，折射出事先规范与防范严密程度的不足。另一方面，企业申领补助资金，应当遵循诚信原则，××空调公司应当对其上报的节能产品推广信息的真实性负责，其负责的数量范围应与其实际取得的补助资金量相对应。就本案而言，申报与核查各自存在缺陷的责任区分与平衡问题，本院认为如果企业申领节能产品推广财政补助资金存在不诚信行为，“节能产品惠民工程”各有关主管部门可以在其权限范围内依法处理，但惩罚性的行政处罚行为已超越本案范围，本案应限于工信部对企业推广节能产品数量的审核确认行为。基于上述分析判断，本院认为，由于核查方式存在不当之处，工信部确认××空调公司节能产品推广量为零，明显不当。

三、再审程序文书的说理

再审程序，对应的是《行政诉讼法》上的审判监督程序，二者之间的关系学界有所讨论。主流观点认为，“审判监督程序主要是从监督人民法院生效裁判或者其他法律文书的角度而言的，再审程序则是从包括人民法院在内的诉讼主体参与诉讼的角度而言的，是一个问题的两个方面。当然审判监督程序的提法和我国诉讼法律具有较强的职权主义有较大的关系，从长远来看，审判监督程序作为独立程序的意义不大，采取再审程序的提法可能更能反映再审程序的诉讼性质”。[①] 再审程序裁判文书说理也体现和反映再审程序的特点和规律。

（一）再审程序文书说理的特点

与一审、二审程序相比较，再审程序有自身鲜明的特点，具体到裁判文书说理上，也有自身的特点。一是监督性。与一审、二审文书不同，再审文书说理应当体现鲜明的监督性，即对一审、二审裁判公正合法与否进行监督并说明理由，因而再审程序文书说理的重点在于原审生效裁判结论是否合法妥当。二是针对性。与一审、二审审查范围及说理要求不同的是，再审程序审查范围和说理重点更有针对性，主要针对申请再审人的再审审查理由进行审查和说理。这与再审程序功能主要在于纠正错误裁判，做好当事人服判息诉工作有关。三是理由法定性。由于再审程序的启动，具有终局性、谨慎性和不得已而启动的特点，因而再审的启动和裁判理由具有法定性，只有符合法律规定的情形，才可以启动再审，再审裁判的理由也必须紧紧围绕这些法定的理由而展开。

（二）再审程序文书的说理要素

再审程序是一种特殊救济程序，因而其文书说理也具有特殊性，其中层次性就是突出特点。再审程序文书包含是否符合再审条件的再审申请审查程序文书和原审生效裁判是否错误的再审裁判文书。这两类文书针对的事项不同，审查的要点也不相同，相应地，裁判文书说理要素自然也迥然有别。

对再审申请审查程序的文书来说，审查的重点是申请人的申请理由是否符合法定启动再审的条件，因而文书说理主要回应再审申请人的再审申请理由是否成立。需要注意的是，由于再审申请审查程序与再审程序，并不是一个程序，而且重点并不相同，前者其实是后者的“门槛”程序，前者更强调程序味道，因而对待再审生效裁判是否正确的问题，再审申请审查文书难免会涉及，尤其是决定启动再审的案件文书也难免会涉及实体问题，但由于裁定再审后还有更加严格严谨完整的再审程序，因而裁定再审的文书虽然对实

---

① 江必新、梁凤云：《行政诉讼法理论与实务》（下卷），北京大学出版社 2011 年版，第 937 页。

体问题有所涉及，且有一定态度，但需要谨慎，留有余地，给再审程序留下足够的审查空间，尊重再审程序的独立性和完整性，因而即使是裁定启动再审的案件，文书说理也需要点到为止，不可过分涉及再审程序的审查重点，避免导致让后续再审程序流于形式。对于再审程序文书来说，说理的重点在于原审生效裁判是否确有错误，并对再审申请的理由予以回应。回应和说理的要素就是《行政诉讼法》第九十一条所规定的几种情形，[①] 围绕该规定的标准展开对照性说理。

（三）再审程序文书实例评析

对于裁定驳回再审申请和再审维持原判情况下的裁判文书说理，由于是对原生效裁判的维持，因此一般情况下说理与原生效裁判保持一致或有所补充，即使在原审裁判结论正确、理由不当的情况下，也只涉及对理由的调整和校正，在此不再单独举例说明。

裁定再审案件的说理。对于裁定再审的案件，文书说理又根据案件实际情况有两种写法，一种是确定案件需要进入再审程序，但有关事实和法律问题尚需要进入再审程序调查和裁量的，则文书说理点到为止，为再审裁判留出空间。比如在一起治安拘留处罚案件中，[②] 对于当事人是否构成“情节较重”需要再审程序进行严格审查，因此裁定书说理是这样的：

> 根据该规定，公民扰乱公共场所秩序，且情节较重的，给予五日以上十日以下拘留。本案中，大兴分局以王某某扰乱公共场所秩序为由对王某某作出治安拘留五日的行政处罚。王某某提起诉讼后，二审法院作出的生效判决认为被诉治安处罚决定认定王某某“扰乱该地区正常公共场所秩序”的事实成立，但并未审查认定王某某的行为是否构成“情节较重”的事实。

---

① 《行政诉讼法》第九十一条规定：“当事人的申请符合下列情形之一的，人民法院应当再审：（一）不予立案或者驳回起诉确有错误的；（二）有新的证据，足以推翻原判决、裁定的；（三）原判决、裁定认定事实的主要证据不足、未经质证或者系伪造的；（四）原判决、裁定适用法律、法规确有错误的；（五）违反法律规定的诉讼程序，可能影响公正审判的；（六）原判决、裁定遗漏诉讼请求的；（七）据以作出原判决、裁定的法律文书被撤销或者变更的；（八）审判人员在审理该案件时有贪污受贿、徇私舞弊、枉法裁判行为的。”

② 参见北京市高级人民法院（2016）京行申859号行政裁定书。

因此，原审生效判决存有漏审和事实不清的地方。综上，王某某请求对本案进行再审的主张成立，本院应予支持。王某某请求撤销一、二审判决和被诉治安处罚决定的主张，应由再审程序依法处理。

但是，如果再审审查程序对再审事由已有较为清晰明确的判断，则在文书说理中应当对再审给予指引，明确再审规则，防止再审程序“流于形式”。比如在一起备受关注的养老保险待遇争议案件中，[①] 二审文书说理就对再审审理标准给出了明确的指引：

《社会保险法》第十六条规定，参加基本养老保险的个人，达到法定退休年龄时累计缴费满十五年的，按月领取基本养老金。根据该规定，参加基本养老保险的个人，达到法定退休年龄和累计缴费满十五年，是按月领取基本养老金的必要条件，这也意味着达到这两项条件之时即为按月领取基本养老金的起始支付时间，法律法规有特别规定的除外。《北京市基本养老保险规定》第二十二条第一款“被保险人符合下列条件的，自劳动保障行政部门核准后的次月起，按月领取基本养老金”规定中，“劳动保障行政部门核准”只是办理退休的程序性环节，本身并不是对按月领取基本养老金实质条件的改变。本案中，王某某于 2012 年 11 月达到法定退休年龄，累计缴费满十五年，且并无证据证明王某某具有不应领取基本养老金的其他情形，因而，即使王某某的退休核准行为作出于 2016 年 7 月，亦不能否定王某某于 2012 年 11 月已经符合按月领取基本养老金的事实。因此，被诉核准行为认定王某某退休时间为 2012 年 11 月并确定 2016 年 7 月为按月领取基本养老金的起始时间，在无其他正当理由的情况下，拒绝发放未办理退休核准手续期间的基本养老金，属于适用法律不当，原审生效判决驳回王某某的诉讼请求亦构成适用法律错误。王某某的再审申请，符合《中华

① 参见北京市高级人民法院（2016）京行申 1514 号行政裁定书。

人民共和国行政诉讼法》第九十一条第（四）项的规定，本院应予支持。

再审撤销原判案件的说理。再审撤销原判的案件，往往事实和法律争议较大，原审生效判决存在错误，因而说理要求标准高，不仅要回应再审申请人的理由何以成立，还要分析论证原审裁判理由和结论何以错误，需要给出充分而明确的理由。比如在一起备受关注的收回土地使用权案件中，最高人民法院再审撤销原审生效判决并确认被诉行政行为违法，其中确立了土地征收补偿的许多新规则，说理透彻清新，为当事人及社会主体提供了类似行为的规范指引，取得了特别好的效果。该案文书说理是这样的：

有征收必有补偿，无补偿则无征收。为了保障国家安全、促进国民经济和社会发展等公共利益的需要，国家可以依法收回国有土地使用权，也可征收国有土地上单位、个人的房屋；但必须对被征收人给予及时公平补偿，而不能只征收不补偿，也不能迟迟不予补偿。通常，征收决定应当包括具体补偿内容，因评估或者双方协商以及其他特殊原因，征收决定未包括补偿内容的，征收机关应当在征收决定生效后的合理时间内，及时通过签订征收补偿协议或者作出征收补偿决定的方式解决补偿问题。征收补偿应当遵循及时补偿原则和公平补偿原则。国家因公共利益需要使用城市市区的土地和房屋的，市、县人民政府一般应按照《国有土地上房屋征收与补偿条例》（以下简称《征补条例》）规定的程序和方式进行，并应根据《国有土地上房屋征收评估办法》和《城镇土地估价规程》等规定精神，由专业的房地产价格评估机构在实地查勘的基础上，根据被征收不动产的区位、用途等影响被征收不动产价值的因素和当地房地产市场状况，综合选择市场法、收益法、成本法、假设开发法等评估方法对被征收不动产价值进行评估，合理确定评估结果，并在此基础上进行补偿。对国有土地上房屋所有权人补偿内容已经包含了国有土地使用权补偿的，对同时收回的国有土地的土地使用权人不再单独给予补偿。对被征收不动产价值评估的时点，一般应当为征收决定公告之日或者征收决定送达被征收人之日。因征收人原因造成征收补偿问题不合理迟延的，且被征收不动产价格明显上涨的，被征收人有权主张以作出征收补偿决定或者签订征收补偿协议时的市场价格作为补偿基准。被征收人对征收补偿决定或者征收补偿协议所确定的补偿金额和其他内容有异议的，可以依法提起行政诉讼。征收机关依法办理相关提存等手续并书面告知被征收人领取补偿款项、使用安置房屋等内容的，被征收人无法定正当理由拒绝领取的，征收机关对诉讼期间被征收财物价格上涨而形成的损失不承担补偿责任。

本案中，因实施道路建设改造工程的需要，太原市政府与相关职能部门可以依法收回国有土地使用权，但应当遵循法定的程序和步骤并应依法及时解决补偿问题。在本案中，太原市政府收回安业公司拥有使用权的749.5平方米土地时，既未听取安业公司的陈述申辩，也未对涉案土地的四至范围作出认定，尤其是至今尚未对安业公司进行任何补偿，不符合《中华人民共和国土地管理法》第五十八条、《中华人民共和国物权法》第四十二条第三款、《中华人民共和国城市房地产管理法》第六条以及《征补条例》第八条、第十三条、第二十七条等规定的精神，依法应予以撤销。但考虑到相关道路建设改造工程确属公共利益需要，因此根据《中华人民共和国行政诉讼法》第七十四条第一款第一项规定，对太原市政府以《通告》形式收回安业公司749.5平方米国有土地使用权的行政行为应确认违法。今后如因道路建设改造实际使用安业公司相应土地，安业公司有权主张以实际使用土地时的土地市场价值为基准进行补偿；安业公司也有权要求先补偿后搬迁，在未依法解决补偿问题前，安业公司有权拒绝交出土地。①

---

① 参见最高人民法院（2016）最高法行再80号行政判决书，载《最高人民法院公报》2017年第1期。

该文书说理篇幅不算长，但明确了征收补偿的原则、内容和标准，具有很强的实践指导意义。

第四节 特殊程序与文书说理

行政诉讼特殊程序，并非行政诉讼法典意义上的标准用语，而是相对于行政诉讼一般程序而言的，具有一定特殊性的程序，这种特殊性也是镶嵌在一般程序之中的。特别是2014年修正的《行政诉讼法》，确立了与修正前《行政诉讼法》不一样的程序设计，这些程序设计都有其独特的价值考量和功能定位，成为行政诉讼制度变革的重要亮点以及实践中的热点。

一、行政诉讼中的特殊程序

（一）特殊程序的内涵

前文述及行政诉讼特殊程序，是相对于一般程序而言的。行政诉讼一般程序脱胎于民事诉讼一般程序，因而具有共通性，而行政诉讼中有一些独特的程序设计，是民事诉讼一般程序所不具有的，因而具有相对特殊性。根据2014年修正的《行政诉讼法》，这种特殊程序主要包括复议维持双被告程序，民事争议一并审理程序规范性文件一并审查程序等。[①] 这些程序呈现出如下几个特点：一是这些程序都是2014年修正的《行政诉讼法》的产物，具有鲜明的时代特点，是伴随着国家治理体系和治理能力现代化改革进程而产生的，都是为了解决行政诉讼制度在新时代遇到的新情况和新问题应运而生的；二是这些程序都立足于行政争议化解的有效性，不论是规范性文件一并审查、复议维持双被告，还是民事争议一并审理，都在强化行政审判化解纠纷方面的功能作用，前者是在行政诉讼制度内部的结构性深化，后者是对行政诉讼和民事诉讼交叉案件的结构性调整，目标都在于提升法院在化解争议方面的

---

① 《行政诉讼法》中还有一类特殊程序，即检察机关公益诉讼程序，这类程序更为复杂。为研究方便并结合实务总结，本书未将检察公益诉讼程序纳入研究范围。

有效性和协同性；三是这些程序都是实体性程序，都有赖于本诉的适法性，都需在诉讼本身成立的情况下才得以存在和适用，如果当事人的诉本身不成立，即不符合起诉条件，则这三类程序也没有适用的空间和可能，因此，这三类程序体现出较强的实体规制的路径和特色。

（二）特殊程序的类型

根据《行政诉讼法》以及本书的研究范围，这里主要介绍如下三类特殊程序。

1. 规范性文件一并审查程序

规范性文件是指规章以下由行政机关制定、发布的具有普遍约束力并且能够反复适用的决定、命令。我国规范性文件具有数量庞大、制定主体广泛、规范层级多样化、质量良莠不齐的特点，上至国务院部门、下至乡镇政府均有制定规范性文件的权力，各主体法律能力和水平差异显著。有的规范性文件存在越权制定、违反上位法、相互矛盾冲突、随意对行政相对人限制权利或创设义务等现象。基于规范性文件普遍和反复适用的特点，这些消极影响具有广泛性和持续性，对公民、法人及社会组织的权利义务产生巨大影响。在2014年《行政诉讼法》修正之前，规范性文件的监督主要通过《立法法》有关法律审查、备案制度实现的；《行政复议法》为规范性文件一并审查打开了大门，[①] 但由于复议公信力、专业化不足等诸多原因，导致该项制度也并未完全激活。正是基于上述的现实需求，修改后的《行政诉讼法》将规范性文件纳入司法审查范围，这意味着司法权对行政权监督的广度和深度进一步加强，也意味着人民法院实质性化解行政争议的追求和决心，更意味着行政诉讼从个案救济到规则引领的职能拓展。

2. 民事争议一并处理程序

行政争议与民事争议的交织在行政诉讼中屡见不鲜，例如在涉及行政许可、登记、征收、征用和行政裁决的行政案件中，经常涉及婚姻继承、合同、侵权等相关民事争议。以往处理民行交叉问题，特别是一案裁判须以另一案裁判为依据时，通常采取中止本案、等待另一案裁判结果的方式。“分而治之”审理模式，虽然基于民事审判和行政审判的异质性，最大限度地尊循不

---

① 具体参见《行政复议法》第七条。

同诉讼类别的规律，有利于发挥不同审判组织的专业优势。但浪费审判资源、影响司法效率、导致循环诉讼、增加当事人诉累、难以避免判决结果冲突的弊端亦逐渐显现。因此《行政诉讼法》确立了相关民事争议一并审理制度，优势在于：对法院而言实现诉讼程序经济效益最大化，避免裁判结果冲突；对当事人而言有利于争议实质性、一次性化解，避免在民事与行政审判程序中来回“翻烧饼”。

3. 复议维持双被告程序

复议维持双被告是基于“行政统一性”理论，为解决行政复议长期存在的维持率高、纠错率低的现实问题而作出的制度安排。当复议机关作出维持决定时，使其与原行为作出机关一道作为行政诉讼被告，接受司法的监督和评价。通过“司法倒逼”的方式敦促复议机关审慎维持、积极纠错，从而进一步激活复议机关内部监督和争议化解职能，促进复议和诉讼的良性衔接，形成制度合力。

二、规范性文件一并审查的说理

按照逻辑顺序，法院对规范性文件一并审查主要包括两个层次：一是是否符合一并审查条件的判断，二是对规范性文件是否合法以及相应法律后果的判断。因此，规范性文件一并审查的说理也应当从这两方面展开。

（一）是否一并审查的说理

这里展现的是对原告的诉讼请求是否符合规范性文件一并审查条件的判断过程。从《行政诉讼法》及司法解释的相关规定来看，符合规范性文件一并审查条件的说理一般涉及以下几个要素：（1）提出方式，规范性文件审查必须是公民、法人或其他组织对行政行为提起诉讼时一并请求，且被诉行政行为是依据该规范性文件作出，单独提出规范性文件审查人民法院不予受理；（2）提出对象，基于一并审查的要求规范性文件的审查法院应当是行政行为案件的管辖法院，只要符合前述的“一并”提起，应当不存在管辖错误的问题；（3）提出时间，规范性文件一并审查应当在一审开庭审理前提出，以利于尽快锁定原告的诉讼请求，便于被告有针对性的准备答辩以及人民法院安排开庭工作。但有正当理由的，也可以在法庭调查中提出，这里要求法院基于生活经验和逻辑规律对“正当理由”进行识别，例如被诉行为作出时未指出、错误指出或未全面指出其依据的规范性文件，导致原告在一审开庭前无法获知等。

（二）规范性文件合法性的说理

这里展现的是法院对规范性文件是否合法以及如何适用的判断过程。当然规范性文件有效性是合法性审查的前提，在行政行为作出时已经废止失效的规范性文件不能作为行政行为的依据。对规范性文件是否合法主要从以下几个方面进行论证。（1）职权方面。即被诉规范性文件是否属于制定机关的职权范围，这里既要考量制定机关的法定职权，也要考量法律、法规及规章对制定机关的专门授权；既要考量行政机关成立时的“三定方案”，也要考量多年形成的行政惯例和通行做法。（2）依据方面。即规范性文件的制定是否具有法律、法规、规章等上位法依据，在无上位法依据时是否存在增加行政相对人义务或减损行政相对人合法权益的情形，是否存在与上位法的精神、目的、原则及规则相抵触、相冲突的情况。（3）程序方面。即规范性文件的制定是否履行了法定程序，在没有相关法律规定时是否履行了批准、对外公开发布等最低限度的程序要求，符合基本的程序正义原则。

在杨某某诉北京市通州区台湖镇人民政府一案中，①原告针对《困难补助实施意见》第五条、《医疗补助实施意见》第六条规定的“在中心镇建设及2011年15个村拆迁工作中未签订拆迁协议（包括已签约但未按规定拆除地上物）的住户不享受此政策”提出一并审查请求。法院通过审查上位法依据并结合立法目的，认为被诉规范性文件的相关条款不能作为被诉行为的合法性依据。文书是这样说理的：

> 根据《困难补助实施意见》及《医疗补助实施意见》第一条的规定，台湖镇政府对辖区内的居民给予困难补助和医疗补助的目的在于进一步提高居民健康水平和生活质量，切实缓解和解决“因病致贫、因病返贫”问题，但《困难补助实施意见》第五条、《医疗补助实施意见》第六条将签订拆迁补偿协议

① 参见北京市通州区人民法院（2015）通行初字第106号行政判决书。

作为获得困难补助和医疗补助的前提条件，该规定并无相应的法律依据，并且也与《困难补助实施意见》《医疗补助实施意见》的制定目的相悖，故台湖镇政府依据《困难补助实施意见》第五条、《医疗补助实施意见》第六条未向杨某某一户支付困难补助和医疗补助的行为不妥，因杨某某与刘某某均已死亡，台湖镇政府应当向其亲属支付7676元困难补助和31888元医疗补助。

在对合法性作出评价后，人民法院要在裁判理由中直接阐明是否作为行政行为合法性依据。但值得注意的是，目前而言，对规范性文件不合法性的评价限于个别条款，法院不能在判决中径行宣布规范性文件无效或废止，而是以司法建议的方式推动规范性文件的修、改、废。同时，对规范性合法性的论证却不拘泥于条款本身，应当运用目的解释、体系解释等多种方法进行综合判断。

三、民事争议一并审理的说理

按照《行政诉讼法》及司法解释的相关规定，民事争议一并审理采取的是“合并审查、分别裁判”的方式，[①] 因此，法院对该类案件的说理涉及三个部分：一是不予准许一并审理的说理；二是民事裁判的说理；三是行政裁判的说理。这里要说明的是，当民事裁判作为行政裁判的先决条件时，行政裁判的说理可以直接将民事裁判的认定结果作为事实依据，无须再行论证，除此之外行政裁判的说理参照前文所述的一审裁判说理，这里不再赘述，仅对前两部分进行分析。

（一）不予准许一并审理的说理

民事争议一并审理程序的启动包括法院依职权决定启动，也包括法院依当事人申请准许启动。对于后一种情形，当人民法院经审查认为不符合民事

① 参见郭修江：《一并审理民行争议案件的审判规则——对修改后的行政诉讼法第六十一条的理解》，载《法律适用》2016年第1期。

争议一并审理条件的应当作出不予准许决定，该决定应对不予准许的理由进行说理，并告知当事人可以主张权利的其他渠道。上述理由主要涉及如下内容。（1）是否有法律规定应当由行政机关先行处理。例如，《森林法》第十七条规定，单位之间发生的林木、林地所有权和使用权争议，由县级以上人民政府依法处理。个人之间、个人与单位之间发生的林木所有权和林地使用权争议，由当地县级或者乡级人民政府依法处理。当事人对人民政府处理决定不服的，可以在接到通知之日起 1 个月内，向人民法院起诉。（2）是否有违反民事诉讼法专属管辖规定或者协议管辖约定的情形，如《民事诉讼法》第三十四条第一项规定，因不动产纠纷提起的诉讼，由不动产所在地人民法院管辖。（3）是否存在约定仲裁或者已经提起民事诉讼的情形，根据《民事诉讼法》和《仲裁法》的规定，有效的仲裁排除法院管辖；同时，对于已经提起民事诉讼的应尊重既已行使的程序选择权，不适于再行一并审理。（4）是否存在违反法律关于民事争议一并审理的其他规定的情形，如争议性质上民事争议与行政争议是否具有关联性；提出时间上，是否在一审开庭前提出，法庭调查中提出的是否具有正当理由等。

（二）民事裁判的说理

民事裁判的说理要参照民事诉讼法以及其他民事法律规范的相关规定，对此行政法官的知识和经验尚需要进一步积累。这里仅提出若干说理要点。第一，与行政诉讼的不同，民事诉讼通常不需要进行全面审查，而是仅仅围绕当事人的诉讼请求展开，依据起诉意见归纳争议焦点。第二，说明认定的事实和适用的法律，并充分阐述理由。第三，作出判决结果，明确涉案民事权利义务的归属和变动，对民事法律关系予以确认。第四，要明确诉讼费用的承担，并说明依据和理由。

四、复议维持双被告的说理

复议维持双被告案件的审查，首先涉及的基础性问题是对复议“维持”和“改变”的认定，在属于复议维持双被告情形的情况下，对原行政行为和复议行为作出合法性评价。

（一）是否属于复议维持双被告情形的说理

复议对原行为是“维持”还是“改变”是该类案件的基础性问题，复议制度中有关决定方式的规定与《行政诉讼法》衔接不畅一定程度上造成了“维持”和“改变”的认定困难。对复议“维持”的说理，应当论证属于以下几种情形：（1）行政复议机关认为原行为事实清楚、证据确凿，适用依据正确，程序合法，内容适当的，决定维持；（2）申请人认为行政机关不履行法定职责申请行政复议，行政复议机关受理后发现该行政机关没有相应法定职责或者在受理前已经履行法定职责的；（3）复议机关改变原行政行为所认定的主要事实和依据、改变原行政行为所适用的规范依据，但未改变原行政行为处理结果的；（4）复议机关以违反法定程序为由确认原行政行为违法的；（5）行政复议决定既有维持原行为内容，又有改变原行为内容或者不予受理申请内容的。前两种情形均为复议机关对原行为进行了全面的肯定性评价，后三种情形，虽不是完全的维持，但基于“行政统一性”原则及审理的便宜性也“视同维持”，将复议机关列为共同被告。

比如在芦某家诉北京市朝阳区政府一案的再审裁定书中，[①] 法官针对复议维持原行为情况下法院如何确定审查焦点的问题进行了透彻的说理：

> 复议机关作共同被告的情况下，审理的焦点通常仍会指向原行政机关的行政行为或者不作为。这是因为维持原行政行为的复议决定并没有施与当事人新的权利义务，可能对当事人权益造成侵害的，实质上仍是原行政机关的行政作为或不作为。本案中，北京市政府针对再审申请人作出的复议决定内容是驳回行政复议申请，因此虽然经过复议程序，但复议机关没有作出影响再审申请人权利义务的新的实质性的决定，此情况下，如果对再审申请人的合法权益构成侵害，也只能是由原行政机关拒绝履行法定职责而引起的。再审申请人提出本案诉讼，核心诉求也正是要求人民法院判令原行政机关履行法定职责。

---

① 参见最高人民法院作出的（2016）最高法行申 2738 号行政裁定书，载李广宇：《理性诉权观与实质法治主义》，法律出版社 2018 年版。

（二）复议维持双被告合法性的说理

对复议维持双被告的说理一般包含两个部分：一是对原行为合法性的评价，二是对复议行为合法性的评价。（1）当复议行为完全维持原行为的情况下，可以视为复议机关对原行为在职权行使、事实认定、法律适用、程序选择、裁量权运用等方面作出了一致的意思表示，因此只需对原行为合法性进行全面论证，对复议行为的合法性只聚焦于复议程序即可。在此情况下，复议决定的合法性一般基于原行为的合法性，原行为合法的，一并判决驳回当事人的诉讼请求；原行为违法的，对原行为和复议决定一并判决撤销（或确认违法或无效）。只有当原行为合法而复议程序违法时，判决驳回原告对原行为的诉讼请求，同时撤销复议决定（或确认违法或无效）。（2）当复议行为对原行为进行了修正时，根据“统一性原则”，此时的审理对象应当确定为“被复议决定修正了的原行为”，如果经审查认为这种修正是正确的，应当判决驳回诉讼请求；如果经审查认为复议决定的修正违法，一并撤销符合法理，但如确已查明原行为合法，可撤销复议决定（或确认违法或无效）同时驳回原告针对原行为的诉讼请求，以促进争议的一次性解决，避免循环诉讼。

比如在A公司诉北京市东城区社会保险基金管理中心、北京市东城区人力资源和社会保障局社会保险稽核行为及行政复议行为一案中，[①] 针对复议修正原行政行为后审理对象的确认问题是这样说理的：

> 本案焦点一，关于基本医疗保险欠缴时间段的认定问题。本院认为，根据《北京市基本医疗保险费申报缴纳管理暂行办法》第八条、第九条以及《关于调整基本医疗保险费征缴时间的通知》的规定，北京市基本医疗保险费征缴时间在2001年4月至2009年5月期间为当月征当月，在2009年5月以后为当月征上月。本案中，由于A公司在2006年6月至2007年3月和2011年7月至2011年9月期间未如期到东城社保中心办理焦某财的社保缴费手续，故焦某财的基本医疗保险欠缴时间应为

① 参见北京市东城区人民法院（2018）京0101行初224号行政判决，获评北京市法院2018年度行政审判一等奖裁判文书。

> 2006 年 6 月至 2007 年 3 月和 2011 年 7 月至 2011 年 9 月，其他四险的欠缴时间为 2006 年 5 月至 2007 年 2 月和 2011 年 7 月至 2011 年 9 月。32 号责缴通知书将基本医疗保险欠缴时间段认定为 2006 年 5 月至 2007 年 2 月和 2011 年 7 月至 2011 年 9 月，认定事实有误。但是 1 号复议决定将基本医疗保险欠缴时间段予以了正确的修正，明确了基本医疗保险欠缴时间为 2006 年 6 月至 2007 年 3 月和 2011 年 7 月至 2011 年 9 月。根据原行政行为与行政复议行为的统一性原则，在行政复议决定改变了原行政行为认定事实的情况下，法院的审查对象为以行政复议决定的形式体现出来的原行政行为的合法性。经审查，本院认为，1 号复议决定认定的基本医疗保险欠缴时间段是正确的，故对原告的此项诉讼理由，本院不予支持。

该文书说理较好地体现了《行政诉讼法》确立的复议维持双被告制度的立法初衷和精神，展示了“行政统一性原则”，即对于行政复议决定在修正原行政行为内容基础上维持原行政行为的，“不是将复议决定和原行政行为作为两个相互孤立的行政决定进行审查，而是将二者‘合二为一’，这时所审查的原行政行为实际上已经是经过复议决定修正之后的行政行为”。①

① 最高人民法院行政审判庭：《最高人民法院行政诉讼法司法解释理解与适用》（下），人民法院出版社 2018 年版，第 628、629 页。

第四章　行政裁判文书说理：以行政裁判方式分类为视角

任何案件，诉讼程序终结的载体，都是裁判文书。“有法律而无相关判决，犹如仅有骨骼而无肌肉。”① 行政诉讼中，记载案件处理实体和程序问题的裁判文书，即是诉讼程序的最终产品。裁判文书说理的要素包罗万象，很重要的方面是需要与其裁判方式相吻合和适应。本章侧重从行政裁判方式的视角，分析研究不同裁判方式所对应的说理要点和方法，以期按照现行法律框架内所有类型的裁判方式，探索各自的内在构成要件，为实务中适用此类裁判方式提供说理上的指引。

第一节　行政裁判方式类型与说理

行政裁判方式在法律中的条文数量并不多，但作为诉讼案件处理结果的载体，适用的情形特别丰富。也就是说，行政裁判方式的涵盖性特别强，不仅要与行政管理行为类型的复杂多样相适应，还要与当事人纷繁复杂的诉讼请求相呼应，同时还必须与法院审判程序和裁判标准相统一。

一、行政裁判方式的范围与类型

行政诉讼裁判方式，是指人民法院审理行政案件，对所涉及的实体问题及程序问题所作的处理。从性质上来说，行政裁判是法院行使行政审判权的表现和结果，存在于每一起行政诉讼案件之中。

---

① 转引自王泽鉴：《比较法与法律之解释适用》，载《民法学说与判例研究》（第2册），中国政法大学出版社1996年版，第43页。

（一）关于行政裁判方式范围的争议

行政裁判方式在法律上没有确定的规范概念，理论和实践中存在广义和狭义之分的区别和分歧。狭义的行政裁判方式，包括行政判决书和行政裁定书。前者是指人民法院审理行政案件，在审理终结时，根据案件所查明的事实，适用法律法规及司法解释，对案件的实体问题进行处理的方式；后者是指人民法院在审理行政案件过程中，根据查明的事实，适用法律法规和司法解释，对案件程序问题进行处理的方式。广义的行政裁判方式，既包括行政判决、行政裁定，还包括行政诉讼过程中的程序性决定，即行政诉讼决定。所谓行政诉讼决定，是指人民法院为了保障行政诉讼过程顺利推进，对行政诉讼过程中出现的特殊事项或者当事人提出的特殊请求所作出的处理方式。可见，行政诉讼决定所要解决的问题，既非行政判决所要解决的案件实体问题，也非行政裁定解决的案件程序问题，而是解决行政诉讼过程中的特殊事项和请求的。根据《行政诉讼法》并结合审判实践，行政诉讼决定一般适用在如下几种情形：一是对当事人提出的回避申请作出是否准许回避的决定；二是对妨害行政诉讼正常进行的行为采取强制措施的决定；三是对行政诉讼过程中诸如延长审理期限、减免诉讼费等其他一些程序事项作出的决定。与狭义范围相比，广义的行政裁判方式将行政诉讼决定纳入其中，是从较为宽泛的意义上理解和解释行政裁判方式的结果，在一定程度上也是目前学术界的普遍共识。比如马怀德主编的《行政法与行政诉讼法》① 和胡建森主编的《行政诉讼法学》② 是行政诉讼法学研究的经典教材，都将行政诉讼过程中的持续性决定纳入了行政裁判方式加以研究。

受研究框架和旨趣的影响，以及重点阐述行政裁判文书说理方法的研究需要，本书研究的行政裁判方式，是狭义意义上的行政裁判方式，即只研究行政判决书和行政裁定书的说理方法问题，而对行政诉讼过程中处理程序性问题的决定，不纳入本书行政裁判文书说理的研究范围。

（二）行政裁判方式的基本类型

事物的类型化，与划分的标准有关，不同的划分标准，往往会形成不同

---

① 马怀德：《行政法与行政诉讼法》，中国政法大学出版社 2007 年版，第 439 页。

② 胡建森：《行政诉讼法学》，法律出版社 2004 年版，第 222 页。

的类型。行政裁判方式作为行政案件的最终处理方式，具有多样性和丰富性，不同的标准会形成不同的类型。

1．行政裁判方式的基本类型

根据《行政诉讼法》的规定和行政诉讼法学理论研究的成果，按照不同的划分标准，行政裁判方式主要有这样几种类型：

根据裁判方式的审级，行政裁判方式可以分为一审行政裁判方式和二审行政裁判方式，即一审行政判决书和裁定书、二审行政判决书和裁定书。前者是人民法院依据一审程序作出的行政判决或裁定，后者是人民法院依据二审程序作出的行政判决和裁定。在再审行政案件中，还有再审裁判方式，这个程序之所以没有单列，因为一般情况下，再审程序不是适用一审程序，就是适用二审程序，当然，再审裁判方式有自身的独特性，后文也将就此展开论述。

按照裁判方式的性质，可以分为行政判决书和行政裁定书。这是根据案件裁判内容的不同，分别适用的与争议问题相适应的处理方式。前文已作相应分析，在此不再赘述。

按照裁判方式的内容，可以分为形成判决、确认判决和给付判决。这是根据行政判决的类型和效力对应的规则，作出的划分。形成判决，又称为权利变更判决，行政法律关系会因此发生、变更或消灭。确认判决，是就某个行政行为的法律效果进行评价和确认的判决方式。给付判决，是责令负有义务一方履行义务的判决方式。

2．本书研究的范围

行政裁判文书说理的研究，与行政裁判方式密切相关，但不可能按照每一种判决类型全面研究说理问题，否则不仅不必要，而且极易导致重复问题，因为不同划分标准之间难免存在交叉和混同。考虑到本书第三章已就审级说理问题予以分析论述，本部分研究的基本立足点，是基于裁判方式的性质，即从行政判决书和行政裁定书的分类角度，论述相应的说理规范。

二、行政裁判方式与文书说理

行政裁判方式与裁判文书说理息息相关，裁判方式是内容，文书是形式，形式应当为内容服务，与内容相适应。裁判方式的性质决定文书说理的内在要求和外在形式。

（一）行政裁判方式决定文书说理的方向

行政裁判方式的选择，取决于法院裁判案件的程序和实体选择。不同的裁判方式，决定了裁判说理内容和方向不同地位。行政裁判方式主要分为行政判决和行政裁定，这两类裁判方式，决定了裁判文书说理的方向。

行政裁定书，由于处理行政案件的程序性问题，因此，说理主要应当围绕案件的诉讼程序性事项展开。在行政诉讼制度中，作为案件处理结果的行政裁定书，主要适用于案件受理环节的不予受理裁定，案件受理后经审查仍不符合受理条件的驳回起诉的行政裁定，当事人申请撤回诉讼时人民法院作出的是否准许的行政裁定，等等。对于这类案件，裁判文书说理自然应当围绕当事人的起诉是否符合起诉条件，以及当事人申请撤回起诉的情况下，说明当事人申请撤回起诉是否是当事人的意思表示以及是否侵害国家利益、公共利益以及他人的合法权益。

行政判决书，由于处理行政案件的实体问题，因此，说理主要应当围绕行政行为的合法性以及当事人的诉讼请求是否应当得到支持来展开。一般来说，对于行政行为的合法性审查，主要从法定职责、事实认定、法律适用和执法程序以及裁量是否适当等方面来进行，行政判决书作为记录和展示合法性审查情况的载体，自然应当围绕行政行为的这些实体问题展开。这与行政裁定书说理的方向，存在明显的不同和区别。

此外，行政判决书是诉讼程序的结果，行政裁定书一般也是诉讼程序结束的载体，但行政裁定书的适用范围更广泛一些，不仅有结论性的程序处理事项，还有中间程序性的处理事项，比如中止诉讼的行政裁定。更为特殊的，是行政裁定书还处理非诉讼事项，即对非诉行政执行案件，行政机关申请人民法院强制执行的，人民法院经审查，如果申请执行的行政行为不合法，应当裁定不准予执行，如果申请执行的行政行为不存在明显重大违法的情形，则应当作出准予执行的行政裁定。处理诉讼程序性事项和非诉讼程序性案件，同样是行政裁定书，说理的方向也是迥然相异的。

（二）行政裁判方式决定文书说理的范围

行政裁判文书类型多样，不同类型的文书，说理范围和内容有着不同的内在规定性。行政判决书和行政裁定书性质不同，说理范围自然也不同。这个不同，除了前面述及的说理方向的区别之外，还有包含与被包含的差异。这就是，行政裁定书说理，只需要涉及案件处理程序问题，不可能也不需要涉及案件的实体合法性评价问题，如果行政裁定书评价了行政行为的合法性，那么这个行政裁定书就是一个越权的裁定。而行政判决书则不同，固然行政行为合法性是行政判决说理的主要内容，但是实践中很多案件，争议焦点不局限于实体问题，往往在程序问题上也会有巨大的争议。这个情况下，尽管案件最终是通过行政判决的方式实体处理，但是，由于裁判文书说理需要回应当事人的诉求和围绕争议焦点展开，因而可以在行政判决书中就程序性事项进行说理，即在行政判决书中可以阐述本属于行政裁定书解决的程序性事项。

比如，在王某德诉乐山市人力资源和社会保障局工伤认定案中，[①] 四川省乐山市市中区人民法院于2013年9月25日作出（2013）乐中行初字第36号判决，撤销被告乐山市人力资源和社会保障局于2013年4月10日作出的乐人社工时〔2013〕05号《中止通知》。法院生效裁判认为：

> 本案争议的焦点有两个：一是《中止通知》是否属于可诉行政行为；二是《中止通知》是否应当予以撤销。
>
> 一、关于《中止通知》是否属于可诉行政行为问题……因此，被告作出《中止通知》，属于可诉行政行为，人民法院应当依法受理。
>
> 二、关于《中止通知》应否予以撤销问题……因此，被告依据《工伤保险条例》第二十条规定，作出《中止通知》属于适用法律、法规错误，应当予以撤销。另外，需要指出的是，在人民法院撤销被告作出的《中止通知》判决生效后，被告对涉案职工认定工伤的程序即应予以恢复。

在这份行政判决书说理中，法院回应案件争议焦点的时候，不仅回应行

---

① 第69号指导案例：王某德诉乐山市人力资源和社会保障局工伤认定案，最高人民法院审判委员会讨论通过，2016年9月19日发布。

政行为实体审查的争议，还围绕案件在是否符合起诉条件上进行审查和说理，在一定程度上，后一个问题还是该案的核心争议，也是该案具有重要指导意义的核心价值。而这个问题，即该案被诉的中止通知书是否属于可诉的行政行为，换句话说是否属于对当事人的权利义务产生实际影响的行为，本质上属于审理程序性问题，则是该案争议的前提性和核心性的焦点，理当成为该案判决书说理的重点。

（三）行政裁判方式影响文书说理的重点

行政判决书与行政裁定书的划分，对文书说理方向和范围有直接的重要影响，同时也对文书说理的重点也具有内在规定性。具体来说，一方面，在说理的对象上，行政判决书重点在于分析行政行为的合法性和当事人诉讼理由的适法性，行政裁定书重点在于分析当事人诉的适法性，涉及受案范围、原告主体资格、被告适格、起诉期限等等方面；另一方面，在说理的方法上，按照《行政诉讼法》的规定，行政判决书说理需要回应行政行为合法性，即使发现行政行为某一个环节和方面违法，一般也需要对行政行为进行全面审查和评价。而行政裁定书说理，对于涉及案件处理程序性的事项，只要发现有一个不符合法定条件，一般就可以作出判断并据此作出裁定。

此外，行政判决书都是经过庭审程序作出的，未经开庭审理对案件事实进行举证质证和陈述辩论，不得作出行政判决。而行政裁定书则不一定经过庭审程序，根据《行政诉讼法》的规定，对于经过阅卷、调查和询问当事人，不需要开庭审理，就可以直接判断不符合起诉条件的，则可以径行裁定驳回起诉。这个差异，也决定了裁判文书说理的重点是不同的。

第二节　一审行政判决书说理

在我国行政诉讼制度中，行政诉讼类型化是通过判决方式类型化体现出来的，[①] 因而不同的判决方式对应理论和制度上需要解决的不同问题，与不同的诉讼请求相适应。2014 年修正的《行政诉讼法》相较之过去的《行政诉讼

---

① 郭修江：《行政诉讼判决方式的类型化》，载《法律适用》2018 年第 11 期。

法》，对判决方式和类型做了较大的调整，不仅取消了过去屡遭诟病的维持判决方式，使行政判决回归司法的本质属性，而且相应补充完善了新的判决方式，比如无效判决、给付判决，还在一定程度上对过去已有的判决方式内涵进行了调整，在撤销判决中增加了明显不当的情形，在确认违法判决中增加了程序轻微违法的情形。这些制度上的变迁和调整，对相应的判决说理都有直接乃至决定性的影响。

一、一审行政判决说理的总体要求

行政判决是人民法院处理案件实体问题的载体，因而在说理方面自然应当体现实体处理的精神和要求。根据不同类型判决的适用范围和条件，讲好符合不同判决类型的理由和道理。

（一）说理要与判决类型相吻合

由于行政行为类型具有多样性，当事人提出请求具有丰富性，行政诉讼类型也呈现出多样性。行政诉讼针对行政行为类型和当事人请求的性质，将诉讼划分为不同类型，并为不同类型设置不同的“处方”，即针对不同情形适用不同行政判决。在我国，源于西方纯理论上的诉讼类型化并没有上升为法律制度，因而西方类型化理论只具有理论上的参考性，而我国独特的诉讼类型化，实质上是行政判决方式的类型化，即通过判决方式的类型化，反向分析诉讼的类型化。即使通过司法解释在一定程度上明确了诉讼请求的类型化，[①] 但由于判决方式具有法定性，其中有一些诉讼请求并没有与之相适应的判决类型，导致这些诉讼请求容易存在虚置的危险。比如，对于规范性文件一并审查的诉讼请求，由于在判决方式和受案范围上均没有此种诉讼类型，因此当事人可以提出此诉讼请求，但法院在判决中并没有与之相匹配的判决类型，而只是说理一部分而已，并不能直接通过规范审查之诉和判决来解决

---

① 根据《最高人民法院关于适用〈中华人民共和国行政诉讼法〉的解释》第六十八条的规定，行政诉讼法第四十九条第三项规定的“有具体的诉讼请求”是指：（1）请求判决撤销或者变更行政行为；（2）请求判决行政机关履行特定法定职责或者给付义务；（3）请求判决确认行政行为违法；（4）请求判决确认行政行为无效；（5）请求判决行政机关予以赔偿或者补偿；（6）请求解决行政协议争议；（7）请求一并审查规章以下规范性文件；（8）请求一并解决相关民事争议；（9）其他诉讼请求。

问题。

这种判决方式的类型化，决定了每一种判决方式对应解决某一种或某一类诉讼请求和行政行为，而且不同诉讼请求和行政行为，在法院审查时具有不同的规律和要点，而这种审查上的差异性，既反映了不同诉讼请求和行政行为的内在本质，又通过判决的方式体现出这种质的规定性。判决说理，只有与判决类型以及此类判决所要解决的问题相适应，与所要回应的诉讼请求相吻合，这样的说理才是适当的、有效的说理。

（二）说理既要讲行政行为合法性之理，也要讲原告诉讼请求是否得到支持之理

在传统行政诉讼模式下，行政诉讼只审查被诉行政行为的合法性，而缺乏对当事人诉讼请求和理由的审查和回应。这也是行政诉讼虽然以保护行政相对人合法权益为根本目的，却在诉讼过程和裁判文书中忽略原告诉讼请求的重要原因。这种理念和实践、制度和操作上的张力，被解释成原告一般处于弱势地位，因而行政审判通过只审被告不审原告的方式，来寻求实质上的平等。这种认识有一定的道理，也成为行政诉讼区别于民事诉讼的重要方面。与民事诉讼围绕当事人的诉讼请求进行审查相比，行政诉讼只需要当事人把诉讼程序启动，法院就可以按照自己的意志和想法加以审查并作出裁判，裁判回应的往往也是行政行为是否合法，与原告的主张和诉求似乎并无直接关系。这种思路和观念，支撑了行政诉讼的成长和进步，为塑造行政审判的独特个性也发挥了巨大的作用。但是，从目前行政审判面临的上诉申诉率高、服判息诉率低的困境，绝大多数情况下案件实体裁判没有问题，当事人之所以不服，在于判决往往“冷落了”原告，对于原告的诉求没有进行回应，本来原告作为诉讼程序的启动主体，在诉讼中应当具有主体性的地位，但其诉讼请求被晾在一边。裁判说理不予回应原告诉讼理由的做法，无法有效吸纳原告的不满，释放原告的疑惑。因此，判决书说理改进的方向，不仅要讲行政行为是否合法的道理，还要回应当事人的诉讼请求和理由，只有二者兼具，行政审判的职能作用才算充分发挥，也才能给启动行政诉讼的原告一个法律上的说法。

（三）说理既要贯彻全面审查原则，又要突出重点，围绕争议焦点展开

行政诉讼的突出特点是合法性审查，既与原告有关，由原告启动审查，又似乎与原告无关，原告只是提供合法性审查的机会和违法性的线索，法院既依诉请也依职权对行政行为进行全面审查。这就是说，行政行为合法性审查一般包括五个方面，即法定职责、事实认定、法律适用、执法程序和裁量适当性。不论原告起诉的理由是认为被诉行政行为存在上述一个或两个乃至全部问题，法院都需要展开全面审查，即使是当事人没有主张乃至无异议的方面，如果法院经审查发现存在明显合法性问题，同样不能放过。这就导致法院在庭审和判决书写作中容易对上述五个方面进行全面审查并均匀着墨，以此体现对行政行为的全面审查。这种文书说理的模式，本身并没有什么错误的地方，将行政行为合法性审查的方面进行全方位的展示，有利于看清行政行为合法性构成。但是，诉讼毕竟是两造对抗，当事人的主张也有主有次，在许多案件中并不是当事人对行政行为合法性的五个方面都有异议。在大多数情况下，对于当事人双方没有争议的合法性审查方面，固然需要在裁判文书中表述，但没有必要长篇大论展开论述，更不能与当事人有争议乃至争议较大的合法性审查环节的说理充分性相提并论。这就是说，合法性审查既要全面，又要区别对待，突出重点和争议焦点，对当事人没有争议，且法庭也未发现有明显违法和不当的地方，无须费太多笔墨，经审查予以确认即可。判决书说理将心思和笔墨主要放到合法性审查存有疑问和当事人争议的焦点环节，辨法析理，回应当事人的争议和合法性审查疑问。只有这样主次分明、突出重点、回应焦点的说理，才是质量高、回应性强、效果好的文书说理。

（四）说理既要尊重行政自主性，又要有目标意识，突出行政争议的实质性解决

行政审判，是一种权利救济机制。这种救济机制是通过相对人提起审查之诉，法院监督行政机关是否依法履行职责、行使权力来实现的。由于行政权与司法权天生具有相连性，尽管二者权能职责不同，但是都承担法律实施、维护法律权威的职能，而且行政权有其自身所独有的一些裁量性、政策性、自主性空间，司法权理当对这些空间予以尊重，而不可逾越边界侵犯行政权的自主性，因此，司法权对行政权的监督，并不是只有监督，而是有内在要

求的，即必须在尊重基础上监督。在我国行政主导的治理模式下，司法权对行政权的尊重，不仅有理论上的支撑，在实践中其实展现得更为到位。在裁判方式上突出表现在两个方面，一个是在撤销判决的适用上，当撤销判决同时加判重做的情况下，一般只笼统地判决行政机关重新作出行政行为，而不直接判决行政机关如何重新作为。另一个是在履行判决的适用上，一般只宏观、原则性地判决行政机关履行职责，而对行政机关如何具体履行职责往往留有余地，给行政机关留有充分的自由裁量空间。表现在说理上，文书往往也只是阐明为何撤销重做以及为何要履行职责，而对于如何重做以及如何履行职责，往往只提供宏观指引，而不作具体限定。这种说理止于概括判决的方式，固然不能说判决是违法或错误的，在很多情况下，案件也的确需要行政机关另行调查和裁量，法院如此概括判决也是合情合理的，但是在许多司法能作出判断，行政机关已不存在调查裁量空间的情况下，说理和裁判止于概括判决，即使不是错误的，也是不到位的，因为没有给予当事人充分有效的救济，很多情况下还导致行政机关重新作出行政行为后反复诉讼，增加诉累，也不利于法律关系的及时稳定，也在一定程度上稀释了行政审判的司法权威。

因此，行政判决书说理的改进，既要尊重行政机关的自主性，恪守司法权的合理边界，彰显司法权的谦抑性，又要注意把行政审判职能作用发挥到位，把相对人的合法权益保障到位。特别是对于当事人的请求理由成立，行政机关亦无裁量余地的情形，判决书说理不应止于概括性，而应更进一步给行政机关下一步作为给出明确而清晰的指示，既便利行政机关履行职责，更可以为当事人提供及时高效的救济，有效扭转行政诉讼程序空转的困境。

比如，在一起备受法律界好评的工伤认定案件中，法院经审理认为受伤职工符合法定视同工伤的条件，判决撤销不予认定工伤的决定，并责令人社部门认定工伤。[①] 法院文书说理如下：

> 需要特别指出的是，被告甘肃人社厅在本次重新进行工伤认定时，应当对其所调查收集和已经法院生效判决确认的全部

① 参见北京市东城区人民法院（2017）京0101行初260号行政判决书。该文书获得2017年度北京法院行政裁判文书一等奖。

> 有效证据进行综合审查，遵循职业道德，运用逻辑推理和生活经验，对证据进行全面、客观和公正的分析判断，对案件事实作出客观的认定……被告甘肃人社厅无视数个客观的、能够形成完整证据链的、内容一致的证据，仅以一组孤立的、无其他有效证据予以佐证的、尚待补强的证据直接认定邓某民突发疾病死亡不属于视同工伤的情形，证据明显不足……结合两次作出不予认定工伤决定的调查情况以及本院对案件基本事实的上述分析，本院认为，被告甘肃人社厅现对本案事实的调查已无裁量空间，对邓某民的死亡认定为视同工伤事实清楚、证据充分、条件齐备，被告甘肃人社厅应当依法作出工伤认定决定，对邓某民的死亡认定为视同工伤。原告王某霞关于撤销08号决定并责令被告甘肃人社厅重新作出工伤认定结论，依法认定邓某民在2015年1月13日的死亡为视同工伤的诉讼请求，本院予以支持。

据此判决撤销《甘肃省不予认定工伤决定书》、人力资源和社会保障部《行政复议决定书》，并责令被告甘肃省人力资源和社会保障厅于判决生效之日起三十日内对原告王某霞之夫邓某民的死亡认定为视同工伤，并作出工伤认定决定。

其实，这种要求不仅仅是理念上的，也是制度上的刚性要求。比如《最高人民法院关于审理行政许可案件若干问题的规定》（以下简称《行政许可法司法解释》）第十一条规定，人民法院审理不予行政许可决定案件，认为原告请求准予许可的理由成立，且被告没有裁量余地的，可以在判决理由写明，并判决撤销不予许可决定，责令被告重新作出决定。可见，即使判决主文可以是概括性判决，但在判决理由中应当给予明确的指引。《最高人民法院关于审理政府信息公开行政案件若干问题的规定》（以下简称《政府信息公开司法解释》）第九条第一款规定：被告对依法应当公开的政府信息拒绝或者部分拒绝公开的，人民法院应当撤销或者部分撤销被诉不予公开决定，并判决被告在一定期限内公开。尚需被告调查、裁量的，判决其在一定期限内重新答复。在这里，最高人民法院的司法理念较之《行政许可司法解释》又向前迈了一步，体现出了具体判决优先的精神和价值，即只有需要行政机关进一步裁量的才可以概括判决，其他情况下优先推荐作出具体判决。这些制度上的要求，以及在这些制度背后透露出的精神和理念，都对判决书说理的深入推进具有强烈的指导和指引意义。

二、驳回诉讼请求判决的说理

驳回诉讼请求判决，并非行政诉讼制度建立之初即有的判决方式，而是《行政诉讼法》施行10年之后，根据行政审判实践的需要，通过司法解释的方式发展出来的一种判决方式。2014年修正的《行政诉讼法》取消了原先的维持判决，正式在法律层面确立了驳回诉讼请求判决的法律地位。按照学者的理解，驳回诉讼请求判决方式，必须与诉讼请求在诉讼中的地位相适应，"所谓诉讼请求是指因事件满足某一要件而产生法效果的主张。因此，请求包含着权利根据面和权利主张面这两个层面，在诉讼审理阶段权利根据面是其主要对象，而在判决阶段，权利主张面则成为该阶段的诉讼对象。所以，所谓驳回判决，就是指人民法院在行政诉讼一审中经审理认为诉讼当事人的诉讼请求无事实根据，依法予以拒绝的一种判决形式"。[①]

根据《行政诉讼法》第六十九条的规定，驳回诉讼请求判决适用的情形主要有两类：一类是行政行为事实清楚，适用法律正确，程序合法，相当于原先维持判决所达到的标准；另一类是要求行政机关履行法定职责或给付义务不成立的。这里主要按照法律和司法解释规定的适用情形，分别阐述不同情形下驳回诉讼请求判决的说理要点。

（一）被诉行政行为合法情形下驳回诉讼请求判决的说理

根据《行政诉讼法》第六十九条的规定，行政行为证据确凿，适用法律法规正确，符合法定程序的，人民法院判决驳回诉讼请求。可见，人民法院经过审查，认为需要作出此类驳回判决的，应当依法围绕此类型判决适用的三个条件展开说理。也就是说，只有证据确凿，适用法律法规正确，符合法定程序这三个条件的理由充分正确，才可以作出此类驳回诉讼请求的判决。

---

① 章剑生：《行政诉讼判决研究》，浙江大学出版社2010年版，第158～159页。

1. 证据确实充分之理

行政行为依法有据，首当其冲的就是有事实根据。而事实根据的实质，就是证据确凿。所谓证据确凿，就是人民法院经过审查评价，认为被诉行政行为所认定的事实是真实可靠，并且有证明力的证据证明的，且对整个案件的事实构成完整的证明体系。[①] 具体来说，这个证据确实之理，主要可以从以下三个方面来分析。

一是案件事实都有相应的证据予以证明。在行政诉讼中，行政行为的合法性只能由行政案卷来支撑，行政机关必须依法提交作出行政行为的全部证据和依据。在判决书写作过程中需要认定案件事实，而每一个事实都必须有在案证据的支撑。如果行政行为的每一个事实都有相应的证据支持，那么证据充分在形式上就是具备的，相反，如果行政行为认定的事实并不能与在案证据实现无缝对接，那很有可能行政行为的证据是不充分的。

二是证据都是合法真实可靠的。行政行为认定的事实在形式上都有相对应的证据支撑，说理说到这一步还是不够的，还要看看这些证据之间是否协调一致，是否符合证据真实性、关联性和合法性的要求。如果证据“三性”存在疑问和问题，是否已进行必要的核实或确证。因此，如果当事人提起诉讼，对行政行为的证据“三性”提出质疑，那么裁判文书说理部分理当对此加以回应，展示裁判理由的正当性。

三是证明标准达到合理的程度。这是实现证据确实的最为关键的要求。由于行政行为具有多样性灵活性，不同行政行为的证明标准也具有多层次性，一般适用明显优势证明标准。对于限制人身自由或重大财产处理的行政处罚，也适用较高的排除合理怀疑证明标准。对于行政机关裁决民事争议的行为，一般适用民事诉讼的优势证明标准。三个层次的证明标准概括起来就是合理的证明标准，即与所对应的行政行为相适应匹配的证明标准，这项标准的具体理解，“证据确凿的证明标准，不应一刀切的，都要求能够排除其他一切怀疑，因为行政诉讼的价值取向是公正兼顾效率，所以被告行政机关所提交的证据应基本达到能够合理证明的程度。也就是说，对于可定案证据，应要求其能够排除合理怀疑，达到基本接近真实，而对于次要证据则可以无须如此

① 《中华人民共和国法律大百科全书》（行政法、行政诉讼法卷），河北人民出版社 1999 年版，第 1059 页。

严格。根据我国行政诉讼法的规定，次要证据不足，并不构成撤销的条件。”① 因此，如果当事人对行政行为的证明标准提出质疑或疑惑，裁判文书说理理当对此作出回应。

2. 适用法律法规正确的理由

法律适用是否正确，是人民法院行政审判司法审查的重要内容。判决驳回诉讼请求中适用法律法规正确，“是指法院在认定事实的基础上进行法律适用后，认为被告正确地认定事实，并根据事实的全部情节全面准确地适用法律法规，是对被告行政机关第一次适用法律的认可”。②

具体来说，判决书说理主要有以下三个层次。一是是否有法律法规规章依据。行政机关履行职责、作出行政行为应当在法定职责范围之内，不得在法定职责范围之外行使权力。这里的“法”主要是指法律法规和规章，特别是在增加相对人义务或减损相对人权利的情况下，必须要有法律法规和规章上的依据。当然，如果在授益性行政管理领域，这里“法”的外延还可以适当拓展，也包括各种政策和规范性文件。因此，判决驳回诉讼请求案件中法律适用正确的理由，首先是根据不同行为类型和管理领域找到相应的“法”。二是法律法规的理解和适用是否准确。这个理由，主要有两个方面：一方面是适用的法律规范必须与案件事实、法律关系相适应、相匹配；另一方面是对所适用法律规范本身的理解和把握符合法律的原则、目的和精神。这两者说到底就是所适用的法律文义上符合案件事实、实质上符合法律目的。三是法律法规适用不存在技术性错误。法律适用具体到条款项目，如果适用的是规章及以下规范性文件，与上位法不存在抵触情形。

3. 程序合法之理

“法定程序是法律规范预先加以设立的。它实质上是对行政主体行使职权过程设置的一种制约，要求行政主体在行政执法过程中必须履行相应的步骤，而不得任意加以变更或省略。”③ 实践中，判决驳回诉讼请求，围绕程序合法性的论理主要分为如下两种情形。一是法律规范有法定程序规定的情况下，行政机关认真严格履行了该程序。这就是说，在作为审理对象的行政行为领

① 章剑生：《行政诉讼判决研究》，浙江大学出版社 2010 年版，第 212～213 页。

② 章剑生：《行政诉讼判决研究》，浙江大学出版社 2010 年版，第 215 页。

③ 江必新：《中华人民共和国行政诉讼法及司法解释条文理解与适用》，人民法院出版社 2015 年版，第 465 页。

域，法律规范已经设置了行政机关作出行政行为所应当遵循的步骤、顺序、方式及时限，而且行政机关在具体执法中实际做到了法律规范的程序要求。二是没有法定程序或者法律规定的程序不具体情况下，行政机关严格遵循了法律的正当法律程序。这里的正当法律程序主要有两点：一个是行政机关作出行政行为不存在偏私，即不自己处理涉及自己的争议；另外一个非常重要的方面是，在对相对人作出不利处分的情况下，听取了相对人的陈述和申辩，认真对待了相对人的程序权利。

（二）原告申请被告履行法定职责或给付义务理由不成立的，判决驳回原告诉讼请求的说理

原告起诉被告履行法定职责或给付义务，又俗称为行政不作为案件。这类案件驳回诉讼请求的说理要点，与作为类行政行为的驳回诉讼请求说理存在显著差异，前者主要立足于原告的请求理由不成立，后者不主要立足于被诉行政行为合法有据，二者立足点不一样，说理重点和要点自然截然不同。这类案件，文书说理主要围绕原告的请求理由不能成立展开，比如行政机关已经依法履行了职责或给付义务，或者行政机关拒绝履行职责或给付义务具有正当理由，等等。

这里笔者选取陕西汉中汉辉法医司法鉴定所诉陕西省司法厅、司法部行政处罚及行政复议一案①，该案裁判文书体现一审文书以及驳回诉讼请求判决说理所涵盖的方面，全面而有充分，对行政行为的法定职责、事实认定、法律适用、程序选择及裁量权运用等方面进行了全面审查，作了驳回原告诉讼请求的判决。该案文书是这样说理的："第一，关于实施行政行为的法定职权……第二，关于被诉行政行为认定的事实……第三，关于被诉行政行为的法律适用……第四，关于行政执法程序……"在详细分析的基础上，判决驳回原告的诉讼请求。

三、撤销判决的说理

撤销判决是行政诉讼中堪称最为重要的判决形式，乃至整个行政诉讼模

---

① 参见北京市朝阳区人民法院（2018）京0105行初349号行政判决书，该文书获评2018年度北京法院行政审判裁判文书一等奖。

式都是围绕撤销判决设计的。不论是英美法系国家，还是欧陆法系国家，撤销判决都是当代各国行政诉讼中一种共同的、主要的裁判手段。[①] 撤销判决源于《行政诉讼法》第七十条的规定：行政行为有下列情形之一的，人民法院判决撤销或者部分撤销，并可以判决被告重新作出行政行为：（1）主要证据不足的；（2）适用法律、法规错误的；（3）违反法定程序的；（4）超越职权的；（5）滥用职权的；（6）明显不当的。根据该条规定，撤销判决适用于可能存在六种违法情形之行政行为。一个行政行为被撤销肯定是触犯了该条其中某一个或几个条款，因此，撤销判决的说理着重应当围绕具体针对的情形加以说理。在梳理过程中需要注意以下几个方面：一是行政行为的合法性审查是全面审查。行政行为被撤销可能源于行政行为某个或数个环节出现问题，裁判说理也应体现全面性。二是突出重点。对于撤销判决而言，除了重点梳理撤销涉及的理由之外，还应当对当事人争议的其他焦点问题展开说理，不论争议事项是否是构成撤销的理由。三是撤销判决往往与责令重作判决一并作出，责令重做的也要说理，特别是责令重作具体行为的，更应当阐明行政行为之所以要明确作出的理由。

（一）撤销或部分撤销的说理

撤销或部分撤销的说理尽管说有六种具有针对性的情形，但主要还是与驳回诉讼请求判决说理的条件和要点相对应。在一定程度上可以说，驳回诉讼请求说理与撤销说理就是一个硬币的两面。行政行为合法性审查的六个方面，各方面的合法性审查都为“是”的情况下，判决方式就是驳回诉讼请求，如果有一个或两个以上方面的合法性审查结论为“否”，则判决方式就是撤销或部分撤销，除非有特殊情况不予撤销判决确认违法。因此，这部分说理要点和标准可以参考驳回诉讼请求判决的说理。下面按照法律规定的判决撤销的六种情形，简要论述说理需要注意的几个方面。

1. 主要证据不足导致撤销的说理

这就是说，行政行为认定的事实，可以分为主要事实和次要事实。即使行政机关认定事实的证据不是很充分全面，只要主要事实所依据的证据是充分的、全面的，就不构成撤销的理由，即“缺少认定基本事实的必要证据，

---

① 罗豪才：《行政审判问题研究》，北京大学出版社 1990 年版，第 307 页。

作为人民法院撤销相应行政行为的根据，并未以一般、次要证据不足作为撤销根据。”[①] 因此，如果要适用这条规定撤销被诉行政行为，必须说清楚构成“主要证据不足”即事实不清的理由。

比如在备受关注的苏某某诉中国证监会行政处罚案件中，[②] 法院认定被诉处罚决定认定内幕信息知情人事实不清、证据不足，紧紧围绕行政处罚调查证据和认定事实的标准展开说理，周到、严密，有说服力。该案文书是这样说理的：

> 先调查取证，后作出认定和处理，是行政执法的基本原则。行政程序启动后，调查收集证据并在证据基础上认定事实，是行政机关负有的法定义务。根据《中华人民共和国行政处罚法》第三十六条的规定，在行政处罚一般程序中，行政机关发现公民、法人或者其他组织有依法应当给予行政处罚的行为的，必须全面、客观、公正地调查，收集有关证据。结合行政执法实践，该规定的理解主要包含以下几层含义：一是行政机关调查收集证据必须全面，在内容上既包括对相对人有利的证据，也包括对相对人不利的证据，在范围上既要向涉嫌违法的相对人进行调查，也要向了解案件事实的直接当事人和利害关系人进行调查，特别是案件涉及的直接当事方，是案件事实的直接经历者，也是权利攸关方，理当成为行政调查不可或缺的对象。二是行政机关调查收集证据必须客观，避免主观随意性，遵循证据相互印证的规则，将调查来的直接证据和间接证据、直接当事方证言与其他了解案情的证人证言相互比对，提升据以认定事实的客观性。三是行政机关调查收集证据必须公正，即调查收集证据不存在偏私或武断，不仅要做到调查手段和程序合法，还应当以当事人看得见的方式实现全面客观调查收集证据的目标。当然，上述三个方面是行政处罚一般程序中调查收集证据的原则要求，并不排除行政机关在具体调查收集证据方法、

---

① 江必新：《中华人民共和国行政诉讼法及司法解释条文理解与适用》，人民法院出版社2015年版，第469页。

② 参见北京市高级人民法院（2018）京行终445号行政判决书。

时机和手段上享有一定的裁量空间，只要裁量没有超出必要限度，法院在审查行政处罚合法性时应当予以尊重。

本案中，中国证监会认定苏某某从事法律所禁止的内幕交易，其中殷某某为内幕信息知情人是关键的事实基础，应当做到证据扎实充分。按照前述行政处罚调查收集证据的法定要求，中国证监会在认定这一关键事实的时候，应当遵循全面、客观、公正的原则调查收集有关证明殷某某为内幕信息知情人的证据，即：既调查收集有关“物”的证据，比如相关会议记录，又调查收集有关“人”的证据，比如涉案的利害关系人，在调查收集有关“人”的证据的时候，既要向知道殷某某是否参与内幕信息形成的其他人调查收集证据，也要向直接当事方的殷某某调查收集证据，以确保调查的全面性；既需要向内幕信息其他知情人调查了解内幕信息知情人范围以及殷某某是否属于内幕信息知情人，也需要直接向殷某某本人调查了解其在内幕信息形成和发展乃至传递过程中的情况，通过证据相互印证并排除矛盾来确保据以定案事实的客观性；在认定殷某某为内幕信息知情人且苏某某对此提出异议的情况下，既需要让殷某某参与调查程序并陈述其所知晓的事实，还需要将该调查程序和方式以殷卫国以及受该认定影响的其他利害关系人看得见的方式展示出来，通过公开公平的程序确保调查的公正性。简而言之，中国证监会认定殷某某为内幕信息知情人，除了相关会议记录以及其他相关人员的证人证言外，还必须向殷某某本人进行调查询问，除非穷尽调查手段而客观上无法向殷某某本人进行调查了解。这就是说，虽然有关会议记录和其他涉案人员询问笔录均显示殷某某为内幕信息知情人，中国证监会还应当向作为直接当事人的殷某某进行调查了解，除非穷尽调查手段仍存在客观上无法调查的情况。至于调查的手段，一般情况下是向当事人发送调查或询问通知书，具体方式可以由中国证监会裁量；至于通知的方式，按照法律的规定和日常生活经验，可以在当事人的住所地、经常居住地或户籍所在地以及当事人的工作场所等地方向当事人进行送达，也可以根据实际情况使用电话、传真等便捷方式通知当事人接受调查或询问，并做好相应的证据留存工作。本案中，中国证监会认为需要向殷某某进行直接调查了解，实际上也为寻找殷某某接受调查采取了一定的实际行动，比如通过电话方式联系殷某某，还试图到殷某某可能从业的单位进行调查了解，但是，中国证监会的这些努力尚不构成穷尽调查方法和手段，也不能根据这些努力得出客观上存在无法向殷某某进行调查了解的情况。这是因为，中国证监会寻找殷某某的相关场所，只是殷某某可能从业的单位，并不是确定的实际可以通知到殷某某的地址，而且看不出中国证监会曾到殷某某住所地、经常居住地或户籍所在地等地方进行必要的调查了解。即使是便捷通知方式，在案证据显示，中国证监会联系殷某某的方式也并不全面，电话联络中遗漏掉了“139××××2229”号码，且遗漏掉的该号码恰恰是苏某某接受询问时强调的殷某某联系方式，也是中国证监会调查人员重点询问的殷某某联系方式，更是中国证监会认定苏某某与殷某某存在数十次电话和短信联络的手机号码。执法中存在的上述疏漏，说明中国证监会对殷某某的调查询问并没有穷尽必要的调查方式和手段，直接导致其认定殷某某为内幕信息知情人的证据，因未向本人调查了解而不全面、因其他证据未能与本人陈述相互印证并排除矛盾而导致事实在客观性上存疑、因未让当事人本人参与内幕信息知情人的认定并将该过程以当事人看得见的方式展示出来而使得公正性打了折扣。据此，本院确认中国证监会在认定殷某某为内幕信息知情人时未尽到全面、客观、公正的法定调查义务，中国证监会认定殷某某为内幕信息知情人事实不清、证据不足。苏某某对该问题的主张成立，本院予以支持。

对于中国证监会认为是否向殷某某本人进行调查了解属于其执法裁量范围的主张，本院认为，殷某某系中国证监会认定的内幕信息知情人，在认定苏某某内幕交易中起着关键的“连接点”作用，依法应当纳入调查范围，中国证监会在开展调查的方式、程序和手段上存在一定的裁量空间，但在是否对殷某

> 某进行调查了解的问题上不存在裁量的空间，因此对中国证监会的该项主张，本院不予采纳。中国证监会还认为，即使找到了殷某某，其也可能不配合调查。本院认为，这是一个基于假设的主张，本身不足为据。而且，进一步来说，中国证监会在调查过程中所需要做的是把法定调查义务履行到位，对应当开展调查的当事人穷尽调查方式和手段，无论如何，法定调查义务的履行都不是以被调查人配合为前提的，更不能以被调查人可能不配合调查为由怠于履行法定调查职责。因此，对中国证监会的该项意见，本院不予采纳。

该文书说理先明确审查标准，后对照标准依次展开论证和说理，在说清楚之所以事实不清的基础上，又针对中国证监会的答辩理由进行了分析回应，既围绕焦点问题展开合法性审查和说理，又回应当事人的诉求和理由。

2. 法律法规适用错误导致撤销的说理

这个方面的说理主要围绕如下几个方面展开：行政行为本应适用此法律法规却适用了彼法律法规；行政行为适用法律法规的条款项目错误；行政行为适用的法律规范违反上位法的规定；行政行为适用的法律规范形式上合法但构成实质上违反法律目的；行政行为没有援引法律规范又缺乏正当理由或者不能作出合理说明的。

比如在一起《最高人民法院公报》刊载的案例中，法院以法律适用违反立法原意和目的为由认定被诉不予认定工伤的结论法律适用错误。该案文书在分析被诉行为法律适用错误的基础上，说理认为：

> 《工伤保险条例》第一条规定："为了保障因工作遭受事故伤害或者患职业病的职工获得医疗救治和经济补偿，促进工伤预防和职业康复，分散用人单位的工伤风险，制定本条例。"《工伤认定办法》第一条也规定："为规范工伤认定程序，依法进行工伤认定，维护当事人的合法权益，根据《工伤保险条例》的有关规定，制定本办法。"这是《工伤保险条例》《工伤认定办法》的立法目的。劳动和社会保障行政机关在适用《工伤保险条例》《工伤认定办法》时，应当根据立法目的去理解其中的

具体规定。本案中上诉人园区劳动局对《工伤保险条例》第十四条第（一）项规定的“工作场所”“因工作原因”的理解，不符合《工伤保险条例》保障职工合法权益的立法目的。《行政诉讼法》第一条规定：“为保证人民法院正确、及时审理行政案件，保护公民、法人和其他组织的合法权益，维护和监督行政机关依法行使行政职权，根据宪法制定本法。”该规定体现了国家设置行政诉讼制度的目的。行政机关对法律的理解违背立法本意，人民法院在审理相关行政诉讼案件中，应当依法作出正确的解释，这也是对行政机关行使职权的监督。原审第三人中力公司关于“在法律无明确规定的情况下，对于法律的理解适用应当尊重作为行政机关的上诉人的理解和认定”的意见，没有法律依据，故不予采纳。①

3．违反法定程序导致撤销的说理

在我国，受重实体、轻程序传统观念的影响，实践中违反法定程序被撤销的情形较为常见。这方面的说理，主要是两个方面：一是在法律规范对行政执法程序的步骤、方式、顺序、时限作出规定的情况下，对照分析行政程序违反法定要求的地方及理由；二是在法律规范没有规定法定执法程序的情况下，先要明确相应行政行为在法律上应当履行的正当程序，再分析论证案件中的执法程序是如何违反该正当程序的。

比如在于某某诉北京大学撤销博士学位案中，② 法院认为北京大学在作出撤销博士学位决定时违反了法律的正当程序，判决撤销北京大学撤销博士学位决定。该文书说理堪称经典，备受好评。理由是这样的：

结合双方当事人的诉辩主张，本案的争议焦点在于：一、北京大学作出《撤销决定》时是否应当适用正当程序原则；二、北京大学作出《撤销决定》的程序是否符合正当程序原则；三、北京大学作出《撤销决定》时适用法律是否准确。

---

① 参见孙某兴诉天津园区劳动局工伤认定行政纠纷案，载《最高人民法院公报》2006 年第 5 期。

② 参见北京市第一中级人民法院（2017）京 01 行终 277 号行政判决书。

关于焦点一，正当程序原则的要义在于，作出任何使他人遭受不利影响的行使权力的决定前，应当听取当事人的意见。正当程序原则是裁决争端的基本原则及最低的公正标准，其在我国行政处罚法、行政许可法等基本行政法律规范中均有体现。作为最基本的公正程序规则，只要成文法没有排除或另有特殊情形，行政机关都要遵守。即使法律中没有明确的程序规定，行政机关也不能认为自己不受程序限制，甚至连最基本的正当程序原则都可以不遵守。应该说，对于正当程序原则的适用，行政机关没有自由裁量权。只是在法律未对正当程序原则设定具体的程序性规定时，行政机关可以就履行正当程序的具体方式作出选择。本案中，北京大学作为法律、法规授权的组织，其在行使学位授予或撤销权时，亦应当遵守正当程序原则。即便相关法律、法规未对撤销学位的具体程序作出规定，其也应自觉采取适当的方式来践行上述原则，以保证其决定程序的公正性。

关于焦点二，正当程序原则保障的是相对人的程序参与权，通过相对人的陈述与申辩，使行政机关能够更加全面把握案件事实、准确适用法律，防止偏听偏信，确保程序与结果的公正。而相对人只有在充分了解案件事实、法律规定以及可能面临的不利后果之情形下，才能够有针对性地进行陈述与申辩，发表有价值的意见，从而保证其真正地参与执法程序，而不是流于形式。譬如，行政处罚法在设定处罚听证程序时就明确规定，举行听证时，调查人员提出当事人违法的事实、证据和行政处罚建议，当事人进行申辩和质证。本案中，北京大学在作出《撤销决定》前，仅由调查小组约谈过一次于艳茹，约谈的内容也仅涉及《运动》一文是否涉嫌抄袭的问题。至于该问题是否足以导致于某某的学位被撤销，北京大学并没有进行相应的提示，于某某在未意识到其学位可能因此被撤销这一风险的情形下，也难以进行充分的陈述与申辩。因此，北京大学在作出《撤销决定》前由调查小组进行的约谈，不足以认定其已经履行正当程序。北京大学对此程序问题提出的异议理由不能成立，本院不予支持。

关于焦点三，作为一个对外发生法律效力的行政行为，其所依据的法律规定必须是明确的，具体法律条款的指向是不存争议的……

4. 超越职权导致撤销的说理

“司法实践中，法院审查被诉行政行为，往往第一步就看被告是否有权作出行政行为。”① 行政职权是行政机关实施行政管理、作出行政行为所具有的资格和权能，表现形式往往为法律法规的规定。如果没有相应的行政职权，就是说法律法规没有规定某行政机关享有该行政职权，则行政机关可能会面临超越职权的风险。超越职权一般在两个意义上适用：一是超越法律规范所规定的事务管辖权，就是一个行政机关超越自己在法律上享有的事务管辖权，而去管辖本该由其他行政机关管理的事务；二是超越行政机关的地域管辖权，即一个地方的行政机关去管辖了本该由其他地方行政机关所管理的事务。这两个方面的说理要点主要在三个方面：一是明确标准，被诉行政机关的事务管辖权和地域管辖权的范围和依据；二是对照这个标准，阐明本案中被告实施的行政行为是否在上述事务管辖和地域管辖权范围之内，如果不在范围内则一般应当认定为超越职权；三是超越职权不存在正当理由，如果一个机关管辖另一个机关的事务是基于另一个机关的合法委托则不够超越职权，如果一个地方的机关是基于上级机关的指定而管辖另一个地方的事务，则同样构成超越职权认定的豁免。

5. 滥用职权导致撤销的说理

滥用职权，是指行政机关作出行政行为虽然在其权限范围内，但行政机关不正当行使职权，违反了法律授于这种权力的目的。“滥用职权是一种严重主观过错，针对的是行政自由裁量权，表面上合法但实质极不合理，因此归入了不合法的范畴。”② 由此可见，因滥用职权导致撤销的文书说理，主要围绕两个方面展开：一是行政行为的作出没有超出行政机关的职权范围之内，如果超出职权范围就不是滥用的问题而是超越职权的问题，二是形式上符合

---

① 袁杰：《中华人民共和国行政诉讼法解读》，中国法制出版社2014年版，第196页。

② 袁杰：《中华人民共和国行政诉讼法解读》，中国法制出版社2014年版，第197页。

权限范围、条件和幅度，但实质上不符合法律的目的和原则，比如行政机关行使权力不是为了公共利益而是以权谋私，或者行政行为反复无常、朝令夕改，等等。①

6. 明显不当导致撤销的说理

“明显不当”是2014年修正的《行政诉讼法》增加的撤销情形，因此适用这个理由撤销被诉行政行为，必须了解“明显不当”入法的背景以及其与“滥用职权”的区别。立法部门对此的解释是，“机械式的合法性审查不能满足实践需求，全面的合理性审查却又偏离诉讼制度定位和实际情况。2014年修改既坚持了原则，又在推动实质解决行政争议方面作了努力，对于行政机关行使自由裁量权过程中极端不合理的情形纳入合法性范围，增加规定明显不当的，适用撤销判决。明显不当与滥用职权，都针对行政自由裁量权，但规范角度不同，明显不当是从客观结果角度提出的，滥用职权则是从主观角度提出的。考虑到合法性审查原则的统帅地位，对明显不当不能作过宽理解，界定为被诉行政行为结果的畸轻畸重为宜”。② 因此，适用明显不当判决撤销被诉行政行为，说理的要点主要在于：被诉行政行为具有相应的事实和法律依据，被诉行政行为的处理结果符合法律规定的范围、条件和幅度，被诉行政行为的处理结果存在明显不合理的地方，而且这种不合理必须达到“明显”的程度即具有一般理智的普通人均能感受到这种不合理的，才可以适用撤销判决。

比如在备受社会关注的浙江省杭州市西湖区方林富炒货店与杭州市西湖区市场监督管理局、杭州市市场监督管理局行政处罚与行政复议案中，③ 围绕行政处罚是否明显不当的争议焦点问题，法院进行了有效说理，既展示了裁判的正当逻辑，又有效回应了社会公众的关切。该文书对于是否明显不当问题的说理如下：

> 《广告法》是一部规范广告活动，保护消费者合法权益，促进广告业健康发展，维护社会经济秩序的法律。该法明确禁止

---

① 江必新：《中华人民共和国行政诉讼法及司法解释条文理解与适用》，人民法院出版社2015年版，第472页。

② 袁杰：《中华人民共和国行政诉讼法解读》，中国法制出版社2014年版，第197页。

③ 参见杭州市西湖区人民法院（2016）浙0106行初240号行政判决书。

使用“国家级”“最高级”“最佳”等绝对化用语。在广告中使用绝对化用语，不仅误导消费者，不当刺激消费心理，造成广告乱象，而且贬低同行，属于不正当的商业手段，扰乱市场秩序。原告的广告违法行为既要予以惩戒，同时也应过罚相当，以起到教育作用为度。

根据案涉违法行为的具体情况，来考量违法情节及危害后果。首先，原告系个体工商户，在自己店铺和包装袋上发布了相关违法广告，广告影响力和影响范围较小，客观上对市场秩序的扰乱程度较轻微，对同行业商品的贬低危害较小。其次，广告针对的是大众比较熟悉的日常炒货，栗子等炒货的口感、功效为大众所熟悉，相较于不熟悉的商品，广告宣传虽会刺激消费心理，但不会对消费者产生太大误导，商品是否真如商家所宣称“最好”，消费者自有判断。综合以上因素，本院认为原告的案涉违法行为情节较为轻微，社会危害性较小，对此处以20万元罚款，在处罚数额的裁量上存在明显不当。根据本案前述具体情况，本院将罚款数额变更为10万元。

（二）撤销并责令重作判决的说理

撤销并责令重作判决，“是指法院经过审理后，认为被诉行政行为违法，在判决撤销或部分撤销该行政行为的同时，要求行政机关重新作出相关行政行为的判决形式”。[①] 这类判决具有附属性，即是撤销判决的附随判决，其说理要点主要在于两个方面：一是必须以撤销判决为前提，即被诉行政行为存在撤销情形的六种情形并确需判决撤销；二是存在责令重新作出行政行为的需要，这种需要体现在：被撤销的行为是授益性的行政行为，需要行政机关对相对人的权益重新进行认定和考量，或者被撤销的行为是依申请的行政行为，需要行政机关对相对人的申请重新进行调查和处理以回应相对人的请求。

---

① 江必新：《中华人民共和国行政诉讼法及司法解释条文理解与适用》，人民法院出版社2015年版，第475页。

四、确认判决的说理

确认判决也并非行政诉讼创制之初就有的判决形式，而是随着司法实践的创新，经由司法解释的肯定并最终上升为法律规范。根据《行政诉讼法》的规定，确认判决主要有两种类型即确认违法判决和确认无效判决。

（一）确认违法判决的说理

根据《行政诉讼法》第七十四条的规定，行政行为有下列情形之一的，人民法院判决确认违法，但不撤销行政行为：（1）行政行为依法应当撤销，但撤销会给国家利益、社会公共利益造成重大损害的；（2）行政行为程序轻微违法，但对原告权利不产生实际影响的。行政行为有下列情形之一，不需要撤销或者判决履行的，人民法院判决确认违法：（1）行政行为违法，但不具有可撤销内容的；（2）被告改变原违法行政行为，原告仍要求确认原行政行为违法的；（3）被告不履行或者拖延履行法定职责，判决履行没有意义的。该条规定把确认违法判决分为了两款五种情形，第一款列举了两种情形，主要是指本该撤销但不宜撤销的情形，第二款列举了三种情形，主要是不需要撤销的情形。在文书说理上，五种情形说理的要点有所不同：

1. 行政行为依法应当判决撤销，但撤销会给国家利益、社会公共利益造成重大损害情形下的确认违法说理

这是行政诉讼情况判决的表述形式，“是人民法院基于国家利益或者公共利益的需要，不撤销违法行政行为而是承认其效力，确认其违法的特殊的判决方式”。[①] 这类判决的说理主要包含两个部分：一是行政行为应该被撤销的理由，即符合《行政诉讼法》第七十条规定的六种情形之一的理由；二是撤销会给国家利益或公共利益造成重大损害的理由，这里又含有两个说理次要点，即撤销损害的必须国家利益或公共利益而不包括第三人的个体利益，还有撤销造成的损害必须是重大的，具体如何把握“重大”，需要结合具体案件

---

① 江必新：《中华人民共和国行政诉讼法及司法解释条文理解与适用》，人民法院出版社 2015 年版，第 493 页。

情况分析认定。比如在一起房屋征收决定行政案件中，[①] 法院经审理认为征收决定、补偿标准明显偏低、法律适用错误，但撤销该征收决定又会给国家利益和公共利益造成重大损害，最后选择没有判决撤销，而是确认违法，同时责令征收机关采取补救措施。

2. 行政行为程序轻微违法，但对原告权利义务不产生实际影响情形下确认违法判决的说理

这是来源于审判实践总结出来的法律规范，程序违法本该首选判决撤销，但考虑到行政成本和诉讼经济的价值，在程序存在轻微违法不影响行政行为实体正确性的情况下，判决撤销被诉行为没有实际意义，因而创制出仅具有评价功能的确认违法判决方式。这类判决说理同样具有两个部分：一是行政行为具有事实和法律依据、结果没有明显不当，即实体部分是正确的理由；二是行政行为违反法定程序，而且违反法定程序情节较为轻微，不侵害相对人的实际权利的理由。[②]

比如在一起证券行政处罚案件中，[③] 围绕行政处罚程序是否违法的争议焦点，法院经审理认为：

> 《行政处罚法》第三十一条规定，行政机关在作出行政处罚决定之前，应当告知当事人作出行政处罚决定的事实、理由及依据，并告知当事人依法享有的权利。根据该法第四十二条第（六）项的规定，行政机关作出责令停产停业、吊销许可证或者执照、较大数额罚款等行政处罚决定之前，应当告知当事人有要求举行听证的权利；当事人要求听证的，行政机关应当组织听证，并在举行听证时，调查人员应当提出当事人违法的事实、证据和行政处罚建议，由当事人进行申辩和质证。
>
> 本案中，中国证监会在对张某某作出行政处罚决定前，向

---

① 具体案情可参见北京市高级人民法院（2013）高行终字第1665号行政判决书，该文书获得全国法院行政审判优秀裁判文书一等奖。

② 《最高人民法院关于适用〈中华人民共和国行政诉讼法〉的解释》第九十六条规定："有下列情形之一，且对原告依法享有的听证、陈述、申辩等重要程序性权利不产生实质损害的，属于行政诉讼法第七十四条第一款第二项规定的'程序轻微违法'：（一）处理期限轻微违法；（二）通知、送达等程序轻微违法；（三）其他程序轻微违法的情形。"

③ 具体参见北京市高级人民法院（2017）京行终2185号行政判决书。

张某某送达了《行政处罚事先告知书》，载明认定当事人违法的基本事实和拟作出的行政处罚，并告知当事人有要求举行听证的权利。在张某某申请举行听证的情况下，中国证监会举行了听证会，听取了张某某的陈述和申辩。但是，在听证程序中，关于张某某手机通信记录证据的举证和质证环节，中国证监会调查人员本应公开出示其在执行程序中收集的张某某手机通信记录的电子数据光盘，接受张某某一方的质证，却未在张某某的代理人提出疑问的情况下出示并播放该电子数据光盘，亦未询问张某某是否需要通过观看该光盘内容来进行有针对性的质证，只在听证会结束后安排张某某的代理人查阅手机通信记录电子数据的纸质打印件，在听证会举证质证程序上构成违法。此外，中国证监会未在法定举证期限内向法院提交涉张某某通话记录的电子数据光盘以备法庭质证和认证使用，亦构成对法定举证义务的违反。

考虑到中国证监会调查人员在调取电子数据光盘证据时，得到了张某某本人的确认，听证会结束后张某某的代理人实际查阅了该手机通讯录的纸质打印件，且该通讯录与景某某的询问笔录相互印证，张某某本人并不否认其与景某某通讯联络的事实，又无证据推翻中国证监会从其手机中下载通讯记录的真实性，因此，本院认定中国证监会在听证程序中的违法属于轻微违法情形，并不足以推翻中国证监会关于张某某从事内幕交易的认定，亦未对张某某的实体权益造成实际影响。《行政诉讼法》第七十四条第一款第（二）项规定，行政行为程序轻微违法，但对原告权利不产生实际影响的，人民法院判决确认违法，但不撤销行政行为。

3. 行政行为违法但不具有可撤销内容情形下确认违法判决的说理

“这主要是针对违法的事实行为。事实行为实际影响当事人的利益却不为当事人设定权利义务，如殴打行为或执行行为，不具有可撤销内容。”① 这种

① 袁杰：《中华人民共和国行政诉讼法解读》，中国法制出版社 2014 年版，第 205 页。

判决形式说理的要点主要有：一是符合《行政诉讼法》第七十条本该撤销情形的理由；二是被诉行政行为没有可撤销的内容，导致事实上不能撤销的理由，除了前面述及的事实行为不具有可撤销内容外，还有一些连环行政行为，后续行政行为变更或改变了前节行政行为，导致前节行政行为事实上不存在而不具有撤销内容。

比如在备受舆论关注的杨某某诉兰考县人民政府一案中，[①] 文书是这样说理的：

> 兰考县政府未依法作出行政决定，而是仅作出限期拆除通知书，兰考县政府未提供向当事人依法送达书面催告书的相关证据，剥夺了杨某某的陈述权和申辩权；兰考县政府未依法将强制拆除违法建筑物、构筑物、设施的内容予以公告。综上，兰考县政府拆除杨付居房屋的行为，未履行法定程序，违反正当程序原则，其行政行为程序违法，鉴于被诉拆除行为不具有可撤销内容，故应予判决确认违法。

4. 被告改变原违法行政行为、原告仍要求确认原行政行为违法情形下确认违法判决的说理

这类判决形式说理较为简单，主要有被告改变的原行政行为违法的理由以及原告经释明不撤回起诉而要求确认违法的事实。

5. 被告不履行或者拖延履行法定职责应当判决履行，但判决履行没有实际意义情形下确认违法判决的说理

这类判决形式的说理要点，主要在于两个方面：被告存在不履行或者拖延履行法定职责的情形及本该判决履行的理由，以及判决履行没有实际意义的理由。在一定情况下，“虽然被告行政机关不作为成立，但原告的请求具有很高的时效性，或者时过境迁，请求事项现在对于原告已失去实际意义，故可判决确认违法”。[②]

---

① 参见开封市中级人民法院（2016）豫02行初270号行政判决书。

② 江必新：《中华人民共和国行政诉讼法及司法解释条文理解与适用》，人民法院出版社2015年版，第495页。

（二）确认无效判决的说理

确认无效判决形式是2014年修正的《行政诉讼法》增加的判决类型，是行政诉讼判决方式走向完善的重要一步，但是“确认无效判决的适用情形是很少的，不能成为常规化的判决形式。”[①] 这类判决方式适用的说理，只需要围绕一个问题展开，即行政行为存在“重大明显违法”的情形，这是构成无效行政行为的条件。“重大是指行政行为的实施将给公民、法人或其他组织的合法权益带来重大影响；明显是指行政行为的违法性已经明显到任何有理智的人都能够判断的程度。”[②]《行政诉讼法》列举了确认无效的两种情形，即行政行为实施主体不具有行政主体资格和行政行为没有依据，这是一种不完全列举，实务中无效判决的说理不必受限于这两种情形，但必须围绕构成“重大明显违法”条件进行论证。

五、履行判决的说理

履行判决源于《行政诉讼法》第七十二条，该条规定人民法院经过审理，查明被告不履行法定职责的，判决被告在一定期限内履行。为进一步准确理解和执行这个条文，《最高人民法院关于适用〈中华人民共和国行政诉讼法〉的解释》（以下简称《适用解释》）第九十一条又规定：原告请求被告履行法定职责的理由成立，被告违法拒绝履行或者无正当理由逾期不予答复的，人民法院可以根据《行政诉讼法》第七十二条的规定，判决被告在一定期限内依法履行原告请求的法定职责；尚需被告调查或者裁量的，应当判决被告针对原告的请求重新作出处理。由此，履行判决又可以分为两种情形，即无裁量余地的履行判决与有裁量余地的履行判决。这两类履行判决，在说理要点上绝大多数都是共通的，但也存在一定的差异，即前者作出具体判决需要给出原告请求应当得到支持的理由，后者只需要给出行政机关应当给予答复的理由，至于行政机关具体如何处理和答复，则无须深入涉及。从《行政诉讼法》追求裁判有效性和纠纷化解实质性的目的来看，对于履责之诉，人民法

---

① 袁杰：《中华人民共和国行政诉讼法解读》，中国法制出版社2014年版，第208页。

② 江必新：《中华人民共和国行政诉讼法及司法解释条文理解与适用》，人民法院出版社2015年版，第498页。

院应当优先作出具体判决。这就是说，在能作出具体判决的情况下，理当充分履行审判职能，回应当事人的诉求，也减轻行政机关和相对人的诉累。

（一）无裁量余地的履行判决说理

法院判决行政机关履行作出行政行为的职责，如果法律规定比较明确或者事实比较清楚，行政机关在履行职责作出行政行为时没有进一步斟酌裁量的空间，一般称之为“无裁量余地”或“裁量空间缩减为零”，则可以在判决行政机关履行职责时将履行的内容具体化。从保护相对人合法权益，解决行政争议，提高诉讼效率等角度看，尽管行政诉讼要遵循司法权与行政权的合理分工，但逐步放宽司法审查的范围也是一个大趋势。[①] 这种情形下的履行判决说理，主要包含两部分内容：一是行政机关构成不履行法定职责的理由，即行政机关具备相应的职责、具备履行的条件和可能、逾期没有履行职责又缺乏正当理由；二是行政机关履行职责“无裁量余地”的理由，即裁判履行具体内容的职责时机成熟的理由，履行具体职责的案件事实已经查明，不需要行政机关履行职责过程中做进一步的调查和裁量。

（二）有裁量余地的履行判决说理

基于行政权与司法权的分工和划分，对于行政机关应当履行职责而没有履行，且如何履行、履行的具体方式以及履行到何种程度尚有裁量空间的，法院可以直接概括判决行政机关履行职责或作出处理。这种判决形式的说理，相较之无裁量余地的履行判决说理较为简单，只需要说明行政机关应当履行职责的理由，至于“尚有裁量余地”往往不需要多么丰富的理由。而且对于“尚有裁量余地”的判断，法官具有较大的裁量空间，即使对于实际上没有裁量空间的情形，判决认定存在裁量空间并作出概括判决，往往也不构成说理和裁判错误。

六、给付判决的说理

给付判决源于《行政诉讼法》第七十三条，该条规定：人民法院经过审

---

① 参见全国人大常委会法制工作委员会行政法室：《行政诉讼法立法背景与观点全集》，法律出版社 2015 年版，第 323 页。

理，查明被告依法负有给付义务的，判决被告履行给付义务。《适用解释》第九十二条得以具体明确，规定：原告申请被告依法履行支付抚恤金、最低生活保障待遇或者社会保险待遇等给付义务的理由成立，被告依法负有给付义务而拒绝或者拖延履行义务的，人民法院可以根据行政诉讼法第七十三条的规定，判决被告在一定期限内履行相应的给付义务。

给付判决来源于履行职责判决，是履行职责判决的一种特定形态。[①] 因而，给付判决的说理与履行判决的说理具有相似之处，但与履行判决说理稍有不同的是，给付判决以审查原告的诉讼请求为中心，原告请求法院判决行政机关给付一定的财物或作出一个行政行为以外的行为，从结果意义上看，给付判决就是对原告诉讼请求的认可、支持和满足。[②] 说理主要围绕如下三个方面展开：一是原告请求被告履行特定给付义务的理由，比如请求支付抚恤金、最低生活保障待遇等；二是被告逾期未履行支持、满足原告请求的给付义务的理由；三是被告逾期未履行给付义务不存在正当理由。需要注意的是，给付判决的内容必须是具体的，具有可执行性，具体给付的客体、数额或方式的确定，都需要一定的依据和理由说明。

七、变更判决的说理

变更判决源于《行政诉讼法》第七十七条第一款的规定，该条规定：行政处罚明显不当，或者其他行政行为涉及对款额的确定、认定确有错误的，人民法院可以判决变更。变更判决的说理。一是要注意处理好司法权与行政权的关系。变更的范围必须严格执行法律规定的范围与条件，不可逾越司法权的边界。此外，变更判决的适用具有较强的司法权判断代替行政权判断的属性，因此理由需要特别充分，如果理由不够充分，也就是有些事实的判断和裁量超出了司法的职能范围或者依据。在案证据虽然能够证明行政行为违法，但也无法明确具体的标准的时候，需要尊重行政裁量，不宜贸然作出变更判决。

---

① 最高人民法院行政审判庭编著：《最高人民法院行政诉讼法司法解释理解与适用》（上），人民法院出版社 2018 年版，第 428 页。

② 章剑生：《行政诉讼判决研究》，浙江大学出版社 2010 年版，第 301 页。

（一）对于行政处罚明显不当情形下的变更判决

说理主要围绕两个方面展开：一是行政处罚构成“明显不当”的理由，即一般理智的人认为行政处罚显失公正的理由；二是变更后的行政处罚结果的正当性理由，即不仅要论证被诉处罚决定结果“明显不当”，而且还要对法院自己变更后的处罚决定的“正当性”给出理由。

比如在备受关注的北京快乐三六五商店诉北京市延庆区食药局、延庆区政府行政处罚和行政复议案件中,[①] 法院灵活运用《行政处罚法》第二十七条的立法精神和目的，在教育与处罚相结合、过罚相当原则的理解和适用上给出了很好的理由，对于规范、引导行政执法机关正确适用法律规范进行处罚，具有很强的现实指导意义。该案文书对处罚是否明显不当以及是否判决变更处罚是这样说理的：

> 食品安全关系国计民生，国家实行严格的食品安全监管制度，其目的在于保障公众的身体健康和生命安全，维护社会稳定。被上诉人延庆区食药监局作为延庆区食品安全监督管理部门，对投诉人反映的上诉人销售过期食品的行为及时进行查处，履行了其法定职责，本院对此予以肯定。
>
> （1）关于被上诉人延庆区食药监局对上诉人违法事实的认定是否正确的问题……
>
> （2）关于处罚幅度是否适当的问题。《中华人民共和国行政处罚法》（以下简称《行政处罚法》）是规范行政处罚的种类、设定及实施的基本法律,《食品安全法》是规范食品生产经营活动及其监督管理的基本法律。在处罚食品安全违法行为方面，二者之间是一般法与特别法的关系，即通常应优先适用《食品安全法》，但在《食品安全法》没有明确规定时，可以适用《行政处罚法》。
>
> 《行政处罚法》第四条第二款规定：“设定和实施行政处罚必须以事实为依据，与违法行为的事实、性质、情节以及社会

① 参见北京市第一中级人民法院（2018）京01行终763号行政判决书。

危害程度相当。”《行政处罚法》第五条规定：“实施行政处罚，纠正违法行为，应当坚持处罚与教育相结合，教育公民、法人或者其他组织自觉守法。”行政处罚应遵循过罚相当原则，行政处罚所适用的处罚种类和处罚幅度要与违法行为的性质、情节及社会危害程度相适应。行政处罚兼具惩罚和教育的双重功能，通过处罚既应达到纠正违法行为的目的，也应起到教育违法者及其他公民自觉守法的作用。对违法行为施以适度的处罚，既能纠正违法行为，又能使违法者自我反省，同时还能教育其他公民自觉守法。如果处罚过度，则非但起不到教育的作用，反而会使被处罚者产生抵触心理，甚至采取各种手段拖延或抗拒执行处罚，无形中增加了行政机关的执法成本，也不利于树立行政处罚的公信力。

《行政处罚法》第二十七条第一款规定：“当事人有下列情形之一的，应当依法从轻或者减轻行政处罚：(一) 主动消除或者减轻违法行为危害后果的；(二) 受他人胁迫有违法行为的；(三) 配合行政机关查处违法行为有立功表现的；(四) 其他依法从轻或者减轻行政处罚的。”其中，“从轻处罚”是指在法定幅度内选择较低限度予以处罚，“减轻处罚”是指在法定幅度最低限以下予以处罚。

《食品安全法》第一百二十四条第一款第五项规定，生产经营标注虚假生产日期、保质期或者超过保质期的食品、食品添加剂，尚不构成犯罪的，由县级以上人民政府食品药品监督管理部门没收违法所得和违法生产经营的食品、食品添加剂，并可以没收用于违法生产经营的工具、设备、原料等物品；违法生产经营的食品、食品添加剂货值金额不足一万元的，并处五万元以上十万元以下罚款；货值金额一万元以上的，并处货值金额十倍以上二十倍以下罚款；情节严重的，吊销许可证。

本案中，上诉人销售的涉案过期瓜子仅有一袋，货值金额仅为12.8元，未造成任何实际危害后果，且在现场检查时未发现上诉人销售被投诉的同类过期食品，依据行政处罚法第二十七条第一款第四项的规定，应当予以减轻处罚。若依据食品安全法对上诉人处以五万元罚款，在处罚幅度上存在明显不当。行政诉讼法第七十七条第一款规定，"行政处罚明显不当，或者其他行政行为涉及对款额的确定、认定确有错误的，人民法院可以判决变更"，故本院将罚款数额变更为一万元。

（二）行政行为涉及款额错误情形下变更判决的说理

这类判决的说理，主要适用于行政行为中对款额的确定或认定存在错误的情形，而款额的确定或认定是否错误往往是对事实问题的审查，因而，行政行为涉及款额错误情形下变更判决的说理，应当主要围绕事实和证据展开说理，说明行政行为涉及款额错误的理由以及确定正确款额的依据。

八、行政协议判决说理

行政协议司法审查是2014年修正的《行政诉讼法》增加的内容，相应条款具体理解和适用在实务中争议很大。《行政诉讼法》第七十八条对行政协议案件的判决方式进行了相应的明确，规定：被告不依法履行、未按照约定履行或者违法变更、解除本法第十二条第一款第十一项规定的协议的，人民法院判决被告承担继续履行、采取补救措施或者赔偿损失等责任。被告变更、解除本法第十二条第一款第十一项规定的协议合法，但未依法给予补偿的，人民法院判决给予补偿。

（一）判决行政机关继续履行协议的说理

与民事协议相同，行政机关依法继续履行协议的前提，是被诉行政协议合法有效。因此，判决行政机关继续履行协议的说理，主要围绕协议的有效性展开，主要包括协议双方是适格的协议签订主体、协议符合法定形式、协议订立符合法定程序以及协议内容不存在无效的情形。在行政机关行使所谓"行政优益权"变更或解除协议不成立的情况下，同样应当判决行政机关继续履行协议，这里的说理还要围绕行政机关变更或解除协议不成立的理由展开。当然，考虑到判决方式是责令行政机关继续履行协议，因而在判决的说理中还要考虑协议履行的可行性，如果协议是有效的，但由于时过境迁或者情况发生重大变化，继续履行协议已不符合协议订立目的，则即使是有效的协议，也不宜判决继续履行。

（二）判决确认行政机关变更解除合法并判决补偿的说理

行政机关在行政协议签订后可以依法变更或解除行政协议，美其名曰“行政优益权”，这也是行政协议“行政性”的题中应有之义。而行政机关单方面变更或解除协议本身，往往又构成一项独立的行政行为，法院在审查该变更或解除行为合法性的时候，可以按照行政行为合法性审查的要点对其进行审查，相应的判决说理也可以按照行政行为合法性审查的情况展开说理。需要注意的是，即使变更或解除行政协议作为一项独立行政行为，但毕竟是对具有双方协议性的契约的变更或解除，因而在审查合法性的同时还需要回应与协议契约性有关的争议问题。比如，审查和说理可以援引的法律规范，不仅包括行政法律规范内，还应当包括相应的民事法律规范。再比如，即使行政机关变更或解除协议合法，可能还存在相对人的合理补偿问题，如何确定补偿的标准和方式，同样需要的判决中予以说理和明确。

比如在何某贵诉贵州省铜仁市碧江区灯塔街道办事处、贵州省铜仁市碧江区人民政府行政协议一案中，[①] 再审法院对行政协议中行政机关单方变更行为的定性以及合法性认定问题，进行了较为充分的说理：

> 本院经审查认为，根据再审申请人提出的请求和理由，并结合原审审理情况，本案审查的焦点是2012年3月8日灯塔街道办、九龙拆迁公司与何某贵签订的《房屋搬迁补偿安置协议书》应如何履行的问题。行政协议是指行政机关为实现公共利益或者行政管理目标，在行使行政职责过程中，与公民、法人或者其他组织协商订立的具有行政法上权利义务内容的协议。行政协议作为一种新型且重要的行政管理和公共服务方式，将传统上认为水火不容的行政和合同两种行为方式奇迹般地结合在一起。现在多数人认为，行政协议既有行政性又有合同性，是行政性和合同性的创造性结合，其因行政性有别于民事合同，

① 参见最高人民法院（2017）最高法行申4592号行政裁定书。

又因其合同性不同于一般行政行为。行政协议因协商一致而与民事合同接近，但又因其为实现行政管理和公共服务的一种方式而具有行政性而有别于一般民事合同。行政协议强调行政性是必要的，唯有如此才能解释为什么行政协议需要在行政程序相关法律中进行规定，并且应获得行政复议、行政诉讼救济，也能解释在行政协议中行政机关为什么享有单方变更、解除行政协议等有别于民事合同的优益权。与民事合同主体签订合同是为了自身利益不同，行政机关签订行政协议是为实现公共利益或者行政管理目标。不仅签订行政协议本身是实现公共利益或者行政管理目标的方式，而且在履行协议过程中，行政机关可以根据实现公共利益或者行政管理目标的需要单方变更、解除协议，甚至可以依法单方作出行政强制、行政处罚。当然，行政机关只有在协议订立后出现了由于实现公共利益或者行政管理目标的需要或者法律政策的重大调整，必须变更或者解除时，才能行使单方变更、解除权，由此造成公民、法人或者其他组织合法权益损失的，亦应依法予以补偿

本案中，2012年3月8日灯塔街道办、九龙拆迁公司与何某贵签订的《房屋搬迁补偿安置协议书》并不违反法律、行政法规强制性规定，合法有效，当事人本应当按照约定全面履行自己的义务。但根据原审法院查明的事实，2011年11月，国务院下发国函〔2011〕131号文件，撤销铜仁地区建制，设立地级铜仁市。新的铜仁市政府为了统筹经济社会的发展，加快城市建设，提升城市品位和形象，调整和重新制定了市域城镇体系规划和城市整体规划，案涉《房屋搬迁补偿安置协议书》涉及的安置宅基地的土地规划已变更，该市规划区范围内禁止私人建房。碧江区政府据此于2012年11月22日作出的碧府办发〔2012〕272号《通知》，对原协议的安置方式进行变更，取消用宅基地进行安置的方式，实行参与式开发建设安置。二审法院据此认定该变更行为系为了公共利益的需要，该单方变更行为合法，并无不当。与此同时，本案所涉地块亦已挂牌出让，碧江城投公司经过投标竞得该地块，并签订了《成交确认书》

《国有建设用地使用权出让合同》，何某贵请求按原《房屋搬迁补偿安置协议书》约定的宅基地进行安置建房已无实现的可能。故何某贵要求碧江区政府按照《房屋搬迁补偿安置协议书》的约定向其交付安置宅基地的请求，原审法院不予支持，不违反法律规定。

《中华人民共和国行政诉讼法》第七十八条第二款规定，被告变更、解除本法第十二条第一款第（十一）项规定的协议合法，但未依法给予补偿的，人民法院判决给予补偿。《最高人民法院关于适用〈中华人民共和国行政诉讼法〉若干问题的解释》第十五条第三款规定，被告因公共利益需要或者其他法定理由单方变更、解除协议，给原告造成损失的，判决被告予以补偿。作为国家机关，维护公共利益是行政机关的重要职责，在公共利益与私人利益发生矛盾时，应优先考虑公共利益的实现，但是承认公共利益优先并不否认个人利益的存在及实现。碧江区政府出于公共利益的需要，单方变更、解除协议，必须对相对人进行补偿。二审法院判决碧江区政府对何某贵房屋被征收拆迁履行行政补偿的法定职责，并无不当。该行政补偿既包括碧江区政府依据变更后的碧府办发〔2012〕272号《通知》，对何某贵进行安置补偿，亦包括碧江区政府因单方变更协议，给何某贵造成损失的补偿。碧江区政府应及时履行上述补偿的法定职责，何某贵亦可就上述补偿依法要求碧江区政府履行法定职责。

（三）判决协议无效的说理

行政协议无效的判决方式，并非是行政诉讼法所规定，而是行政协议纳入诉讼范围后自然引入的判决方式。这种判决方式的适用，说理主要围绕两个方面展开，一个是看行政协议是否存在《行政诉讼法》第七十五条规定的行政行为无效的情形，如存在，围绕该条适用的条件和标准展开说理；另一个是看行政协议是否存在合同法关于合同无效的情形，如存在围绕该法列举的无效情形加以具体说理。

（四）赔偿判决的说理

判决赔偿的适用条件，是行政机关不依法履行、未按照约定履行行政协议或者违法变更、解除行政协议，且给行政协议相对人造成了损害。这类判决方式的说理，主要围绕三个方面展开：一是行政机关存在行政协议违法行为的理由，不论是不依法履行还是未按照约定履行，或者违法变更解除协议，违法都是赔偿的前提条件；二是行政相对人造成损失的理由，相对人与协议履行或变更解除有关的损失有多大有多少，需要有理有据；三是行政机关违法行为与相对人损失之间存在因果关系的理由。此外，还有具体赔偿的数额以及支付方式等，是依据约定还是根据法定来确定，都需要相应的理由支撑。

九、行政赔偿判决的说理

行政赔偿判决主要包括两类，第一类是驳回赔偿请求的说理，第二类是判决赔偿的说理。驳回赔偿请求的判决说理与驳回诉讼请求的判决方式说理基本相同，不再赘述。这里主要讨论在确认被诉行政行为违法且需要判决赔偿的前提下，当事人提起赔偿之诉的判决说理，对于这类判决当中确认行政行为违法的部分，也不再赘述。

（一）原告损失确定的说理

行政赔偿案件中，原告损失认定的说理无外乎两个方面，一个是损失赔偿的范围，另一个是损失赔偿的程度，前者是法律规定的，后者则靠举证责任来解决。

对于损失赔偿的范围问题。《国家赔偿法》已经有明确规定，只有符合《国家赔偿法》第三条、第四条侵犯合法人身权、财产权的情形，才属于行政赔偿的范围。该法第三条规定：“行政机关及其工作人员在行使行政职权时有下列侵犯人身权情形之一的，受害人有取得赔偿的权利：（一）违法拘留或者违法采取限制公民人身自由的行政强制措施的；（二）非法拘禁或者以其他方法非法剥夺公民人身自由的；（三）以殴打、虐待等行为或者唆使、放纵他人以殴打、虐待等行为造成公民身体伤害或者死亡的；（四）违法使用武器、警械造成公民身体伤害或者死亡的；（五）造成公民身体伤害或者死亡的其他违法行为。”第四条规定：“行政机关及其工作人员在行使行政职权时有下列侵犯财产权情形之一的，受害人有取得赔偿的权利：（一）违法实施罚款、吊销许可证和执照、责令停产停业、没收财物等行政处罚的；（二）违法对财产采取查封、扣押、冻结等行政强制措施的；（三）违法征收、征用财产的；（四）造成财产损害的其他违法行为。”由此可见，行政赔偿的范围主要立足于以下两点。一是相对人受到损害的必须是合法权益。就是说，“公民、法人和其他组织的合法权益国家应当能够予以保护，非法权益本身就不是其应当享有的权益，故国家不应当给予保护。因此，行政机关及其工作人员违法行使行政职权的行为造成公民、法人或者其他组织合法权益损害的，国家才有可能承担行政赔偿责任，如果受到损害的是不法利益、不当得利等不受法律保护的权益，国家不承担行政赔偿责任”。① 二是受到损害的必须是人身权和财产权益范围，只有人身权和财产权受到违法行政行为损害的才属于行政赔偿范围。

根据《行政诉讼法》第三十八条第二款的规定，在行政赔偿、补偿的案件中，原告应当对行政行为造成的损害提供证据。因被告的原因导致原告无法举证的，由被告承担举证责任。可见，在原告损失认定方面，说理主要围绕三个方面展开。

一是原告受到的损害是不是合法权益的理由。原告造成损害的权益是不是“合法”权益，这是行政赔偿案件首先需要考量的因素。根据行政诉讼赔偿案件的举证责任配置，原告主张赔偿的权益的“合法性”应当由原告来承担，如果原告不能证明其要求赔偿权益的合法性，则不应当得到支持。实践中较为突出的此类赔偿纠纷，比如在拆除违法建筑行政赔偿案件中。行政机关强制拆除违法建设行为是违法的，且已为法院生效判决所确认，原告起诉要求行政赔偿并主张对被拆除“建筑物”损失的赔偿，这时候原告就得依法证明其所主张的被拆除的“建筑物”系其合法权益，比如取得房屋产权登记或者经规划许可建设。如果没有证据证明系合法财产权益，则不符合赔偿条件。如果当事人证明被拆除的违法建筑中有个人生活用品等物品因行政机关违法强制拆除行为，那么个人生活物品由于属于相对人的合法权益，所以属于赔偿的范围。

---

① 蔡小雪：《行政审判与行政执法实务指引》，人民法院出版社2009年版，第713页。

二是原告损失是不是属于赔偿范围的说理。这个理由说明，标准一般较为清楚，按照《国家赔偿法》第三条、第四条所列举的情形加以对照说明即可。实践中有争议的，往往是对这两个条文中兜底条款的理解和适用问题，即对其他侵犯人身权、财产权的情形的界定问题。

三是原告损失的举证责任问题。根据行政诉讼赔偿案件举证责任的规定，原告的损失由原告承担举证责任，但是由于被告的原因导致原告无法举证的，由被告负举证责任。这个标准的前半段，在实践中比较好把握，争议也不大，但后半段时常引发争议。按照争议越大越要说理充分的要求，对于因被告的原因导致原告无法就损失举证的情形，说理也应当更加充分有力。这方面的判决说理实践中比较常见，典型的比如在胡某某申诉南宁青秀山风景名胜旅游区管理委员会强制拆除行政赔偿案件中，[①] 最高人民法院生效裁判是这样说理的：

> 《中华人民共和国行政诉讼法》第三十八条第二款规定，在行政赔偿、补偿的案件中，原告应当对行政行为造成的损害提供证据；因被告的原因导致原告无法举证的，由被告承担举证责任。本案中，青秀山管委会违反法定程序，强制拆除涉案房屋，对于涉案房屋内的物品损失，应予赔偿。青秀山管委会在强制拆除过程中，应当依法妥善处置并保全证据，以证明其在强制拆除过程中已尽慎重、妥善之注意义务，对申请人涉案房屋中的合法财产已予清空并妥善处理。但青秀山管委会未能提供相关证据，未尽到举证责任。由于青秀山管委会的违法强制拆除，申请人仅能提供相关现场照片及财产损失清单，业已穷尽举证手段以证明动产损失的存在，基于公平原则，对于案涉动产损失及赔偿数额的确定，应适用上述法律所规定的举证责任倒置，即由青秀山管委会承担举证不能的不利后果并负相应的赔偿责任。尽管申请人不能证明其屋内物品损失的具体情况，合理的物品损失，青秀山管委会亦应予以赔偿。

---

① 最高人民法院（2017）最高法行申8566号行政裁定书。

当然，特定情况下赔偿损失举证责任倒置的规则，在实践中也容易使当事人提出不合理的赔偿请求，认为行政机关既然违法且又因违法导致原告没有办法就损害举证，误以为只要被告举证不能就可以让赔多少就赔多少。对此，法院裁判说理必须既坚持特定情形下举证责任倒置原则，又要保持谦抑，防止权利滥用。同样是上述最高人民法院的裁定，对于原告不切实际的损失主张，没有一味地强化被告的举证责任，对此的理由是这样说的：

> 《最高人民法院关于行政诉讼证据若干问题的规定》第五十四条规定，法庭应当对经过庭审质证的证据和无须质证的证据进行逐一审查和对全部证据综合审查，遵循法官职业道德，运用逻辑推理和生活经验，进行全面、客观和公正的分析判断，确定证据材料与案件事实之间的证明关系，排除不具有关联性的证据材料，准确认定案件事实。本案中，申请人提出的物品损失数额特别巨大，明显与其经济状况不相符，其提交的物品损失清单及赔偿数额，亦与其委托代理人邓某光一并代理的其他数起案件的物品雷同，不符合常理。邓某光在本院查验过渡房物品时自认提交的物品损失清单存在夸大数额等虚假陈述。根据《中华人民共和国行政诉讼法》第五十九条第一款第二项的规定，诉讼参与人伪造、隐藏、毁灭证据或者提供虚假证明材料，妨碍人民法院审理案件的，人民法院可以根据情节轻重，予以训诫、责令具结悔过或者处以一万元以下的罚款，十五日以下的拘留。申请人提供的物品损失清单明显不符合常理，属于虚假夸大的证明材料，本应予以相应处罚。考虑到申请人对行政诉讼法相关规定缺乏了解，夸大损失数额系因遭受强制拆除引起，故本院对申请人不予处罚。

（二）违法行为与损害结果之间的因果关系之理

违法的行政行为与损害事实之间存在因果关系，是满足行政侵权赔偿构成要件之一。因此，判决赔偿，除了前面需要说明被诉行政违法和原告存在损失的理由，还要讲明违法行为与损害结果之间存在因果关系的理由。说理的方式，仍然是“两步走”，先摆明标准，即因果关系是判决赔偿的构成要件，后对照标准论证因果关系是否成立。

构成因果关系，是认定行政侵权赔偿责任的基础与前提。“因果关系不仅归属于侵权行为法基本规定内容且构成了其他几乎所有赔偿责任构成要件的基础。”① 生活实践的复杂性和事物之间相互关系的多样性，造成了因果关系的判断弹性空间很大，虽然不能说违法行政行为发生在前就一定与发生在后的损失之间存在因果关系，但有的时候原因和结果之间的先后顺序的确会增加精准判断的难度。在认定因果关系的必然性方面，并非要达到排除合理怀疑的高度“必然”，只要发生在前的违法行为与发生在后的损害结果之间具有相当程度的关联性，在一定程度上就可以裁量因果关系成立。这与民事侵权领域因果关系的判断基本一致。“从司法实践来看，我国法院已经逐渐放弃用传统的‘必然因果关系说’来判断因果关系成立与否，而更多地采用德国法中的‘相当因果关系说’。”②

因果关系的理由，同样需要靠证据来说明，核心仍在于举证责任分配。在举证责任方面，违法行为与损害结果之间的因果关系仍遵循行政赔偿案件的举证责任分配规则，即由原告承担举证责任，如果原告不能证明其损失与违法行政行为之间存在因果关系的，则原告的该损失不符合赔偿条件；如果因为被告违法的原因导致原告无法举证的，则应当由被告承担举证责任，如果被告不能就此提供证据证明不存在因果关系或者不能对此作出合理说明的，则应当推定因果关系成立。前者比如在刘某某诉教育部行政赔偿案件中，③ 刘某某向教育部申请行政复议，教育部无正当理由逾期未履行复议职责被法院确认违法，刘某某据此提出行政赔偿诉讼，要求赔偿其“申诉上访相关费用和损失，参加房改购买住房的经济损失，校内津贴损失，工资损失”，对此，法院经审理认为：

当事人要求行政赔偿的前提是违法行政行为与要求赔偿的

---

① ［德］克里斯蒂安·冯·巴尔：《欧洲比较侵权行为法》（下），焦美华译，法律出版社2001年版，第498页。

② 王利明：《中华人民共和国侵权责任法释义》，中国法制出版社2010年版，第28页。

③ 参见北京市第一中级人民法院（2015）一中行初字第548号行政赔偿判决书和北京市高级人民法院（2015）高行终字第2279号行政赔偿判决书。

> 损失之间存在直接的因果关系。本案中，刘某某主张因一审法院（2012）一中行初字3800号行政判决书确认的教育部针对刘某某的行政复议申请未在法定期限内作出处理决定违法，提起本案行政赔偿诉讼。刘某某主张之经济损失191万元及此次因诉讼而产生的费用，包括申诉上访相关费用和损失，参加房改购买住房的经济损失，校内津贴损失，工资损失等，并非上述判决确认违法之行为直接导致，与该行为不存在直接的因果关系。

后者比如《中国行政审判案例》第158号指导案例杨军等诉上海市浦东新区书院镇人民政府行政强制违法赔偿案，[1] 该案的裁判要旨是“违法行政行为和相对人自身行为共同造成损害后果的，应在比较两者对损害后果的原因力大小的基础上确定行政赔偿责任”。法院在判决赔偿时说理认为：

> 国家机关和国家机关工作人员违法行使职权侵犯公民、法人和其他组织的合法权益造成损害的，受害人有依照本法取得国家赔偿的权利，但对于因公民、法人和其他组织自己的行为致使损害发生的，国家不承担赔偿责任。本案中，因被告在实施拔树行为前未通知原告，客观上缩短了原告可自行处置树苗的时间，给原告造成损失，故应对原告树苗损失承担一定的赔偿责任。关于原告主张的人工损失费及土地租赁费，由于原告是在基本农田上种树，该两项费用不能列入行政赔偿范围。关于树苗损失的责任分担问题，被告在违法实施拔树行为后，将树苗放置在田地中，并未拿走，原告未及时对树苗采取适当的处理措施，而是反复栽种，致使损失扩大。

因此，法院酌定被告承担65%的损失责任，原告承担35%的损失责任。

---

① 最高人民法院行政审判庭：《中国行政审判案例》（第4卷），中国法制出版社2012年版，第198～203页。

第三节　一审行政裁定书的说理

行政裁定书，是处理行政案件程序性事项的法律文书。一般而言，程序问题的处理相较之实体问题的说理相对会简单一些，但是这并不意味着在行政裁判文书中判决书说理需要强化裁定书说理就可以弱化或者可有可无。相反，裁定书作为处理当事人程序性事项的文书，在一定程度上直接影响乃至决定当事人的请求能否得到司法的审查和救济，因而同样需要给予当事人一个权威的说法，同样需要摆事实讲道理。受篇幅所限，本节的研究范围限于一审程序裁定，而且是作为程序终局处理的裁定，不包含诉讼过程中中止、保全等中间程序裁定，也不包含非诉程序裁定。

一、行政裁定书说理的总体要求

行政裁定书处理程序性问题，与行政判决书处理的问题有质的区别，这种区别也自然会反映到文书说理之中。这也决定了行政判决书需要遵循行政判决的规律，行政裁定书也要恪守行政裁定书的内在规则。

（一）行政裁定书形式多样，彼此差异明显，说理风格需要多样化

行政判决的说理固然也有多样性，但不同判决类型之间有差异，也有相同之处，还有的只是一枚硬币的两面。比如驳回诉讼请求判决与撤销判决，都是对行政行为合法性各方面的审查，审查的范围、环节和标准基本上是一致的，只不过是各环节审查结论不一样会影响判决及其说理的方向。而行政裁定书则不一样。一方面，行政裁定书适用范围广泛，情形多样，而且不同的适用情形相差甚远，比如对于驳回起诉裁定与撤诉裁定，尽管都是处理程序问题的事项，但二者对当事人权利的影响以及构成要件截然不同，这也决定了二者之间说理要点和标准自然是不同的；另一方面，即使是同一类型的行政裁定，比如驳回起诉的裁定，可以适用这类裁定的理由有十余类，每一类情形都是一个单独的方面，需要用不同的论证来证明裁定的适当性，讲清楚裁判的理由。

（二）行政裁定书适用的依据不仅来源于法律，还大量来源于司法解释，说理需要有效衔接法律和司法解释的规定

作为诉讼程序终局处理的行政裁定，《行政诉讼法》上有不予立案裁定、准许撤诉裁定和终结诉讼裁定，但实践中大量的诉讼程序终结裁定是驳回起诉裁定，而这类裁定并没有法律上的地位和规定，是由司法解释予以确认和发展的。即使驳回起诉的行政裁定在法律地位上不如前三类行政裁定，但由于在审判实践中适用范围广泛，所占比例大，因而不仅不可小视，相反还需要更加突出其适用的正当性和合理性，注重适用的理性。特别是不予立案裁定与驳回起诉裁定具有同根性，只不过一个是立案阶段的处理方式，一个是诉讼阶段的处理方式，在具体适用和文书制作时需要衔接二者的法律定位和理由衔接。

（三）行政裁定书的说理，特别是关于是否符合起诉条件的说理要与时俱进，与司法政策的演进和发展相吻合

行政诉讼起诉条件的把握和适用，与公民权利保护状况及司法政策紧密相关，因此，即使是法律没有变化，对起诉条件的规定没有修改，但是起诉条件的适用需要随时代的变迁和政策的调整进行准确把握，以使法律的条文与实际相吻合。这个问题在行政判决说理中亦同样存在，但是在行政裁定特别是驳回起诉的裁定中尤为突出。比如，关于可以起诉的原告，尽管法律没有多少调整和变化，但行政诉讼原告主体资格却经历了一个演变和发展的过程。从一开始，只有行政行为的直接相对人可以起诉，发展到其他有利害关系的人，也有权起诉。还有受案范围、适格被告、利害关系的判断，都有与时俱进的问题。对这些问题的说理，仅有法律条文是远远不够的，需要结合法律理论的发展以及经济社会发展状况对法律条文作与时俱进的解释和适用。

二、不予立案裁定的说理

不予立案裁定适用于起诉不符合起诉条件的情形，由法院立案审判部门适用。当事人向法院提起诉讼需要提交必要的相应材料，诸如起诉状及身份证明等材料。在立案登记制度背景下，行政诉讼立案门槛较之过去立案审查制显著降低，绝大多数起诉都能做到当场立案，因此不予立案裁定的适用率并不高。根据《行政诉讼法》第五十一条的规定，人民法院在接到起诉状时对符合本法规定的起诉条件的，应当登记立案。对当场不能判定是否符合本法规定的起诉条件的，应当接收起诉状，出具注明收到日期的书面凭证，并在七日内决定是否立案。不符合起诉条件的，作出不予立案的裁定。裁定书应当载明不予立案的理由。由此可见，不予立案裁定说明不予立案的理由是法定义务，所需要说明的理由就是不符合行政诉讼法规定的起诉条件。因此，不予立案裁定说理，首先要回到行政诉讼法定起诉条件上，而且从上述法律的目的来看，立案阶段对起诉条件的审查较为宽松，对当场不能判定是否符合起诉条件的，先行推定其符合起诉条件而登记立案，所以对于不符合起诉条件的说理重点在于是否明显不符合起诉条件。如果不是明显不符合起诉条件，则一般还是应当登记立案，由行政审判部门对起诉条件再行审查。这个说理要求意味着，“立案登记并不表明对起诉材料完全不进行审查，对起诉材料是否符合法律要求仍需进行程序性审查，但排除严格的实体审查，不得以起诉材料不具有真实性等实体方面的理由不予立案登记”。①

行政诉讼立案审查的标准具有形式性，而且审查内容也相对简单一些。不符合起诉条件的情形有很多，但立案审查阶段需要审查的主要就是《行政诉讼法》第四十九条规定的条件。该条规定：提起诉讼应当符合下列条件：（一）原告是符合本法第二十五条规定的公民、法人或者其他组织；（二）有明确的被告；（三）有具体的诉讼请求和事实根据；（四）属于人民法院受案范围和受诉人民法院管辖。如果当事人的起诉明显不符合上述四项条件之一，则可以裁定不予立案。由于上述四个方面的条件各不相同，因而不予立案裁定的理由应当具有针对性。

对于因不符合第一项条件裁定不予立案的说理。该项条件指向了《行政诉讼法》第二十五条的规定，尤其是该条第一款，规定：行政行为的相对人以及其他与行政行为有利害关系的公民、法人或者其他组织，有权提起诉讼。从该规定可以看出，只有行政行为的相对人和行政行为的利害关系人才具有原告资格，可以提起行政诉讼，因而，如果要以当事人不具有原告资格裁定

---

① 江必新：《中华人民共和国行政诉讼法及司法解释条文理解与适用》，人民法院出版社 2015 年版，第 315 页。

不予受理，则必须围绕原告是否是行政行为相对人或利害关系人来进行分析和论述。其实，法律规范看似给出了两类原告资格的判断标准，即相对人或利害关系人，实质上只是一个标准，即利害关系人标准，因为行政行为的相对人肯定是行政行为的利害关系人。因而，阐述原告与被诉行政行为是否具有利害关系，则是这类裁定书说理的关键。这里的说理逻辑，仍然应当遵循先阐明标准后与案件事实结合分析的进路。比如，在赵某某因诉河南省人民政府不履行法定职责一案中，[①] 最高人民法院认为赵某某不符合《行政诉讼法》第二十五条所规定的利害关系人条件，因而认定其起诉不符合起诉条件。该案裁定的理由是这样说的：

> 诚如再审申请人所言，“监督行政机关依法行使职权”是《行政诉讼法》第一条规定的立法目的之一，但这种监督并非人民法院主动实施，而是通过受理行政诉讼、解决行政争议得以实现。同时，也不是任何人都有资格启动行政诉讼这一争议解决机制。按照《行政诉讼法》第二十五条的规定，行政诉讼的原告应当是与被诉行政行为有利害关系的公民、法人或者其他组织。有利害关系的含义是指，作为行政诉讼的原告，必须主张一项属于他自己的主观权利，并且该权利可能受到了被诉行政行为的侵害。如果一个个人主张的是公众的权利，该个人则没有诉权，即使他可能属于公众的一部分。
>
> 具体到本案，再审申请人是向再审被申请人河南省政府举报反映有关公司和人员涉嫌恶意套取、侵吞、私分国有资产，请求再审被申请人依法查处并作出处理，因再审被申请人未作回复而提起诉讼，要求再审被申请人履行职责。再审申请人主张，其“举报的事项为国有资产流失问题，这是每个公民应尽的职责”。这一主张符合《企业国有资产法》第六十六条第二款关于“任何单位和个人有权对造成国有资产损失的行为进行检举和控告”的规定，但是，该条规定的目的在于维护公共利益，并非保障举报人自身的权益。再审申请人虽然认为国有资产流

---

① 最高人民法院（2017）最高法行申 4076 号行政裁定书。

> 失问题“与每一个人的利益都息息相关”，但该利益并非再审申请人自身的主观权利。固然，行政机关如果对此类举报的处理情况作出答复，将会激励公民更加关心公共利益，但行政机关未予答复，也并不对举报人自身的合法权益产生直接影响。鉴于再审申请人不具备提起本案诉讼的原告资格，原审法院裁定驳回起诉，结果并无不当。再审申请人的再审理由不能得到支持。

对于因不符合第二项条件裁定不予立案的说理。“所谓明确，就是指原告所诉被告清楚、具体、可以指认。由此可以看出，在立案审查时对所列被告要求并不高，只要原告起诉时，所诉被告具体、明确，同时符合其他起诉条件就应当立案受理。”① 这就是说，在立案审查阶段，“有明确的被告”的标准更具有形式性，即只要原告提起诉讼在形式上具有“明确的被告”，在立案登记制背景下一般认为可以予以立案，因为绝大多数情况下被告是否适格可以留待审理程序中予以核查，除非有证据显示原告所列的被告明显不是适格被告。因此，对于在立案审查阶段直接适用该项规定裁定不予立案的，说理主要在于两个方面：一是阐明“有明确的被告”的法律含义以及对原告起诉条件的要求，二是在明确上述标准后，结合案件具体事实分析该案中原告所列举的被告为何明显不是适格被告。在刘某某与山东省庆云县人民政府再审案件中，最高人民法院是这样说理的：

> 在行政诉讼中，被告适格包括两个层面的含义。一是形式上适格，也就是《行政诉讼法》第四十九条第二项规定的“有明确的被告”，以及第二十六条规定的关于适格被告的各款规定。形式上适格属于法定起诉条件的范畴，不符合这些规定的，应当裁定不予立案或者在立案后裁定驳回起诉。二是实质性适格，它是指被诉的行政机关作出了被诉的那个行政行为，并且该机关在此范围内能对案涉标的进行处分。实质性适格问题相对复杂，通常需要通过实体审理查明，如果通过实体审理确实

① 袁杰：《中华人民共和国行政诉讼解读》，中国法制出版社 2014 年版，第 135 页。

> 不构成实质性适格，则以理由不具备为由判决驳回原告的诉讼请求。当然，也不排除在特别明显地不具备实质性适格的情况下，在进入实体审理之前即以起诉不符合法定条件为由裁定驳回起诉。本案中，再审申请人以庆云县政府为被告提起诉讼，要求确认庆云县政府行政强制行为违法并请求行政赔偿，由于“有明确的被告”，原告也提供了一些初步的事实证据，原审法院认定再审申请人提起本案诉讼符合法定条件并予以受理，不仅较好地保护了原告的诉权，也提供了通过言词审理进一步查清案件事实的机会。在经过开庭审理之后，原审法院认为再审申请人所提供的证据和证人证言并不能足以证明庆云县政府实质性适格，亦即并不能足以证明被诉行政强制行为系由庆云县政府实施。而且，通过证人证言，被告答辩、第三人陈述意见的相互印证，特别是通过再审申请人在庭审中的自认，能够认定被诉行政强制行为系庆云县政府组织、第三人渤海路街道办实施，在此情况下，再审申请人对庆云县政府的指控显然缺乏事实根据，原审法院判决驳回其诉讼请求符合法律规定。再审申请人提出的“主体问题应当是裁定方式结案”的主张依法不能成立。①

对于因不符合第三项条件裁定不予立案的说理。提起诉讼，必然就应该有相应的诉讼请求，无请求不为诉，当然仅有请求也还是不够的，该请求还必须有事实根据，只不过这里的事实根据并不是诉求得到支持的事实根据，而是诉讼请求得以提出的事实根据。这类不予立案裁定书的说理，主要分为两种类型，即有没有具体的诉讼请求和有没有事实根据。每种类型的文书说理又可以分为两个层次：一是何为“有具体的诉讼请求”以及具体案件中原告提出的诉讼请求是否具体，二是何为“事实根据”以及具体案件中原告的诉讼请求是否具有提出的事实根据。对于何为“具体的诉讼请求”，《适用解释》第六十八条对此已作出明确的规定，说理的时候可以直接援引该规定作为说理的标准，如果原告所提出的诉讼请求不符合该条规定，则一般认为原

---

① 最高人民法院（2016）最高法行申 2907 号行政裁定书。

告没有“具体的诉讼请求”。对于何为“事实根据”以及具体适用说理问题，最高人民法院曾在杨学奎诉天津市津南区政府、津南区咸水沽镇政府案文书中作过示范性阐述：

> 根据《行政诉讼法》第四十九条的规定，提起行政诉讼应当有“具体的诉讼请求和事实根据”。通常认为，所谓“事实根据”，是指一种“原因事实”，也就是能使诉讼标的特定化或者能被识别所需的最低限度的事实。通俗地说，是指至少能够证明所争议的行政法上的权利义务关系客观存在。例如，如果请求撤销一个行政决定，就要附具该行政决定；如果起诉一个事实行为，则要初步证明是被告实施了所指控的事实行为。再审申请人提起本案诉讼，系指控再审被申请人津南区政府、咸水沽镇政府对其房屋共同实施了强制拆除的行政行为，故本案的被诉行政行为是实施强制拆除房屋的事实行为。再审申请人在再审申请理由中以咸水沽镇政府出具的《答复意见书》和天津市津南区集体土地房屋拆迁管理办公室对其作出的促拆告知书佐证津南区政府对其房屋实施了强制拆除，并称上述证据已向一、二审法院提交。经审查，咸水沽镇政府出具的《答复意见书》是该政府于2015年1月29日对王玉娟作出的信访答复。该意见书载明，“依据刘家码头村进行土地整合，依据《咸水沽镇示范镇建设整合拆迁方案》，咸水沽镇政府向区集拆办报请促拆手续，批准向你户下发促拆告知书，并贴公告，最后由区政府下发促拆执行公告。因你户诉求过高，镇党委书记、镇长亲自与您做思想工作，主管副镇长吕志华、韩世正及负责拆迁的机关干部10余人找本人协商，最终没有达成一致。2013年7月5日对其房屋进行了促拆，整个拆迁过程有全程录像。”可见，即使该意见书所载报请批准过程属实，也不能证明津南区政府对涉案房屋具体实施了强制拆除。天津市津南区集体土地房屋拆迁管理办公室所作促拆告知书则是该办公室就刘家码头村委会与再审申请人之间的拆迁争议调解无果后，于2013年6月14日对再审申请人所作关于双方权利义务的告知。关于刘家码头

> 村委会的权利，该告知书载明，“刘家码头村委会如认为被告知人杨学奎拒不搬迁的滞留行为已经严重侵犯了本村绝大多数村民的利益，即可以依照《中华人民共和国村民委员会组织法》的有关规定议决后申请有关部门予以拆除，也可以通过司法途径予以拆除。”可见，再审申请人认为该告知书的内容可以证明该办公室明确指示咸水沽镇政府可以拆除再审申请人房屋与事实并不相符。同时，该告知书亦不能证明天津市津南区集体土地房屋拆迁管理办公室或者津南区政府对涉案房屋具体实施了强制拆除。因此，再审申请人对津南区政府提起本案行政诉讼不具有事实根据，不符合《行政诉讼法》第四十九条第三项规定的起诉条件。[①]

该裁定书说理标准明确，结合案件具体事实分析透彻，真正做到了有理有据，令人信服。

对于因不符合第四项条件裁定不予立案的说理。这条规定，就是要求起诉人“确定好对的事”“找到对的门”,[②] 否则，如果不能“确定好对的事”或者“找到对的门”，则起诉就不符合起诉条件，应当裁定不予立案。对于受案范围的说理，仍然遵循说理的一般逻辑，先阐明不属于行政诉讼受案范围的条件和标准，再结合案件事实分析为何不属于受案范围。对此，《行政诉讼法》第二条、第十二条、第十三条以及《适用解释》第一条、第二条从概括和列举、正面和反面等多角度对受案范围问题进行了规定，实践中可以在文书中直接援引这些规定作为说理的依据和标准，在结合个案事实进行分析说明。由于受案范围问题复杂，法律不能列举完全，这里也不可能将形式多样的受案范围说理问题面面俱到进行一一列举分析，这里仅以上级行政机关基于内部层级监督关系对下级行政机关作出的行为是否属于受案范围问题为例，以此来说明此类问题说理的范式。最高人民法院在邵某某诉杭州市西湖区人民政府案的裁定书中,[③] 就受案范围问题的说理如下：

---

① 最高人民法院（2016）最高法行申 2301 号行政裁定书。

② 袁杰：《中华人民共和国行政诉讼法解读》，中国法制出版社 2014 年版，第 135 页。

③ 最高人民法院（2017）最高法行申 1129 号行政裁定书。

本案的争议焦点是上级行政机关对下级行政机关的行政执法过错责任的调查和处理是否属于人民法院受案范围。《中华人民共和国行政诉讼法》第二条第一款规定，公民、法人或者其他组织认为行政机关和行政机关工作人员的行政行为侵犯其合法权益，有权依照本法向人民法院提起诉讼。一般认为，可诉的行政行为应当是行政机关直接设定行政管理相对人权利义务或者对相对人权利义务直接产生影响的管理行为，并不包括行政机关基于上下级监督关系而形成的内部监督管理行为，亦即上级行政机关基于组织法和上下级之间的管理与被管理关系而对下级行政机关所作的行为，不属于人民法院行政诉讼受案范围。行政管理相对人可以直接针对对其权利义务产生影响的对外发生法律效力的行为，以在对外发生法律效力的文书上署名的行政机关为被告，提起行政诉讼。而上级行政机关对下级行政机关的执法过错行为的调查及追责，既是行政机关上下级之间的内部管理行为，也是行政机关上下级之间的内部监督行为。不论内部监督行为的结果如何，都不对申请人的权利义务产生直接影响。因此，针对下级行政机关的执法过错行为，不论上级行政机关是否立案调查，是否作出相应决定，当事人对相关决定是否接受，均不属于人民法院司法监督范畴，也非行政诉讼受案范围。具体到本案中，西湖区政府针对蒋村街道办涉案强拆行为是否调查处理，以及是否追究蒋村街道办及其工作人员的违法行政责任，均非人民法院行政诉讼受案范围。

三、驳回起诉裁定的说理

驳回起诉裁定与不予立案裁定具有同质性，解决的都是原告是否符合起诉条件问题。按照法律规定，当事人起诉到法院，法院当场能判断出不符合起诉条件的，作出不予立案裁定，不能确定当场立案的，有七日的立案审查期限，七日内仍不能确定是否立案的，先行立案。立案后发现不符合起诉条件的，裁定驳回起诉。而根据《适用解释》第六十九条的规定，驳回起诉裁定的适用范围远远广于前述不予立案的适用范围，除了实践中常见的不予立案的四项情形之外，还有该条规定的错列被告、超过起诉期限等其他不符合起诉条件的情形。这些情形下驳回起诉裁定的说理，各有不同，但基本上都遵循法定起诉条件标准、本案事实情况以及对照标准得出结论的逻辑，在此不再一一展开。这里仅就实践经常适用的超过起诉期限而裁定驳回起诉文书说理，进行阐述。

以超过起诉期限为由裁定驳回起诉，仍然遵循三段论的逻辑。之所以把此类裁定单独拿出来讨论，是因为作为大前提的法律规范本身的选择就需要说理。这是因为，行政诉讼起诉期限具有多样性和多层次性，不同性质的行为和样态适用不同的起诉期限，因而这类裁定说理的重点，首先就体现在案件到底适用那种起诉期限上。对于作为类行政案件，《行政诉讼法》第四十六条规定：公民、法人或者其他组织直接向人民法院提起诉讼的，应当自知道或者应当知道作出行政行为之日起六个月内提出。法律另有规定的除外。因不动产提起诉讼的案件自行政行为作出之日起超过二十年，其他案件自行政行为作出之日起超过五年提起诉讼的，人民法院不予受理。《适用解释》第六十四条又规定：行政机关作出行政行为时，未告知公民、法人或者其他组织起诉期限的，起诉期限从公民、法人或者其他组织知道或者应当知道起诉期限之日起计算，但从知道或者应当知道行政行为内容之日起最长不得超过一年。这就是说，对于作为类行政行为的起诉期限，有六个月、一年、五年和二十年四个期限可供选择适用，具体适用哪一个期限本身需要说理。

以作为类案件为例。起诉期限的说理又分为两种情形，一种是知道或者应当知道行政行为的，告知六个月起诉期限的，适用六个月的期限，未告知六个月起诉期限的，适用一年的起诉期限，当然知道或者应当知道本身也是需要说理的，特别是“应当知道”的推定，更是需要有详细的理由说明。另一种是对于不知道行政行为内容的，又可以分为两类，一类是不涉及不动产的，适用五年的最长期限，另一类是涉及不动产的，适用二十年的最长期限，这里面是否涉及不动产本身也是需要说理的。比如对于实践中争议较大的公有房屋租赁合同纠纷，到底是否是涉及不动产的纠纷就需要进行说理。比如在刘某某等人诉北京市东城区政府公房租赁纠纷案件中，争议焦点就在起诉期限上，到底适用五年还是二十年的最长起诉期限。最高人民法院的裁定说理认为：

> 产生本案争议的背景是北京市的城市公有房屋管理制度。《北京市人民政府关于城市公有房屋管理的若干规定》第十六条规定："本规定执行中的具体问题，由市房屋土地管理局负责解释。"北京市房地产管理局根据该规定，统一制定了《北京市公有住宅租赁合同》。该合同虽属示范性的合同文本，但实践中北京市各区县房地产管理局、自管房单位、房产经营单位均依据该合同中的相关条款进行公有住宅的管理，已经成为一种惯例。《北京市公有住宅租赁合同》第七条规定："租赁期限内，乙方外迁或死亡，乙方同一户籍共同居住两年以上又无其他住房的家庭成员愿意继续履行原合同，其他家庭成员又无异议的，可以办理更名手续。"从该条规定的适用情况以及公有房屋承租实践看，公有房屋承租人变更行为涉及原承租人家庭成员的重大居住权益，其实际效果与导致不动产物权变动的行政行为性质类似。①

该篇文书结合我国公房租赁制度的背景和实际情况，分析论证得出了公房租赁合同虽然是协议纠纷，形式上并不涉及不动产权属变动，但透过现象看本质，实际上承租人变更具有与不动产权属变动相类似的效果，因而为此类纠纷确立了适用最长二十年起诉期限的规则。

四、准许撤回起诉裁定的说理

撤回起诉裁定说理较为简洁明了。不论是原告自行撤回起诉，还是被告改变原行政行为原告申请撤诉，撤诉裁定说理都主要包含两个方面：一是原告自愿申请撤诉，撤诉必须是原告的真实意思表示；二是撤诉不损害国家利益、公共利益和他人合法权益，如果损害国家利益、公共利益或者他人合法权益，则不应允许撤诉。

---

① 参见最高人民法院（2017）最高法行申 2591 号行政裁定书。

五、终结诉讼裁定的说理

在行政诉讼实践中，终结诉讼裁定运用得比较少。《适用解释》第八十八条规定：在诉讼过程中，有下列情形之一的，终结诉讼：（1）原告死亡，没有近亲属或者近亲属放弃诉讼权利的；（2）作为原告的法人或者其他组织终止后，其权利义务的承受人放弃诉讼权利的。因本解释第八十七条第一款第一、二、三项原因中止诉讼满九十日仍无人继续诉讼的，裁定终结诉讼，但有特殊情况的除外。这类裁定说理，严格遵循上述法律规定确定的条件和标准，结合案件事实展开分析和论证即可，在此不再详述。

第四节　二审裁判文书说理

在我国的司法体制框架下，二审裁判即是终审裁判。二审裁判包括二审行政判决书，也包括二审行政裁定书。由于二审裁判审查范围与一审裁判有相当的相似性，加之此前第三章以对审计程序与说理进行了分析，对二审行政裁判文书说理的总体要求进行了研究，因此，本节将二审行政裁判文书说理放在一起进行论述，直接针对二审行政裁判类型展开梳理要点的研究。

一、驳回上诉，维持原审判决的判决说理

驳回上诉、维持原审判决是二审法院对一审法院判决作出的全面肯定性评价，这种判决方式体现了我国行政诉讼主观之诉与客观之诉相结合的特点，驳回上诉是对当事人上诉理由和请求的回应，维持原判是对一审判决所持的态度。根据《行政诉讼法》第八十九条的相关规定，原判决认定事实清楚，适用法律、法规正确的，判决驳回上诉，维持原审判决。因此，该判决类型应当围绕以下几个要点进行说理。

1. 原判决的事实认定问题

这里针对原判决的事实认定，它不同于被诉行为的事实认定，但通常包含了对被诉行为的事实认定。事实认定往往基于对案件证据的认定，这里的

证据分为原审证据以及当事人依法提供的新证据。对原审证据的说理应从一审认证的合法性、全面性及准确性予以展开：一审判决的定案证据均为当事人按照法定期限提交，且均经过庭审公开质证，证据形式符合法律要求；一审法院的定案证据是对当事人提供的全部证据进行综合考量作出的认定，不存在遗漏重要证据的情况；一审法院的定案证据具有真实性、合法性和关联性，对证明效力及证明力大小判断得当；一审法院举证责任分配正确，证明标准能够达到合理程度，定案证据能够排除合理怀疑或具有优势。

对于当事人提出的新的事实和证据，二审法院在说理部分应当对新证据的三性以及证明力予以认定，对新证据不能足以推翻原审认定事实的理由进行阐述。

2. 原判决的法律适用问题

二审判决对法律适用的评价主要着眼于：一审判决对被诉行政行为合法性的判断具有法律、法规、规章的依据；对法律规范的解释符合法律原则、精神和目的；法律条款的援引具体、明确，不存在遗漏、错误的问题。

3. 原判决的程序问题

这里既包含对被诉行为程序合法性的认定，也包含对一审判决程序合法性的认定。前者在一审裁判说理部分已经阐明，主要对被诉行为符合了法定程序或正当程序进行说理；后者主要针对当事人上诉状中提出的争议点进行回应，包括一审法院按照法律规定公开审理；保障了当事人提起回避、参与庭审、进行法庭陈述辩论、提起上诉等程序性权利；依照法律规定组成合议庭并进行合议；在法定期限内审结案件，延长审限、扣除审限等符合法律规定；向当事人送达法律文书及时、送达方式合法合理等。

对于一审审判程序合法性的说理问题，实践中很多当事人都提出一审书面审理合法性问题。对此，最高人民法院在再审裁定中做过多次阐述，尽管是再审案件文书说理，但与二审程序类似问题说理是相同的。比如在一起再审案件裁定中认为：

> 《行政诉讼法》第八十六条规定："人民法院对上诉案件，应当组成合议庭，开庭审理。"但该条同时规定："经过阅卷、调查和询问当事人，对没有提出新的事实、证据或者理由，合议庭认为不需要开庭审理的，也可以不开庭审理。"按照本条的

> 规定，行政诉讼的第二审程序并非完全是“以新的一审代替原一审”，第二审程序中实行言词审理，主要限于“提出新的事实、证据或者理由”的情形，而且，在第二审程序中提出“新的证据”也并非不加任何限制，主要应当限于《最高人民法院关于行政诉讼证据若干问题的规定》第五十二条规定的三种证据，即：在一审程序中应当准予延期提供而未获准许的证据；当事人在一审程序中依法申请调取而未获准许或者未取得，人民法院在第二审程序中调取的证据；原告或者第三人提供的在举证期限届满后发现的证据。而本案并不存在以上情形。因此，二审法院在认为不符合开庭审理的条件时采用书面审理的方式，并不违反行政诉讼法第八十六条的规定，再审申请人主张“二审不应进行书面审理”“二审程序严重违法”，依法不能成立。①

4. 原判决司法裁量权的运用问题

每一次判决都是司法裁量权运用的过程，二审法院必要时应当对裁量权的正当性进行说理，说理角度可以涉及准确运用行政法原则，符合相关领域法律原则精神的要求，有利于争议实质性化解，有利于实现保护私权、监督公权的行政诉讼目的。同时，对不存在对行政权不当干预、代替行政机关行使首次判断权、不尊重行政规律及惯例等情形进行阐明。

二、改判、撤销、变更判决的说理

根据《行政诉讼法》第八十九条第二项的相关规定，原判决认定事实错误或者适用法律、法规错误的，依法改判、撤销或变更。依照规定，此类判决类型仅适用于一审事实认定错误或法律适用错误或二者同时存在的情形，因此，二审判决的梳理主要围绕这两点予以展开：

1. 一审事实认定错误

二审法院应当阐明：（1）一审判决对哪些事实的认定存在错误，该事实是决定判决结果的主要事实还是次要事实。（2）导致事实错误的原因是什么，

---

① 参见最高人民法院（2016）最高法行申 2907 号行政裁定书。

如对证据的采纳不全面；采纳了不合法、不真实及与本案无关的证据；对证据证明力判断有误；举证责任分配有误；证明标准确立不当，无法排除合理怀疑或不能体现优势原则。

比如在备受关注的苏某某诉中国证监会行政处罚案件中，[①] 二审法院认为对当事人关于证明标准的争议，是这样分析说理的：

> 证明标准，是法律上运用证据证明待证事实所要达到的程度要求。其重要价值之一，在于为衡量负有举证责任的一方当事人是否切实尽到举证责任提供判断标准，如果对主张的事实的证明没有达到法定的证明标准，其诉讼主张就不能成立。行政诉讼调整的对象和范围具有多样性和广泛性，不同类型行政行为的性质以及对当事人权利义务的影响程度不同，因而理论上一般认为，行政诉讼证明标准具有灵活性、中间性和层次性，需要根据具体案件情况，在排除合理怀疑的上限标准与合理可能性的下限标准之间合理确定个案中所适用的证明标准。具体到内幕交易行政处罚领域，证券监管机关应依法对被诉处罚决定的合法性承担举证责任，只是考虑到内幕交易案件在调查上的特殊性，才为证券监管机关适用推定认定事实提供一定的空间和可能，但即便如此，也要考虑到内幕交易行政处罚往往对当事人合法权益产生巨大影响，在推定的适用标准上应当秉持审慎原则，尤其是对据以推定的基础事实的证明标准，要求也应当更高。正因为此，《最高人民法院关于审理证券行政处罚案件证据若干问题的座谈会纪要》第五部分“关于内幕交易行为的认定问题”明确，当事人在内幕信息公开前与内幕信息知情人联络接触，其证券交易活动与内幕信息高度吻合，且被处罚人不能作出合理说明或者提供证据排除其存在利用内幕信息从事相关证券交易活动的，人民法院可以确认被诉处罚决定认定的内幕交易行为成立。这里“高度吻合”的标准，就是证券监管机关对据以推定的基础事实所要达到的证明程度要求，也与

① 参见北京市高级人民法院（2018）京行终445号行政判决书。

内幕交易行为性质以及对相对人权利义务影响程度相适应。本案中，被诉处罚决定认为苏某某与殷某某接触联络且交易威华股份的时点与内幕信息的进展情况高度吻合，且苏某某不能提供充分而有说服力的解释，据此推定苏某某构成内幕交易，被诉复议决定则认为苏某某买入威华股份的交易时点与内幕信息的形成过程较为吻合，且苏某某不能合理说明其在内幕信息公开前买入威华股份的原因，据此维持被诉处罚决定。显然，被诉处罚决定和被诉复议决定在推定构成内幕交易的基础事实的证明程度上适用了不同的标准，前者适用的是“高度吻合”标准，后者适用的是“较为吻合”标准。而对于如何看待被诉处罚决定和被诉复议决定之间不一致的关系问题。《最高人民法院关于适用〈中华人民共和国行政诉讼法〉的解释》第一百三十五条规定，复议机关决定维持原行政行为的，人民法院应当在审查原行政行为合法性的同时，一并审查复议决定的合法性；作出原行政行为的行政机关和复议机关对原行政行为合法性共同承担举证责任，可以由其中一个机关实施举证行为，复议机关对复议决定的合法性承担举证责任；复议机关作共同被告的案件，复议机关在复议程序中依法收集和补充的证据，可以作为人民法院认定复议决定和原行政行为合法的依据。由此可见，现行行政诉讼制度改变了过去将原行政行为和复议维持决定作为两个完全独立的行政行为来对待的模式，而是将复议维持决定与原行政行为作为一个整体来认识和把握，复议机关可以修正和补充原行政行为的事实和法律状态，经过修正或补充后，原行政行为已不再是原来作出时的状态，而是以复议决定修正和补充后的形式体现出来的原行政行为。因此，本案中，被诉处罚决定中的“高度吻合”已为被诉复议决定中的“较为吻合”所修正，且该修正与在案证据显示的内幕信息形成发展与相关交易活动进行的案件事实基本一致，据此可以认定，被诉处罚决定据以推定苏某某存在内幕交易的基础事实没有达到“高度吻合”的证明标准。

该说理适用与案件性质相吻合的证明标准，结合行政复议维持双被告程序中“行政一体化”的原则，论证了该案应当适用何种证明标准、为何适用该证明标准以及本案是否符合该证明标准，逻辑连贯，说理充分，有说服力。

2. 一审法律适用错误

二审法院应当结合案件事实阐明一审判决存在如下问题：（1）对法律规范或法律规范的具体条款的选择错误；（2）当法律规范存在冲突时，没有准确适用《立法法》规定的法律冲突原则，如有上位法而适用下位法，有特别法而适用一般法，有新法而适用旧法等；（3）对不确定法律概念的解释不符合立法原则、目的和精神，不尊重行政规律，不符合行政法基本原理，有悖于常识和经验等。

比如在一起备受关注的涉“二胎”政策调整社会抚养费征收案件中，①对于在政策调整之前不符合再生育条件而生育的，在政策调整之后作出征收社会抚养费决定的，如何适用法律，即新旧法律如何衔接适用，一审判决认为适用违法行为当时的法律作出征收社会抚养费决定并无不当，二审法院认为该认定法律适用错误，予以纠正。理由是这样的：

> 上诉人与何某某生育小孩何某的情形不符合2014年1月13日修订的《广西壮族自治区人口和计划生育条例》第十四条规定的再生育条件，应按该条例第四十三条规定于2015年10月29日国家全面放开二孩生育政策出台前对其征收社会抚养费。但是，八步区卫计局于2017年10月11日作出本案被诉社会抚养费征收决定。该决定作出前，2016年1月15日重新修订的《广西壮族自治区人口和计划生育条例》第十四条第（三）项：“符合下列条件之一的，经乡镇人民政府或者城市街道办事处批准可以再生育一胎子女：（三）再婚夫妻再婚前一方已生育两个子女，另一方已生育一个子女，再婚后未生育过的”的规定已实施，新修订条例对生育的条件作出了新的规定，上诉人的生育事实符合新修订条例规定的生育条件。八步区卫计局仍然适用2014年修改的《广西壮族自治区人口和计划生育条例》作出

① 广西壮族自治区贺州市中级人民法院（2018）桂11行终34号行政判决书。

> 本案的征收决定不当。参照《最高人民法院关于审理行政案件适用法律规范问题的座谈会纪要》第三条第（二）项“根据行政审判中的普遍认识和做法，行政相对人的行为发生在新法施行以前，具体行政行为作出在新法施行以后，人民法院审查具体行政行为的合法性时，实体问题适用旧法规定，程序问题适用新法规定，但下列情形除外：……（二）适用新法对保护行政相对人的合法权益更为有利的”之规定，本案适用新法对保护上诉人的合法权益更为有利。因此，被上诉人对上诉人作出本案被诉社会抚养征收决定属于适用法律不当，本院予以撤销。

三、驳回上诉，维持一审裁定的说理

驳回上诉，维持一审裁定实际上二审法院对案件起诉条件的判断问题，二审法院应当在说理中阐明本案不符合起诉条件的原因是什么，具体涉及管辖、受案范围、起诉期限、原告主体资格、被告主体资格、诉讼请求、事实依据、重复起诉、行政救济前置等哪一个或哪几个方面的问题。原则上，一审法院裁定驳回起诉的原因和结论都应当完全正确，但实践中对裁定驳回理由不当但结论正确的情况，二审法院通常没有必要作撤销或改判处理，仅在说理部分指出即可。

因为此类裁定是法院对原告起诉的程序性审查，案件通常未进入庭审环节，所以一审法院的程序性义务较之判决方式结案的要轻，二审法院必要时针对当事人的上诉意见对一审法院的裁定程序合法性进行说理，主要包括依法合理履行了释明义务，保障了当事人提起回避的权利，及时送达相关法律文件、保障当事人知情权等。

比如在王某某诉北京市昌平区政府一案①，王某某向法院提出请求确认昌平区政府不对其租住的万福公寓水污染问题进行调查违法、责令昌平区政府不再对万福公寓予以处罚等多项诉讼请求，经一审法院释明后仍坚持起诉，故一审法院以诉讼请求不明确进而不符合行政诉讼起诉条件为由裁定驳回原告起诉。王某某提起上诉，二审法院经审查同意一审意见，并进一步说理：

---

① 参见北京市高级人民法院作出的（2019）京行终2064号行政裁定书。

根据《中华人民共和国行政诉讼法》第四十九条第（三）项的规定，公民、法人或其他组织提起行政诉讼应当有具体的诉讼请求，这是法定的起诉条件之一。没有具体的诉讼请求意味着起诉人没有具体的权利主张，在缺乏权利主张的情况下，人民法院无从确定审查对象和内容，审判程序亦无法启动。具体的诉讼请求要求被诉行为（包括作为和不作为）应当是特定的、明确的，而不能是存在多种可能性的或是含糊不清的。本案中，王某某的诉讼请求指向昌平区政府的多个履职行为，不符合“具体的诉讼请求”的法律要求，不满足行政诉讼的法定起诉条件，且经一审法院释明王某某仍然坚持，故一审法院裁定驳回王某某起诉，结论正确，本院应予维持。

四、撤销一审裁定的说理

与维持一审裁定相对应，撤销一审裁定的二审裁定要论证的核心是本案符合行政诉讼的起诉条件。具体包括两个方面：一是针对一审法院的观点进行驳斥，指出其事实认定或法律适用存在的错误，如被诉行为涉及不动产物权变动应当适用20年最长期限，而一审裁定以超过五年起诉期限裁定驳回；二是可以酌情针对被上诉人在答辩状中指出的本案不符合起诉条件的意见进行简要回应，说明符合起诉条件的理由。

比如在某公司诉北京市昌平区人民政府同意收回土地使用权行为违法一案中，[①] 二审裁定对一审法院关于起诉期限的认定错误和说理不当予以了纠正。二审法院经审查认为：

《最高人民法院关于执行〈中华人民共和国行政诉讼法〉若干问题的解释》第四十一条第一款规定，行政机关作出具体行

① 参见北京市高级人民法院作出的（2016）京行终266号行政裁定书。该案审理时适用的仍然是《最高人民法院关于执行〈中华人民共和国行政诉讼法〉若干问题的解释》，所以相关起诉期限仍适用2年，该期限后来在2018年2月7日《最高人民法院关于适用〈中华人民共和国行政诉讼法〉的解释》修改为1年。

政行为时，未告知公民、法人或者其他组织诉权或者起诉期限的，起诉期限从公民、法人或者其他组织知道或者应当知道诉权或者起诉期限之日起计算，但从知道或者应当知道具体行政行为内容之日起最长不得超过2年。本案中，蒙某某公司针对昌平区政府同意收回其土地使用权的行为提起诉讼，由于并无证据证明昌平区政府在作出同意收回土地使用权行为时告知了该行为的内容以及起诉权利和起诉期限，因此蒙某某公司对该行为提起诉讼的起诉期限，应当从蒙某某公司知道或者应当知道诉权和起诉期限起计算，但从知道或者应当知道该同意行为内容之日起最长不得超过2年。在案证据显示，昌平区政府就同意收回土地使用权行为并未制作批复文件，蒙某某公司亦不知道或应当知道该行为。只是在蒙某某公司申请信息公开的情况下，昌平区政府才于2015年8月7日以政府信息公开答复的方式，告知了蒙某某公司被诉同意收回土地使用权行为的内容，所以蒙某某公司的起诉期限应当自该公司收到上述政府信息公开告知之日起计算，最长不得超过2年。北京市昌平区南口镇人民政府与蒙某某公司签订的《征收补偿协议书》及其补充协议，并未载明昌平区政府决定收回土地使用权的内容，不能以该协议签订时间作为本案起诉期限的起算点。因此，本案中，蒙某某公司于2015年8月7日知晓被诉收回土地使用权行为的内容，于同年9月21日向一审法院提起诉讼，并未超过上述2年的起诉期限。而且，根据《中华人民共和国行政诉讼法》第四十六条第二款的规定，因不动产提起诉讼的案件自行政行为作出之日起超过二十年，其他案件自行政行为作出之日起超过五年提起诉讼的，人民法院不予受理。本案同意收回土地使用权行为属于涉及不动产的行政行为，从2006年昌平区政府作出该同意行为，到蒙某某公司于2015年9月21日提起诉讼，亦未超过二十年的法定最长起诉期限。综上，一审裁定认为蒙某某公司提起本案诉讼超过起诉期限，缺乏事实依据，本院应予纠正。蒙某某公司的上诉主张成立，本院应予支持。

该案说理严格遵循适用哪个起诉期限、为何适用该期限以及结合案件事实是否超过该期限的逻辑顺序层层展开说理，清晰而又严密。

五、发回重审裁定的说理

为了保障当事人的权利获得及时救济，不稳定的社会关系尽快恢复，控制审判成本，避免程序空转。三大诉讼都对裁定发回重审的情形进行了限制性的规定，根据《行政诉讼法》第八十九条第四项规定，只有严重违反法定程序的，才可以裁定发回重审。因此，在发回重审裁定中，应当重点对原审裁判违反了什么法定程序，为何构成"严重"进行论证。可能涉及违反法定程序的情形有，遗漏当事人、违法缺席判决、合议庭组成人员应回避而未回避、应公开开庭而未开庭即作出判决等。这些情形实际上已经剥夺了诉讼参加人的参与权、知情权、陈述申辩权等重大程序性权利，应当认定为"严重违反法定程序"。

比如在北京无忧草科技发展有限公司诉北京市工商行政管理局丰台分局、北京市市场监督管理局行政处罚一案中，[①] 无忧草公司与丰台区妇幼保健院签订了《产科 VIP 病房陪护合作协议》，无忧草公司通过给予丰台妇幼保健院管理项目费，获得了在该院产科 VIP 病房提供陪护服务的交易机会，被诉处罚决定认为该行为违反《反不正当竞争法》第八条的规定，属于商业贿赂行为，对无忧草公司作出处罚。无忧草公司不服向一审法院起诉，一审法院经审理认为根据《招标投标法》第三条规定，无忧草公司与丰台妇幼保健院的合作事项不属于法定招投标项目，丰台妇幼保健院不存在利用自身优势进行交易的情形，其收受管理费不属于商业贿赂行为。因此，被诉处罚认定事实不清，主要证据不足判决撤销了处罚决定，一并撤销复议决定。二审法院经审理认为：

本案争议焦点在于，无忧草公司在履行与丰台区妇幼保健院签订的《产科 VIP 病房陪护合作协议》过程中是否存在商业贿赂行

① 参见北京市第一中级人民法院作出的（2018）京 01 行终 1085 号行政裁定，获评 2018 年度北京法院行政裁判文书一等奖。

为。涉案行为发生在2013年12月1日至2017年2月28日期间，应适用修订前的反不正当竞争法……

针对一审法院适用2000年1月1日起施行的《招标投标法》第三条第一款规定，认定无忧草公司与丰台区妇幼保健院之间的合作事项不属于法律规定的招标投标项目，在此前提下对无忧草公司的经营行为是否构成不正当竞争行为作出的判断，本院认为，《招标投标法》的立法目的是规范招标投标活动，保护国家利益、社会公共利益和招标投标活动当事人的合法权益，提高经济效益，保证项目质量。《反不正当竞争法》的立法目的是保障社会主义市场经济健康发展，鼓励和保护公平竞争，制止不正当竞争行为，保护经营者和消费者的合法权益。因二者调整的领域不同，故涉案合作项目是否为法定招标投标项目，与该合作项目的经营行为是否构成不正当竞争行为并无关联，涉案合作项目虽不属于法定招标投标的项目，但基于该项目所实施的市场经营行为，依法应受到《反不正当竞争法》的规制，故一审法院适用法律有误，进而认定无忧草公司不存在不正当竞争行为和商业贿赂行为，该事实认定不清。鉴于一审法院亦未对被诉处罚决定中的违法所得数额之认定是否正确、行政处罚幅度是否适当、行政处罚程序以及行政复议程序是否合法等事项进行审查，故本案应撤销一审判决，发回一审法院重新审理。综上，依照《行政诉讼法》第八十九条第一款第三项的规定，裁定如下：一、撤销一审行政判决；二、发回重审。

该文书尽管是一份行政裁定书，但围绕争议焦点，紧扣法律规范，逻辑严谨，层次分明，针对性强，具有很强的论理性和说服力。

第五章　行政裁判文书说理：以行政行为分类为视角

《行政诉讼法》第六条规定，人民法院审理行政案件，对被诉行政行为的合法性进行审查。由此可见，行政行为是行政诉讼的审查对象，行政行为的合法性是行政审判的诉讼标的。尽管随着行政诉讼理念的变迁和制度的进步，这一认识受到一定的挑战，赋予了原告的诉讼请求一定的主导地位，但是权威观点仍认为，这"并不意味着我国行政诉讼的客观模式的改变，法院审查的重点仍然是被诉行政行为的合法性，而不是原告的诉讼请求是否成立"。[①] 既然行政行为是行政诉讼的核心概念和关键对象，因此，作为行政诉讼结果载体的行政裁判文书也应当反映行政行为的特质和规律。本部分内容，即以行政行为的分类为视角，进一步探索行政裁判文书说理的内在要求，为实践中丰富多彩的行为模式提供说理上的指引。

第一节　行政行为类型与文书说理

行政行为作为法学理论上的概念，是由德国行政法学鼻祖奥托·迈耶提炼概括出来的。[②] 此后，这一概念超越国界和法系走向世界各国和地区，也成为我国行政法学研究和行政诉讼制度的核心范畴和分析工具。尽管行政行为理论研究已久，无时无地不在使用，但对于何为行政行为，理论界却一直争议不休。[③] 幸好，行政行为的概念并非本书的研究重点，无须为这一分析工具着太多理论上的笔墨。

---

① 姜明安：《行政法与行政诉讼法》（第5版），高等教育出版社2011年版，第515页。

② 参见［德］奥托·迈耶：《行政法》，刘飞译，商务印书馆2002年版，第97页。

③ 参见姜明安：《行政法与行政诉讼法》（第5版），高等教育出版社2011年版，第148页。

一、行政行为的类型及本书的研究范围

类型化是现代社会科学的重要研究方法，有助于我们看清楚概念内部的本质和规律。行政行为概念本身有争议，但并不妨碍理论和实务界对行政行为进行类型化的研究和分析，并将之用于实务的指导。行政行为的类型又可称之为行政行为的形态。在行政法学上表现为行政行为的概念和范畴，在理论和实务上对行政行为的内容和程序都已形成固定的共同的典型特征的行为体系。①

（一）行政行为的基础类型

类型化是一种有效的分析研究方法。“行政行为的分类历来为我国行政法学所重视，是迄今为止的行政行为理论和行政法学教科书都不会遗忘的组成部分。”② 一方面，行政行为涉及领域广，形式多种多样，但不同行政行为在实践中反复出现积累到一定程度，人们会总结梳理出同类型的行为在内容和程序上的共同特征，并使之固定化和客观化；另一方面，行政行为类型化意味着许多行政行为的组合，可以将不同的行政行为结成一张网，不同的网可能因功能范围不一样，遵循不同的规律，有不同的操作规程，有助于深入了解和认识行政行为的内部结构。只有深入内部认识行政行为的内在结构和规律，司法审查才可能更有针对性和实效性，裁判文书说理也才能说深、说透。由于行政行为形式太过丰富，实践中分类的标准也有很多，囿于本书的研究旨趣，本书无意于讨论为何划分类型，而只是将理论和实务界成熟的类型化分类作一简要梳理。

1. 单方与双方

以行政相对人在行政行为中的地位和作用为标准，行政行为可以分为单方行政行为和双方行政行为。单方行政行为是行政主体单方面作出的，行政行为作出过程可能需要相对人的参与，但行政行为的内容无须相对人的同意。典型的比如行政处罚行为、行政强制行为。即使是行政许可行为，需要相对

---

① 姜明安：《行政法与行政诉讼法》（第5版），高等教育出版社2011年版，第154页。

② 叶必丰：《行政行为原理》，商务印书馆2014年版，第38页。

人的申请才能启动，行政机关作出的行政许可行为也属于单方行为。双方行政行为是行政主体与行政相对人之间经过协商一致而作成的行政行为，典型的如行政协议行为。双方行政行为与单方行政行为在行为要件上有显著区别，导致过去很长一段时间，诸如行政协议等双方行政行为未能纳入行政诉讼调整范围。只到 2014 年《行政诉讼法》修正，行政协议才纳入行政诉讼调整范围。①

2．抽象与具体

“抽象行政行为是相对于具体行政行为而言的，是行政法学上的一个特殊概念。”② 抽象行政行为一般是指行政机关作出的具有普遍约束力的行政行为，相对人不明确固定，可以反复适用，通常表现为具有普遍约束力的规范性文件。从规范上来说，《行政诉讼法》第十三条第二项规定的“具有普遍约束力的决定、命令”就是典型的抽象行政行为。《适用解释》第二条又对此进行了解释，即是指行政机关针对不特定对象发布的能反复适用的规范性文件。具体行政行为是指“具有行政权能的组织运用行政权，针对特定相对人直接设定、变更或消灭权利义务所作的单方行政行为。”③

3．依职权与依申请

这是一种基于行政机关作出行政行为的主动性程度所作的一种分类。顾名思义，依职权行为，是行政机关作出行政行为无须相对人同意或启动，即可根据查明的事实并遵循法定的程序作出相应的具有法律效力的行政行为。而依申请行政行为，则是行政机关作出行政行为不是主动的，而是被动的，必须依赖于相对人的申请，没有申请行政机关不得作出行政行为，即使作出也不具有法律效力。两者区分的意义，在于行政权力运行的基础和行为的方向及内容是不同的，在裁判文书说理中也应遵循相应的要求。

4．作为与不作为

这是基于行政机关作出行政行为方式所作出的一种分类。这种划分具有一定的通俗意义，在法律概念上并不具有周延性。作为类行政行为，即行政

---

① 根据《行政诉讼法》第十二条的规定，人民法院受理公民、法人或者其他组织提起的下列诉讼，其中第十一项的内容为，认为行政机关不依法履行、未按照约定履行或者违法变更、解除政府特许经营协议、土地房屋征收补偿协议等协议。

② 叶必丰：《行政行为原理》，商务印书馆 2014 年版，第 71 页。

③ 叶必丰：《行政行为原理》，商务印书馆 2014 年版，第 130 页。

机关意思表示表现为一种行政行为方式，具有看得见、感受得到的特点，比如行政处罚决定、行政许可决定、征收决定等。不作为的概念和内涵一直存有争议，也称之为要求履行职责。一般表现为两种类型，消极不作为和积极不作为，前者指行政机关面对相对人的申请未作出任何意思表示，后者指行政机关对相对人的申请并非无动于衷，而是作出了拒绝性的意思表示。过去很长一段时间，不作为主要是指消极不作为，随着理论的发展和实践的丰富，尤其是行政争议实质性解决的迫切需要，不作为内涵的认识也在逐步深化，将两种形式都包含在其中主件成为共识。

（二）本书的研究范围

行政行为的分类有利于科学认识不同类型行政行为的特征与规律，正确地进行司法审查和规制，并在裁判文书中展示符合不同类型行为规律的理由。但是由于行政行为的分类标准多样，本书研究裁判文书说理课题，不可能面面俱到，因此只能选取最有代表性的一类划分标准作为研究的视角。

按照不同类型行政行为的划分，本书选取作为类与不作为类作为分析研究的视角。之所以这么选择，一方面，是由于这一划分是行政行为最为基本的划分，任何形式的行政行为都不外乎作为与不作为两种类型；另一方面，是这一划分是行政行为分类的最大公约数，具有较强的涵盖性，也与目前行政审判实务中审查标准和要点的认识和把握相吻合。同时，由于以行政行为的分类为视角，研究的对象是深入行政行为的内部探寻行政行为合法性的内在要求，研究的问题都是涉及行政行为合法性审查的实体性问题。因而，本章中的行政裁判文书说理，实质上说的都是行政行为合法性审查之理。

二、行政行为类型与文书说理的关系

行政诉讼司法审查需要遵循行政行为的内在规律，不同类型的行政行为需要与之相适应的司法规制方式，这是司法权与行政权的深层次关系。这种司法审查的规律性要求，必然反映在裁判文书说理之中。目前裁判文书说理遭受诟病的地方有很多，原因也是多方面的，既有客观的，也有主观的。其中说理不对路，对行政行为的内在合法性要求缺乏理性的回应，导致说理不得要领，也很难说服当事人及公众。因此，改进裁判文书说理，需要强化行政行为类型化的引领。

（一）行政行为类型引领裁判文书说理的要点

行政行为进入诉讼程序后，不同的行政行为有不同的特点，有不同的司法审查要点，这决定了作为审查结论载体的裁判文书说理，必须反映司法审查的要点和要求。对于作为类行政行为，司法审查的要点与不作为行为审查要点有质的区别，因而，说理也有较大的区别。对于作为类行政行为，说理要围绕行政行为合法性的环节进行审查和阐述，包括法定职责事实认定、法律适用、执法程序以及裁量适当性等方面。对于不作为类行政行为，说理要围绕不作为行为合法性审查的环节进行展开，对是否具备履行职责的条件、如何履行职责、履行职责的形式与内容等方面进行阐述。不同的说理要点，不仅是司法审查规律使然，也是回应当事人合法性质疑的有效方法。

（二）行政行为类型化有助于强化行政行为监督的针对性，增强司法审查说理的科学性

不同的行政行为调整规制不同管理领域和事项，体现不同的行为价值和行为方式，对不同领域和性质的行为方式，如果用统一的形式上的合法性要求，而不是深入到不同类型行政行为的内部，那么这种监督可能仅仅是形式上的监督，不能对行政行为实施“量身定制”的监督，实现不了有效监督，而且也不够科学。司法权对行政权的规制，不仅是抽象的监督，而且应当是在尊重基础上更深层次的监督。如果不能深入认识不同类型行为的内在规律，不可能做到有意义的尊重，自然也很难谈得上有价值的监督。行政裁判文书说理不够让人信服，在很大程度上与没有施以类型化的审查和说理有关。

（三）裁判文书说理反映行政行为类型化的本质与规律

科学化、精细化是裁判文书写作的发展方向和路径，行政裁判文书也不例外。特别是我国行政审判制度发展时间不长，与行政审判承担的职能作用相比，理论研究和规律探索还有指导不足的地方，更需要在科学化、精细化上下功夫。科学化，就是针对不同性质行政行为施以与之相适应的审查标准，在对其合法性是否合法的评价和裁判上，也与行政行为的性质相吻合，提升说理的针对性。精细化，就是司法审查要深入不同类型行政行为的内部，对

症下药，在作为类行为内部还可以按受益行为与负担行为的性质区分，以更进一步细化审查标准与要点，对不作为类行为按照不作为的精细化环节进行有针对性的审查和说理，提升行政诉讼审查的理性化程度和裁判文书说理的有效性。

第二节　作为类行政行为裁判文书说理

作为类行政行为并非法律上的规范用语，只是理论研究和实务讨论时常用的范畴。作为类行为本身包容性较强，涵盖性特别广泛，只要是行政机关对外作出产生法律效力的意思表示，对行政相对人的权利义务造成实际影响的，都是有作为形式的行政行为。这一特点决定了作为类行为，也是一个集合性的概念，本身还可以做许多细化的分类。比如，根据行政管理领域可以划分为公安、民政、环保、土地、资源等上百个领域，只要政府管理涉及的领域都有相应的作为形式。再比如，根据行政行为的性质，还可以分为行政处罚、行政许可、行政强制、行政确认、行政登记等类型。不同类型的行政行为，尽管都属于作为类，但也有各自不同的内在属性。这些区分非常有意义和价值，而且也是行政审判未来发展和裁判文书说理细化的方向。因此，本节内容先分析作为类行政行为共同的司法审查环节以及说理要点，在此基础上再结合实例具体探讨两类典型作为类行政行为司法审查的说理，以此实现作为类行政行为说理的点面结合。

一、作为类行政行为的说理要点

作为类行政行为合法性审查的要点，《行政诉讼法》并没有给出具体明确的规定，因而作为反映合法性审查要点的文书说理，也并没有法律的规范性要求，但是，《行政诉讼法》除了第六条给出行政行为合法性审查的宏观指导外，在判决方式的适用中间接地给出了指示。根据《行政诉讼法》第六十九条的规定判决驳回诉讼请求，由此确立了行政行为合法性的三条标准，某种程度上，这就是作为类行政行为审查的三个要点。此外，《行政诉讼法》第七十条在撤销判决的适用条件中又规定三个要点。这在某种程度上划清了行政行为合法与违法的界限，丰富了行政行为合法性审查的要点。

上述两个法律规范基本决定了对行政行为司法审查必须从这六个方面进行审查。也就是说，作为类行政行为，只有同时具备这六个条件才属于合法的行政行为，这既是庭审的审查要点，也是裁判文书说理的要点。因此，这六个方面，应当作为行政相对人攻击行政行为合法性审查的突破点，也应当是人民法院开庭审理行政行为合法性的审查要点，还应当是行政裁判文书说理回应的要点。考虑到前面裁判方式说理部分，已就驳回诉讼请求判决和撤销判决的说理进行了阐述，而这两个判决类型的说理已较为全面地涵盖了行政行为合法性审查的六个方面，为避免不必要的重复，在此就不再赘述。下面结合典型的作为类行为即行政处罚和行政许可案件，来讨论此类案件裁判文书说理的要求。

二、行政处罚类案件裁判文书的说理

行政处罚是一种传统的行政行为，在行政管理实践中运用最为广泛，也是最为普通公众所熟知的管理方式。作为对行政相对人违反行政法律规范行为给予制裁的一种行为，与我国行政法制理论研究、行政法实践之间有着不解之缘。行政法治的进步与行政执法遭人诟病的问题，往往都在行政处罚中有集中的反映。[①] 在行政审判实务中，行政处罚类案件一直在案件数量中占有相当的分量，司法审查的要点和技能也都相对较为成熟。

（一）行政处罚的案件裁判文书说理的特殊性

行政处罚是法定行政诉讼受案范围之一，是典型的作为类行政行为，固然有前述作为类行政行为司法审查裁判文书说理的共性规律，但也有其独特之处。

1. 行政处罚职权要求较为严格，在文书说理上有特殊性

由于行政处罚是制裁行政相对人的一种行为类型，剥夺行政相对人权利或者课予相对人义务，体现行政的强制性。因而行政处罚法对行政处罚的设定权和实施权都有较为严格的要求和规定。与其他的行政行为相比，法院在

① 参见冯军：《行政处罚法》，中国检察出版社 2003 年版，第 1 页。

审查行政处罚合法性时，首先就要有行政处罚设定权与实施主体是否合法这根“弦”，并在裁判文书中予以回应。一是在设定权上。行政处罚法重大贡献之一就是对行政处罚的设定设置了较高的门槛。比如《行政处罚法》规定，法律可以设定各种行政处罚，行政法规可以设定除限制人身自由之外的行政处罚，地方性法规可以设定除限制人身自由、吊销营业执照之外的行政处罚，尚未制定法律行政法规的规定，规章可以设定警告和一定数额罚款的行政处罚，在上位法设定行政处罚种类和范围的情况下，下位法只能作细化规定，不能增设新的条件和种类。另一个在实施主体上。行政处罚，由于是制裁性措施，不可以任意委托。对此行政处罚法对行政处罚的委托专门进行规定，这也是与其他法律的重要区别。这两个方面的问题，行政处罚法有特别的要求，在进入诉讼程序后，特别是当事人对此提出争议的情况下，司法审查和文书说理需要给予特别的关注和回应。

2. 行政处罚事实证明标准要求较高，裁判文书说理要与之相适应

行政行为事实认定的证明标准具有多层次性和多样性，有优势证明标准，也有明显优势证明标准，还有排除合理怀疑证明标准。但是行政处罚作为制裁方式，适用明显优势证明标准的情形较多，在行政处罚对相对人权利有重大影响的情况下，还适用排除合理怀疑证明标准，后一个标准在其他行政行为司法审查中一般很少适用。

3. 法律适用方面有一些特殊的规则，裁判文书说理需要予以注意

行政处罚法律制度中有一些独特的规则，是其他领域行政行为所没有的，在司法审查和裁判文书说理上需要特别加以注意和回应。这方面的规则有许多，较为典型的，一个是教育与处罚相结合的规则。违法行为轻微的，不能动辄举起重罚的大棒。同时，在实施行政处罚的时候，同样需要考虑教育与处罚相结合的内在要求。二是行政处罚中有“一事不再罚”的独特规则。同一违法行为不能给相对人两次以上的罚款处罚。这个问题在实践中时常引发争议，特别是在行政机关职责存在交叉的领域，同一违法行为可能同时触犯两个以上的行政法律规范，受两个或以上行政机关管辖。如何理解和适用“一事不再罚”规则，及时回应当事人争议的焦点，也需要在司法审查和裁判文书说理中加以重点回应。

4. 裁量是否适当的审查方面

行政处罚合理性审查的裁判方式有更大的空间，也需要有特殊的理由说

明。行政裁判方式中明显不当的行政行为，人民法院一般可以判决撤销。但对于行政处罚明显不当的，不仅可以撤销，还可以直接判决变更。这个权能是法院在其他行政行为司法审查中所不具备的。在这方面，既要分析行政处罚是否存在明显不当的问题，还要更进一步分析到底如何裁量才是适当的、合理的。

（二）实例分析

行政处罚类案件，是行政诉讼实践中较为常见的案件类型，实践中案例资源较为丰富，说理要点也比较清晰，从笔者的实践感受来看，好的行政处罚类裁判文书说理不胜枚举，绝对是挂一漏万。这里选取的几个实例，是最高人民法院发布的指导性案例或《公报》案例以及其他备受社会关注的行政处罚案件，较为典型，说理也都很充分、透彻，在此作简要评析，重在展示。行政处罚案件说理要素较多，这里无法一一展示，选取实践中容易引发争议的处罚设定、证明标准、程序正当以及是否过罚相当等方面，展示说理的理性力量。

1. 对于行政处罚设定方面的说理

《行政处罚法》对行政处罚的设定有明确而严格的规定，重在治理处罚乱设定问题。最高人民法院发布的第5号指导案例就涉及这方面的焦点争议和说理问题。[①] 该案的基本案情是：2007年11月12日，鲁潍公司从江西等地购进360吨工业盐。苏州盐务局认为鲁潍公司进行工业盐购销和运输时，应当按照《江苏盐业实施办法》的规定办理工业盐准运证，鲁潍公司未办理工业盐准运证即从省外购进工业盐涉嫌违法。2009年2月26日，苏州盐务局经听证、集体讨论后认为，鲁潍公司未经江苏省盐业公司调拨或盐业行政主管部门批准从省外购进盐产品的行为，违反了《盐业管理条例》第二十条，《江苏盐业实施办法》第二十三条、第三十二条第二项的规定，并根据《江苏盐业实施办法》第四十二条的规定，对鲁潍公司作出了（苏）盐政一般〔2009〕第001-B号处罚决定书，决定没收鲁潍公司违法购进的精制工业盐121.7吨、粉盐93.1吨，并处罚款122363元。鲁潍公司不服该决定，于2月27日

---

① 第5号指导案例：鲁潍（福建）盐业进出口有限公司苏州分公司诉江苏省苏州市盐务管理局盐业行政处罚案，最高人民法院审判委员会讨论通过，2012年4月9日发布。

向苏州市人民政府申请行政复议。苏州市人民政府于 4 月 24 日作出了〔2009〕苏行复第 8 号复议决定书，维持了苏州盐务局作出的处罚决定。

围绕该案行政处罚设定是否合法的法律问题，法院经审理认为：

> 苏州盐务局系苏州市人民政府盐业行政主管部门，根据《盐业管理条例》第四条和《江苏盐业实施办法》第四条、第六条的规定，有权对苏州市范围内包括工业盐在内的盐业经营活动进行行政管理，具有合法执法主体资格。
>
> 苏州盐务局对盐业违法案件进行查处时，应适用合法有效的法律规范。《立法法》第七十九条规定，法律的效力高于行政法规、地方性法规、规章；行政法规的效力高于地方性法规、规章。苏州盐务局的具体行政行为涉及行政许可、行政处罚，应依照《行政许可法》《行政处罚法》的规定实施。法不溯及既往是指法律的规定仅适用于法律生效以后的事件和行为，对于法律生效以前的事件和行为不适用。《行政许可法》第八十三条第二款规定，本法施行前有关行政许可的规定，制定机关应当依照本法规定予以清理；不符合本法规定的，自本法施行之日起停止执行。《行政处罚法》第六十四条第二款规定，本法公布前制定的法规和规章关于行政处罚的规定与本法不符合的，应当自本法公布之日起，依照本法规定予以修订，在 1997 年 12 月 31 日前修订完毕。因此，苏州盐务局有关法不溯及既往的抗辩理由不成立。根据《行政许可法》第十五条第一款、第十六条第三款的规定，在已经制定法律、行政法规的情况下，地方政府规章只能在法律、行政法规设定的行政许可事项范围内对实施该行政许可作出具体规定，不能设定新的行政许可。法律及《盐业管理条例》没有设定工业盐准运证这一行政许可，地方政府规章不能设定工业盐准运证制度。根据《行政处罚法》第十三条的规定，在已经制定行政法规的情况下，地方政府规章只能在行政法规规定的给予行政处罚的行为、种类和幅度内作出具体规定，《盐业管理条例》对盐业公司之外的其他企业经营盐的批发业务没有设定行政处罚，地方政府规章不能对该行

为设定行政处罚。

人民法院审理行政案件，依据法律、行政法规、地方性法规，参照规章。苏州盐务局在依职权对鲁潍公司作出行政处罚时，虽然适用了《江苏盐业实施办法》，但是未遵循《立法法》第七十九条关于法律效力等级的规定，未依照《行政许可法》和《行政处罚法》的相关规定，属于适用法律错误，依法应予撤销。

该案文书对法律适用问题的说理堪称经典，具有鲜明的特点：一是充分性，适用法律问题的分析理由翔实充分，讲清楚了法律关系和法律逻辑。二是说理针对性强，紧紧围绕法律规范效力等级的逻辑链条，条分缕析地展示行政处罚之所以适用法律错误的理由。三是说理说服力强。紧紧围绕法律规则展开说理，没有过多泛泛的法理阐述，线条清晰地将《立法法》与单行法律、《行政处罚法》与《行政许可法》、法律与地方性法规规章的关系展示出来，有力地维护了法制的统一和法律的权威。

2. 对于行政处罚证明标准的说理

前面述及，行政案件证明标准具有多元性，不同性质的行政行为适用不同的证明标准，即使在行政处罚内部，同样存在不同的证明标准，主要考量法律规定、案件性质、争议大小以及对当事人权利义务影响程度等因素。

对于选择何种证明标准的说理。比如在北京梅兰嘉德机房设备有限公司诉财政部政府采购监管行政处罚二审案件中，[①] 围绕案件“恶意串通”应当适用何种证明标准问题，法院紧紧围绕法律规定，进行了如下说理：

对于财政部提供的证明梅兰嘉德公司和嘉和利友公司存在恶意串通的证据，应首先确定法院认定存在恶意串通事实的证明标准事项。《中华人民共和国行政诉讼法》第一百零一条规定，人民法院审理行政案件，关于期间、送达、财产保全、开庭审理、调解、中止诉讼、终结诉讼、简易程序、执行等，以及人民检察院对行政案件受理、审理、裁判、执行的监督，本

① 参见北京市高级人民法院（2017）京行终4824号行政判决书。

> 法没有规定的，适用《中华人民共和国民事诉讼法》的相关规定。《最高人民法院关于适用〈中华人民共和国民事诉讼法〉的解释》第一百零九条规定，当事人对欺诈、胁迫、恶意串通事实的证明，以及对口头遗嘱或者赠与事实的证明，人民法院确信该待证事实存在的可能性能够排除合理怀疑的，应当认定该事实存在。鉴于政府采购合同属于民事合同，供应商参与政府采购活动亦具有较强的民事法律行为性质，本院认为，本案在审查财政部主张的梅兰嘉德公司与嘉和利友公司是否存在恶意串通事实的过程中，可参照适用《最高人民法院关于适用〈中华人民共和国民事诉讼法〉的解释》第一百零九条中规定的证明标准，即财政部对恶意串通事实的证明，法院确信该待证事实存在的可能性能够排除合理怀疑的，应当认定该事实存在。

说理紧扣法定要求，有效衔接行政诉讼证明标准与民事证明标准，实现了对行政处罚案件证明标准选择与适用的有效审查。

对于证明标准具体如何适用的说理。证明标准高低与案件性质及对当事人权利义务影响大小直接相关。《最高人民法院公报》刊载的廖某荣诉重庆市公安局交通管理局第二支队道路交通管理行政处罚决定案，就是这样的一起典型案例。[①] 该案案情简单：2005 年 7 月 26 日 8 时 30 分，原告廖某荣驾驶车牌号为渝 A×××的小轿车，沿滨江路向上清寺方向行驶。在大溪沟滨江路口，被告交警二支队的执勤交通警察陶某坤示意原告靠边停车。陶某坤向廖某荣敬礼后，请廖某荣出示驾驶执照，指出廖某荣在大溪沟嘉陵江滨江路加油（气）站的道路隔离带缺口处，无视禁止左转弯交通标志违规左转弯。廖某荣申辩自己未左转弯，警察未看清楚。陶某坤认为廖某荣违反禁令标志行车的事实是清楚的，其行为已违反道路交通安全法的规定，依法应受处罚，遂向廖某荣出具 516 号处罚决定书。廖某荣拒不承认违法事实，拒绝在处罚决定书上签字，陶某坤均在 516 号处罚决定书上注明，并将该处罚决定书的当事人联交给廖某荣。廖某荣不服 516 号处罚决定书，向重庆市公安局申请行政复议。2005 年 9 月 13 日，重庆市公安局作出行政复议决定，维持了 516

---

① 《最高人民法院公报》2007 年第 1 期。

号处罚决定书。廖某荣仍不服，遂提起本案行政诉讼。

这里涉及如何看待交警一人执法证据效力以及处以200元罚款应当适用何种证明标准问题。法院经审理认为：

> 《道路交通安全法》第五条规定："县级以上地方各级人民政府公安机关交通管理部门负责本行政区域内的道路交通安全管理工作。"第八十七条规定："公安机关交通管理部门及其交通警察对道路交通安全违法行为，应当及时纠正。"根据上述规定，对辖区内的道路交通安全进行管理，是被告交警二支队的法定职责。陶某坤作为交警二支队派遣执行勤务的交通警察，对在辖区内发生的道路安全违法行为，有权力及时纠正。根据陶某坤陈述，2005年7月26日8时30分，原告廖某荣驾驶车牌号为渝A×××的小轿车，在大溪沟嘉陵江滨江路加油（气）站的道路隔离带缺口处，无视禁止左转弯交通标志违规驾车左转弯。经查，大溪沟嘉陵江滨江路加油（气）站道路隔离带确实有一缺口，此处确实树立着禁止左转弯的交通标志，而且2005年7月26日8时许廖某荣确实驾车途经此处。对廖某荣是否在此处违反禁令左转弯，虽然只有陶某坤一人的陈述证实，但只要陶某坤是依法执行公务的人员，其陈述的客观真实性得到证实，且没有证据证明陶某坤与廖某荣之间存在利害关系，陶某坤一人的陈述就是证明廖某荣有违反禁令左转弯行为的优势证据，应当作为认定事实的根据。

该文书说理，虽然没有出现证明标准等字眼，但通篇都在论述优势证明标准在本案的适用以及被诉处罚决定认定事实是否符合该证明标准要求，结合法律规定目的以及日常生活经验，情理法并重分析了在此类案件中优势证明标准的适用以及具体掌握标准，具有很强的示范指导意义。

3. 对于行政处罚是否违反法定程序的说理

这方面的理由在前述撤销判决说理部分有所涉及。这里选取最高人民法院发布的第6号指导案例作为实例。该案围绕"没收财产"是否应当适用听证程序焦点问题而展开说理：

《行政处罚法》第四十二条规定："行政机关作出责令停产停业、吊销许可证或者执照、较大数额罚款等行政处罚决定之前，应当告知当事人有要求举行听证的权利。"虽然该条规定没有明确列举"没收财产"，但是该条中的"等"系不完全列举，应当包括与明文列举的"责令停产停业、吊销许可证或者执照、较大数额罚款"类似的其他对相对人权益产生较大影响的行政处罚。为了保证行政相对人充分行使陈述权和申辩权，保障行政处罚决定的合法性和合理性，对没收较大数额财产的行政处罚，也应当根据《行政处罚法》第四十二条的规定适用听证程序。关于没收较大数额的财产标准，应比照《四川省行政处罚听证程序暂行规定》第三条"本规定所称较大数额的罚款，是指对非经营活动中的违法行为处以1000元以上，对经营活动中的违法行为处以20000元以上罚款"中对罚款数额的规定。因此，金堂工商局没收黄泽富等三人32台电脑主机的行政处罚决定，应属没收较大数额的财产，对黄泽富等三人的利益产生重大影响的行为，金堂工商局在作出行政处罚前应当告知被处罚人有要求听证的权利。本案中，金堂工商局在作出处罚决定前只按照行政处罚一般程序告知黄泽富等三人有陈述、申辩的权利，而没有告知听证权利，违反了法定程序，依法应予撤销。①

4. 对于裁量是否明显不当的说理

裁量是否明显不当也是行政处罚案件中经常出现的争议焦点，在前述撤销和变更判决部分已有相应论述，并选取了构成明显不当的案例作辅助说明。这里选择一起不构成明显不当的案件作为实例。丹东欣泰电气股份有限公司诉中国证监会证券行政处罚和复议案，② 系首例因被认定为欺诈发行而被强制退市案件，因而备受社会舆论关注。被诉行政处罚是否明显不当是该案的一

① 第6号指导案例：黄泽富、何伯琼、何熠诉四川省成都市金堂工商行政管理局行政处罚案，最高人民法院审判委员会讨论通过，2012年4月9日发布。

② 参见北京市高级人民法院（2017）京行终3243号行政判决书。文书中援引的《行政处罚法》条文条例改前的法律文本，特此说明。

个争议焦点，法院文书是这样说理的：

> 关于被诉处罚决定是否存在明显不当问题。这涉及行政处罚自由裁量权的司法审查强度问题。根据《中华人民共和国行政诉讼法》第七十条第（六）项的规定，行政行为明显不当的，人民法院判决撤销或者部分撤销。具体到行政处罚领域，《中华人民共和国行政诉讼法》第七十七条规定，行政处罚明显不当的，人民法院可以判决变更，但不得加重原告的义务或者减损原告的权益。由此可见，人民法院审理行政案件，不仅要对被诉行政行为是否合法进行审查，还要对行政行为裁量是否明显不当进行审查，对行政处罚来说，如果经审查存在明显不当的还可以直接判决变更。但需要注意的是，立法在规定人民法院可以对被诉行政行为进行合理性审查的同时，还强调必须行政行为"明显不当"的才可以予以撤销或变更，由此也可以看出法律对行政裁量进行司法审查的定位，即人民法院既要履行对行政裁量的审查职责，不能怠于履行，也要秉持谦抑态度行使自己的审查权力，给予行政裁量必要的尊重。证券金融领域相较之其他行政领域更具有一定的特殊性，金融监管部门对市场的监管奉行依法审慎监管原则，这也要求法院对金融监管执法行为进行司法监督必须在恪守适度原则基础上开展合法性审查，不能逾越金融监管执法规律或者超越司法权边界施以监督。根据《中华人民共和国行政处罚法》第四条第二款的规定，行政机关实施行政处罚，必须以事实为依据，与违法行为的事实、性质、情节以及社会危害程度相当。本案中，欣泰电气认为被诉处罚决定在定性和处理结果两个方面均存在明显不当的地方。在定性方面，前面已经述及，欣泰电气符合证券欺诈发行的构成要件。对于欣泰电气在一、二审程序中以中国证监会查处的其他案件为例说明本案定性不当的主张，由于欣泰电气所举案件中违法行为的性质和情节与本案并不具有可比性，且中国证监会在那些案件中处理合法适当与否也非本案审查范围，因而欣泰电气认为中国证监会定性不当的主张不能成立。在处理结

果方面，欣泰电气主张其积极配合中国证监会的执法调查，对其应当从轻或减轻处罚。根据《中华人民共和国行政处罚法》第二十七条第一款第三项的规定，当事人配合行政机关查处违法行为有立功表现的，应当依法从轻或者减轻行政处罚。由此可见，即使欣泰电气在本案行政调查过程中有配合调查的情节，但并无证据证明其有“立功表现”，因而其仍然不符合法定的应当从轻或减轻处罚的条件。而且，根据《证券法》第一百八十九条第一款的规定，发行人不符合发行条件，以欺骗手段骗取发行核准，已经发行证券的，处以非法所募资金金额百分之一以上百分之五以下的罚款。本案中，中国证监会按照非法募集金额百分之三的标准对欣泰电气处以罚款，在上述法律规定的幅度范围内，且与欣泰电气违法行为的性质、情节以及危害程度基本相当，不构成裁量上的明显不当。因此，欣泰电气认为被诉处罚决定明显不当的主张，缺乏事实和法律依据，本院亦不予支持。

二、行政许可类案件裁判文书说理

行政许可案件，也是行政审判实务中较为突出的案件类型。特别是在政府职能转变和政府体制转型的背景下，因为行政许可直接涉及政府与市场关系的边界，因而备受关注。近年来，行政许可类案件在法院受理的行政案件中，一直较为引人关注。较之行政处罚案件，行政许可案件又具有自身的特殊性，因而决定了此类案件的裁判文书说理也具有特殊性。

（一）行政许可类案件裁判文书说理的特殊性

行政许可案件是传统行政诉讼受案范围之一。2004 年 7 月 1 日《行政许可法》施行后，此类案件的审理更加有章可循。这类案件的裁判文书说理具有如下特点。

1. 行政许可的性质，决定了其与行政处罚案件说理思路的差异

行政许可与行政处罚相比，虽然都属传统行政诉讼受案范围之内，依法行政规则的规制和调整也都有相应领域的单行法典，即行政许可法和行政处

罚法来规范，但是二者的最大差异是行政许可具有赋权性，而行政处罚具有课以义务性。行政许可是赋予相对人本来不具有的从事某项事务的权利，意味着某项事务对一般人关门而对被许可人开门，而行政处罚是限制和剥夺相对人本来所拥有的权利和自由，是对相对人的一种制裁。而且行政处罚以相对人存在违法行为为前提，而行政许可不以相对人违法行为为前提。

2．行政许可涉及政府与市场、政府与相对人关系的权力边界

此类案件说理，首先需要回应许可本身设立的合法性和正当性。行政许可法的重大影响和深远意义，即在于根治过去实践中存在的行政许可过多、过滥的问题，因而法律对行政许可的设定权作出了特殊的限制，特别是抬高了有权设定行政许可的法律层级门槛，以此增加市场和社会的空间和活力。[①]因此，在审理行政许可案件并据此说理的时候，首先应当审查行政许可设定上的合法性和正当性，并在裁判文书说理中予以回应。

3．行政许可既要回应行为本身的合法性，又要审查当事人申请的可得性

行政许可是依申请作出的行为，因此在司法审查和裁判文书说理中，不仅要回应行政许可行为本身的合法性，在不予行政许可行为违法的情况下，还要审查当事人申请的可得性。行政许可行为是典型的依申请行政行为，由相对人申请而启动行政程序，相对人的申请符合法律规定的条件，则行政机关应当作出准予许可的决定，反之则不予许可。在不予许可类案件中，法院既要遵循行政诉讼的一般原则，围绕被诉行政行为的合法性进行审查，在经审查确认被诉不予许可行为存在实体性错误的情况下，还需要进一步审查相对人的许可申请是否符合法定条件，即是否具有可得性以及行政机关在该事项上的裁量空间。这样做的目的，就在于实质性化解行政争议，防止撤销不予许可决定之后，行政机关以其他理由再次作出不予许可，引发循环诉讼，浪费司法资源，造成当事人诉累。《行政许可司法解释》第十一条规定，人民法院审理不予行政许可决定案件，认为原告请求准予许可的理由成立，且被告没有裁量余地的，可以在判决理由写明，并判决撤销不予许可决定，责令被告重新作出决定。这就是说，对于不予许可决定诉讼，法院先要审查不予

---

① 《行政许可法》第十三条规定："本法第十二条所列事项，通过下列方式能够予以规范的，可以不设行政许可：（一）公民、法人或者其他组织能够自主决定的；（二）市场竞争机制能够有效调节的；（三）行业组织或者中介机构能够自律管理的；（四）行政机关采用事后监督等其他行政管理方式能够解决的。"

许可决定是否合法并说明裁判理由，在不予许可决定违法的情况下，还要审查原告请求准予许可的理由是否成立，如果经审查能确定理由成立，且行政许可机关没有裁定余地的，可以在裁判文书说理中予以明确，指引行政机关作出新的许可决定，也可以直接在说理基础上用判决主文形式责令行政机关作出具有具体内容和指向的许可决定，这里行政机关是否具有裁量空间需要有足够的理由支撑。如果针对相对人的许可申请，行政机关尚有裁量余地，则应当秉持司法谦抑，尊重行政机关首次判断权，由行政机关进行调查裁量和判断。

4. 行政许可案件还涉及相对人的信赖保护问题，在裁判文书说理中需予以格外注意

信赖保护是行政法的基本原则之一，指“行政管理相对人对国家行政权力的正当合理信赖应当予以保护，行政机关不得擅自改变已生效的行政行为，确需改变行政行为并由此给相对人造成的损失应当给予补偿”。[①]《行政许可法》的颁布，正式将信赖保护原则上升为法律规范。该法第八条规定，公民、法人或者其他组织依法取得的行政许可受法律保护，行政机关不得擅自改变已经生效的行政许可。行政许可所依据的法律、法规、规章修改或者废止，或者准予行政许可所依据的客观情况发生重大变化的，为了公共利益的需要，行政机关可以依法变更或者撤回已经生效的行政许可。由此给公民、法人或者其他组织造成财产损失的，行政机关应当依法给予补偿。这个原则的法律确认，意味着法院在司法审查时，必须对相对人是否存在信赖保护利益以及行政许可行为变更与信赖利益保护的关系进行比较和权衡，并对补偿的方式、范围和标准等进行裁判，并给出令人信服的裁判理由。

（二）实例分析

与行政处罚案件一样，行政许可类案件也是行政审判实践舞台上的一颗明珠，诠释着政府与市场、政府与社会以及政府与个人之间关系的调整和变迁。这类案件资源同样十分丰富，这里选取三件有代表性、典型性和影响力的案例，重在展示说理的在该类案件审理中的要点、逻辑与力量。

---

① 杨临萍：《行政许可法与司法审查》，人民法院出版社 2004 年版，第 3 页。

1. 对许可条件审查的说理

行政许可是依申请的赋予相对人权利和资格的行为。实践中很多单行法律法规对许可条件和标准往往有较为详细的规定，审查和说理只需要紧紧围绕这些条件和标准展开，即可以把道理讲清楚。但也有的情况下，许可涉及的法律关系较为复杂，法律规范规定不明确，这个时候，如何说理，的确考验司法的智慧和能力。比如，在备受关注的郴州饭垄堆矿业有限公司诉国土资源部行政复议决定案中，该案案由为行政复议决定，实质上审查的是作为被复议对象的行政许可行为。该案案情较为复杂，时间跨度长，涉及不同历史时期国家矿产资源管理和许可条件和主体的演变和变迁，法律关系复杂，说理也相当复杂。

该案经过一审、二审，最后最高人民法院裁定再审，该再审判决书对其中争议较大的前后两个行政许可的关系问题以及“关于重叠采矿许可证的处理与撤销的条件问题”进行充分的说理：

> 本案审查的标的是被诉行政复议决定是否合法。结合被诉复议决定、一、二审法院判决以及各方当事人在再审期间的诉辩意见，本院对被诉复议决定是否合法、一、二审法院判决是否正确，从以下五个方面分述之：
>
> 一、关于国土资源部受理中信兴光公司行政复议申请是否合法的问题
>
> ……
>
> 二、关于2006年行政许可行为违法是否必然影响2011年行政许可行为合法性的问题
>
> 本院注意到中信兴光公司提交的行政复议申请曾对2006年《采矿许可证》合法性提出质疑，但被诉复议决定并未将该许可行为的合法性直接作为审查标的，一、二审法院亦仅将国土资源部对颁发2011年《采矿许可证》复议的行为作为本案审理对象。但是，不论是被诉复议决定还是一、二审法院判决，在对2011年采矿许可的合法性作出否定性评价时，又均将2006年采矿许可的违法性作为主要理由之一。因此，对行政复议决定合法性的审查，仍需全面考虑前后两次行政许可的合法性问题。

具体而言，湖南省国土厅2011年行政许可，系对郴州市国土局2006年行政许可的承继和延续，因而对2011年行政许可的合法性审查，也必然会涉及对2006年行政许可甚至采矿权设立行为、拍卖出让行为的合法性评价。但是，不能认为只要2006年行政许可存在合法性问题，就必然影响2011年行政许可的合法性；而且对2006年行政许可合法性的审查与对2011年行政许可合法性的审查，其审查标准应当有所不同。一方面，2006年行政许可已经超过法定申请行政复议和提起行政诉讼的期限，具有不可争力。因而，不能认为只要2006年行政许可存在违法性问题，就必然要对2011年行政许可的合法性作出否定性评价；只有在2006年行政许可存在重大明显违法或者存在显而易见的违法且无法补正的情况下，才可能直接影响到2011年行政许可的合法性。另一方面，不论是行政许可机关、行政复议机关还是人民法院，对首次许可与延续许可行为合法性的判断标准与审查重点均应有所不同。对许可期限届满的行政许可，许可机关在延续时，既会考虑原许可的适法性问题，也必然会考虑法律规范的变化对是否延续的影响，甚至会考虑基于公共利益需要是否能够延续的问题。但显然，行政系统作出首次许可、许可延续以及撤销许可时，裁量幅度应当有所不同。首次许可时，许可机关可以依法裁量不予许可；但是否延续许可的裁量和判断，则应受首次许可的约束，兼顾信赖利益保护问题。即使首次许可存在瑕疵或者违法，许可机关仍应审慎行使不予延续职权。同理，行政复议机关或者人民法院对许可机关裁量权进行审查时，亦应秉持谦抑原则，尊重许可机关对自身裁量权的限缩，除非这种限缩性裁量明显不合理或者违背了立法目的，抑或构成滥用裁量权。本案中，国土资源管理部门2006年可以裁量不设定矿区范围垂直投影重叠的采矿权，也可以不颁发相应的采矿许可证，但其一旦实施了首次许可，那么在其后的延续许可，以至行政复议机关、人民法院对延续许可合法性进行审查时，则既要考虑首次许可的适法性，也要考虑维持许可是否必然损害公共利益，以及是否有必要的措施防范可能的不利影响并保障被许可人的信赖利益等问题。因此，不能简单以首次许可存在适法性问题，即否定许可延续行为的合法性。易言之，在审查许可延续行为的合法性时，只有首次许可具有重大明显违法或者存在显而易见的违法且无法补正情形的，复议机关才可以撤销延续许可……

三、关于采矿权矿区范围垂直投影能否重叠的问题

正如一、二审法院查明，对于能否重叠问题，现行法律、法规、规章并无明确规定；对于何为重叠，也缺少明确的认定方法和处理程序。一般认为，采矿权矿区范围垂直投影重叠，是指两个分别处于上、下位置的采矿权矿区范围，虽然不发生物理交叉，但垂直投影后在平面上形成重叠。由于可供开采的矿产资源分布于地表上下，不同种类矿藏可能在不同深度的垂直空间分层分布，采矿权矿区范围垂直投影重叠也就难以完全避免……

四、关于重叠采矿许可证的处理与撤销的条件问题

现行法律、法规、规章以及被诉复议决定所引用的相关规范性文件，对类似于本案因历史原因形成的重叠的采矿权撤销程序、步骤、方法及具体情形均无具体规定。〔2001〕85号文件对于违法设置的相互重叠或者交叉的采矿许可，要求依法抓紧进行纠正，而纠正的方式包括“该吊销的要依法吊销，该注销的要坚决注销，该协调处理的要妥善处理”。实践中，解决重叠有多种方式，包括将不同采矿权主体推动整合为同一采矿权主体、调整并缩小采矿许可证范围以解决重叠问题、在不同采矿权主体间建立开采协调机制、区分矿产资源开发时序且在确保安全生产的前提下签订承诺协议、撤销一方采矿许可并通过补偿或者赔偿等方式弥补损失，等等。据此，对因采矿权主体不同一且采矿权重叠之情形，处理方式是多重的且可以综合运用，撤销重叠的采矿许可仅为其中一种处理方式。

本案存在部分重叠属实，而能否仅凭部分重叠即撤销采矿权人已经依法取得的采矿许可，则应全面、客观、历史地看待……

五、关于被诉复议决定说明理由义务问题

……

一、二审法院支持行政复议决定的裁判结果不当，亦应一并予以纠正。

该文书说理篇幅长，论证逻辑清晰，说理非常透彻，情理法融合，行政许可案件中遇到的许多疑难法律问题，几乎都可以在该文书说理中找到相应的规则指引。该文书不论在行政许可领域，还是在行政复议领域，都有很强的影响力，这个影响力既与案件本身的社会关注度和影响力有关，更与文书层次清楚、结构完整、事理明晰、法理透彻、文理信达的说理有直接关系。

2．对行政许可程序问题的说理

许可程序也是实践中经常争议的焦点问题之一。这里选取一起最高人民法院指导案例作为实例加以简要说明。该案时间跨度达20余年，在最高人民法院才画上圆满的句号，对于许可程序是否违法的争议焦点问题。[①] 最高人民法院经审理认为：

关于被诉行政行为的合法性问题。从法律适用上看，《四川省道路运输管理条例》第4条规定“各级交通行政主管部门负责本行政区域内营业性车辆类型的调整、数量的投放”和第24条规定“经县级以上人民政府批准，客运经营权可以实行有偿使用。”四川省交通厅制定的《四川省小型车辆客运管理规定》（川交运〔1994〕359号）第八条规定：“各市、地、州运管部门对小型客运车辆实行额度管理时，经当地政府批准可采用营运证有偿使用的办法，但有偿使用期限一次不得超过两年。”可见，四川省地方性法规已经明确对客运经营权可以实行有偿使用。四川省交通厅制定的规范性文件虽然早于地方性法规，但该规范性文件对营运证实行有期限有偿使用与地方性法规并不冲突。基于行政执法和行政管理需要，客运经营权也需要设定

① 第88号指导案例：张道文、陶仁等诉四川省简阳市人民政府侵犯客运人力三轮车经营权案，最高人民法院审判委员会讨论通过，2017年11月15日发布。

> 一定的期限。从被诉的行政程序上看，程序明显不当。被诉行政行为的内容是对原已具有合法证照的客运人力三轮车经营者实行重新登记，经审查合格者支付有偿使用费，逾期未登记者自动弃权的措施。该被诉行为是对既有的已经取得合法证照的客运人力三轮车经营者收取有偿使用费，而上述客运人力三轮车经营者的权利是在1996年通过经营权许可取得的。前后两个行政行为之间存在承继和连接关系。对于1996年的经营权许可行为，行政机关作出行政许可等授益性行政行为时，应当明确告知行政许可的期限。行政机关在作出行政许可时，行政相对人也有权知晓行政许可的期限。行政机关在1996年实施人力客运三轮车经营权许可之时，未告知张道文、陶仁等人人力客运三轮车两年的经营权有偿使用期限。张道文、陶仁等人并不知道其经营权有偿使用的期限。简阳市政府1996年的经营权许可在程序上存在明显不当，直接导致与其存在前后承继关系的本案被诉行政行为的程序明显不当。

3. 对行政许可原则在具体案件中适用问题的说理

行政许可与行政处罚一样，单行法典中有一些基本原则，需要在具体实施行政许可中加以贯彻，违反这些基本原则的行政许可行为，同样是违法的。比如宁夏中卫市金利工程运输有限公司诉自然资源部行政许可一案，[①] 这同样是一起时间跨度长、法律关系复杂、备受社会关注的矿产资源许可纠纷，前后经历过多次反复和诉讼。该案的争议焦点在于实体和程序两个方面，主要涉及许可公开原则在该案中的适用问题以及陈述申辩权利的保护问题。该案文书说理如下：

> 本案争议问题主要为，原国土资源部以梁水园煤矿区属于国家出资勘查并已探明可供进一步勘查的矿产地为由不予许可，是否符合相关规定，是否合法。
>
> ……

---

① 参见北京市高级人民法院（2018）京行终4935号行政判决书。

国家出资勘查已探明矿产地应当按照与行政许可相关的规范性文件事先规定的程序进行认定和公开。行政许可法第五条规定，设定和实施行政许可，应当遵循公开、公平、公正的原则。实施行政许可遵循公开原则，既有利于保障和监督行政机关有效实施行政管理，也有利于保护行政许可申请人的合法权益。行政机关实施行政许可，除依照《行政许可法》第三十条的规定公示法律、法规、规章规定的有关行政许可的事项、依据、条件、数量、程序、期限等内容外，对其规范性文件中规定的对行政许可相关条件予以公告的程序也应当予以遵守。国家出资勘查已探明矿产地的认定公告同时也是对行政许可相关条件的公开。对国家出资勘查已探明矿产地依事先规定的程序认定和公开，是对行政许可申请人予以公平、公正对待的基础。在明文规定地质矿产主管部门应当对国家出资勘查已探明矿产地予以清理认定及公告的情况下，对未包含在相关公告中的矿产地，矿业投资主体则视其为“空白地”而合理期待可申请获得探矿权。在已有相关公告的情况下，申请人提出行政许可申请后，再针对申请人在公告内容之外作出对其不利的认定，事先的明示和监督缺失，实施行政许可条件的确定性受到质疑。在本案行政许可申请受理之初，梁水园煤矿区已有勘查活动的情况即有所反映，但在此后有关程序中，本案现有证据不能证明对梁水园煤矿区作了属于“国家出资勘查已探明矿产地”的认定和公告，直至在被诉不予许可决定中才以之作为理由，不符合原国土资源部有关国家出资勘查已探明矿产地清理、认定和公告程序的规定。

作出行政许可决定，应当根据案件具体情况，充分听取申请人的意见。《行政许可法》第七条规定，公民、法人或者其他组织对行政机关实施行政许可，享有陈述权、申辩权。该法第三十六条规定，行政机关对行政许可申请进行审查时，发现行政许可事项直接关系他人重大利益的，应当告知该利害关系人。申请人、利害关系人有权进行陈述和申辩。行政机关应当听取申请人、利害关系人的意见。该法第四十七条规定，行政许可直接涉及申请人与他人之间重大利益关系的，行政机关在作出行政许可决定前，应当告知申请人、利害关系人享有要求听证的权利；申请人、利害关系人在被告知听证权利之日起五日内提出听证申请的，行政机关应当在二十日内组织听证。本案情况较为复杂、程序曲折漫长，地方国土资源主管部门不同意设立本案申请的探矿权，国家出资勘查已探明矿产地未经上报、认定和公告，申请范围内可能与已设矿业权重叠，还存在其他申请人和利益主体，因此，本案行政许可直接涉及申请人与他人之间重大利益关系，应当听取相关当事人陈述、申辩或举行听证。虽然原国土资源部制定的规范性文件中规定在受理探矿权、采矿权申请前向地方国土资源主管部门发送调查函，要求地方国土资源主管部门回复调查意见，但该调查意见仅具有辅助性，不能替代行政许可机关的调查，调查职责依法仍应在行政许可机关本身。在争议较大的情况下，原国土资源部不应仅依对地方国土资源主管部门回复意见及所附材料的书面审查作出认定，而应当对有关证据进行质证，充分听取申请人、利害关系人的意见并予以回应。原国土资源部作出本案被诉不予许可决定，其提交的证据不足以证明在行政许可程序中充分保障了金利公司的陈述申辩权。

该文书说理特点鲜明，既体现了二审审级职能特点，围绕争议焦点展开说理，又繁简得当，思路清晰，逻辑性强，重点突出，充分展现了许可类案件的审理思路和行政许可基本原则在具体个案中的适用方法。

第三节　不作为类案件裁判文书说理

行政不作为是一种通俗的说法，并不是法律规范意义上的用语，对应的是修改后的《行政诉讼法》第十二条第六项的规定，即“申请行政机关履行保护人身权、财产权等合法权益的法定职责，行政机关拒绝履行或者不予答复的”情形。这种案件类型，在行政诉讼制度建立之初就已产生，在人民法院行政案件类型中，属于传统上相对较为集中的那一类。特别是近年来，随着全社会法治意识的提升，公民权利意识逐渐增强，这类案件又呈现出了一些新的面貌，不仅案件数量增长迅速，而且更加复杂多样，行政机关败诉率也较高，备受社会关注。在裁判文书说理方面，这类案件既有鲜明的逐步发展的与时俱进过程，又有较为独特的内在特质。

一、不作为类案件裁判文书说理的总体思路

（一）行政不作为的内涵

行政不作为案件，是公民、法人或者其他组织请求行政机关履行特定的行政职责的诉讼类型，包括公民、法人或者其他组织起诉请求行政机关作出特定行政行为或者事实行为的案件，如申请颁发行政许可、申请公开政府信息、申请作出行政复议决定，或者请求对他人违法行为予以查处等。对公民、法人或者其他组织请求行政机关履行给付金钱义务，[①] 亦可按照不作为类案件的审理思路进行审理。

过去相当长一段时间，行政不作为案件都是指行政机关对当事人的申请未作任何意思表示的案件类型，但随着理论和实践的发展，行政不作为案件内涵发生了相应的变化。起诉行政机关不履行法定职责类案件，可以分为消极不作为类的履责之诉和积极作为类的履责之诉。消极不作为类履责之诉，是指行政机关对是否履行法定职责未作出任何意思表示，即处于纯粹消极不作为状态。积极作为类的履责之诉，是指行政机关以书面或者口头等方式积极作出答复，明确表明其拒绝履行原告所请求的职责（包括不当履行、未完全履行等情形）。积极作为类的履责之诉中，行政机关作出了一个针对原告请求的拒绝性答复。原告可能只针对拒绝性答复提出诉讼请求，或者没有明确针对拒绝性答复提出诉讼请求，只要原告的诉讼目标实质是要求行政机关满足原告的一个要求，作出一定的行为，就可以认定案件属于履责之诉。在依申请履责的案件中，通常原告在行政程序中向行政机关提出的请求，就是其后续起诉所要实现的诉讼目标。这里，需要区分积极不作为之诉与撤销之诉，

① 《行政诉讼法》第七十三条规定的情形。

关键在于原告的实质诉讼目标。如果原告只需要撤销被诉行政行为，其诉讼目标就能够完全实现，则属于真正的撤销之诉。原告请求撤销针对自己作出的行政处罚决定、行政强制措施等典型的减损原告权益的行政行为，均属于常见的撤销之诉。

（二）行政不作为案件说理注意事项

行政不作为案件内涵，直接决定法院审查范围、方式以及裁判说理的重点和方向。在这类案件中，审理的对象是原告的履责请求能否成立，而不能仅仅局限于审查拒绝性答复的理由是否成立。对这类案件的说理，应当注意以下四个方面问题。

一是人民法院有权直接判决行政机关履行特定内容的法定职责。人民法院如果审查认为原告的履责请求能够成立，行政机关履行职责明显已无进一步判断裁量空间的，有权直接判决行政机关履行相应的职责。如果行政机关尚有判断裁量空间的，人民法院也可以判决行政机关针对原告的申请重新作出处理。

二是人民法院有权超出原告诉讼理由以及拒绝性答复的范围审查原告请求能否成立。拒绝性答复如果合法，原告要求履责的请求当然不能成立；拒绝性答复理由不当，且经过审查原告的履责请求能够成立且行政机关已无判断裁量空间的，人民法院可以直接判决行政机关履行特定的法定职责；拒绝性答复理由不当，但原告的履责请求经过审查确实不能成立的，也可以判决驳回原告的诉讼请求，并在判决理由中指明拒绝性答复理由的不当之处。这种做法，既有利于行政争议的实质解决，同时，通过指明答复不当之处的方式明确事实和法律关系。

三是如果行政机关仍有进一步调查裁量空间时，人民法院可以将原告的请求交还给行政机关重新处理，而在本次诉讼程序中不作最终裁判。对于行政机关是否仍有进一步调查裁量空间，属于法官根据案件具体情况酌定的事项。

四是人民法院应当从有利于行政争议实质解决和一次性解决的角度审理案件和说理。将部分行政争议交还行政机关处理，不等于将矛盾转移。即使在部分事项仍有待行政机关进一步判断裁量的案件中，人民法院也应当尽可能查明事实，明确法律关系，指明正确合法的行政执法方向，努力确保行政机关重新处理之后能根本上解决争议。

二、行政不作为案件说理的方向与要求——以最高人民法院公布的十大不作为案件为分析样本

（一）启动履行职责条件的审查逐渐由一元走向多元，裁判文书说理应反映这一审查标准的变化规律

作为义务，只是行政不作为案件司法审查的一个判断要素。当确定某一行政机关负有某项职责义务的情况下，接下来就要看在个案中行政机关是否具备作为的条件。作为条件，又可以分为程序性作为条件和实体性作为条件。前者是指启动作为义务的条件是否具备，后者是指履行作为义务是否适当。在判断程序性作为条件是否成就的时候，过去很长一段时期主要区分依职权和依申请履行义务两种方式，而且引发争议的大多发生在依申请履行职责领域，进一步说，是否具备依申请履行义务的条件，主要又看原告是否向被告提交申请。在张某竹诉濮阳市国土资源局行政不作为案中，[①] 张某竹直接向濮阳市国土资源局提交履行职责申请，申请到达之日即可初步认定濮阳市国土资源局具备履行义务的条件成就。该案中，法院认为："根据《土地违法案件查处办法》规定，县级以上地方人民政府土地行政主管部门对违反土地管理法律、法规的行为进行监督检查。上诉人市国土局上诉称 2013 年 10 月 17 日收到对土地违法行为监督的申请后，已进行了受理核查，但上诉人未及时将审查结果告知申请人，上诉人的行为未完全履行工作职责，违反了《土地违法案件查处办法》第十六条的规定。"这种相对人与行政机关之间点对点提交申请，对应性很强，说理也比较直接、明了，有利于厘清相对人的权利与行政机关的义务。

需要注意的是，过于强调原告与被告之间的点对点形式，实质上停留在行政机关履行义务条件成就的表层，对相对人权利保护不够到位，对行政机关履行义务的监督也不够到位。特别行政实践是丰富多彩的，超越点对点的申请与履行模式，拨开层层迷雾，从实质上判断行政机关履行义务条件是否

---

① 最高人民法院发布的行政不作为十大案例之二。

具备，就成为行政不作为案件审查标准发展的必然方向。在兰州宏光驾驶员培训服务有限公司诉兰州市城关区城市管理行政执法局行政不作为案件中，[①]原告向兰州市委信访办举报违法建设，兰州市委信访办将信件转到兰州市行政执法局，兰州市行政执法局又将信件转到被诉的兰州市城关区城管执法局，原告认为城关区城管执法局行政不作为，并提起诉讼。尽管该案经庭审后被告认识到自己的错误积极履行职责，得到原告谅解并依原告申请撤诉的方式结案，但该案中确立的启动履行职责的标准，为我们开展类似案件的说理，提供了相应的指引，即超越了相对人与行政机关点对点申请的模式。

（二）作为内容审查标准呈现出从形式走向实质趋势，文书说理理当反映这一趋势

在解决作为义务来源、作为条件是否成就问题之后，实体审查的关键一步，就是看行政机关是如何作为的，即作为的内容是否符合法律的要求。过去相当长一段时期，理解和把握行政不作为的标准，立足于履行义务的形式，把行政机关作出的拒绝性答复排除在行政不作为案件类型之外，导致对相对人的权利救济不够到位，行政审判程序空转问题较为突出。因此，将行政机关对相对人申请不履行答复义务的消极不作为，当成行政不作为内涵的全部，而将行政机关对相对人申请作出拒绝性处理的积极不作为，排除在行政不作为案件类型之外，是不可取的，需要予以整合，重塑行政不作为的内涵和外延，将作为义务内容的评判标准，从纯粹形式判断走向具有实际内容的实质判断。

十大不作为案例中，有三个涉及这个方面的规则指引。在张某琪诉天津市人力资源和社会保障局、天津市社会保险基金管理中心行政不作为案件中，[②]天津市社保中心通过信访答复的方式回应了原告的履责申请，表面上看没有漠视原告的请求，也没有对原告的请求置之不理，还属于有所作为的，但法院审查认为被告“给原告出具的《关于张某琪信访反映问题的答复》，在未对原告提出的请求作出明确处理的情况下，直接以信访形式答复显系不妥”。虽然说理只有短短数语，表达的意思却很明确，通过信访答复的方式回

---

① 最高人民法院发布的行政不作为十大案例之七。

② 最高人民法院发布的行政不作为十大案例之三。

应原告的申请，还需要原告的请求进行实质上处理，否则仍然构成不作为。还有，在王某升诉寿光市人民政府行政不作为案件中，[①] 寿光市人民政府已对原告举报村务不公开的请求，作出了责令村务公开通知书，形式上看已经作为了，还满足了原告的请求，责令村委会公开村务信息，但法院经审查认为，“被告在履行责令职责时，不应仅限于作出并送达责令通知，还应限定公开的合理期限并应跟进监督村委会对责令通知的执行情况，以实现公开的结果。本案中，被告虽已按法律规定向褚庄村村委会作出责令公开村务信息通知，但未限定公开的合理期限，亦未对褚庄村村委会执行通知情况进行核实，被告的所谓履责行为未达到法律规定的‘责令’程度，缺乏约束力和执行力，从而导致褚庄村村委会至本案庭审时也未向原告公开相关村务。因此被告并未完全履行法定义务，其应继续履行责令之责。”说理清晰、明确地传递了一个信息，即被告虽然已作出相应的责令公开行为，但责令公开通知书未给村委会履行公开义务设定合理期限，实质上未达到法律规定的责令程度，缺乏约束力，仍属于未完全履行法定义务的情形。这样既符合诉讼类型化的发展趋势，透过行政答复的现象回应原告要求履责的内在诉求，而且，这样做有利于纠纷的实质性解决，有效预防诉讼程序空转，减轻当事人诉累，也节约了司法资源。

（三）审查效果日益突出实质性化解争议，裁判文书说理也要走向实质化

行政不作为案件的审理，不仅在于厘清是非，更在于解决问题，化解争议。追求行政争议实质性解决，一直是行政诉讼程序的重要价值取向。2014年修正的《行政诉讼法》第一条，开宗明义即表明，立法目的在于解决行政争议，在保障相对人合法权益、监督行政机关依法行使职权的基础上，把行政争议化解掉。

在作为义务履行的审查基点上，呈现出从阶段评估走向整体审查的趋势。是否构成行政不作为，还涉及判断基点问题。行政机关履行法定义务，往往不是简单的、片段的，很多时候更是连续的、多阶段行为连接起来的。行政审判调整司法权与行政权的关系，既要尊重行政权自身的运行规律，保证行政机关拥有根据实际情况权衡履行作为义务的空间，也要保证行政机关履行

---

① 最高人民法院发布的行政不作为十大案例之五。

作为义务的效果具有可评估、可检验性。这个问题主要涉及两个方面，一是在履行义务涉及多个行为环节的情况下，到底以哪个环节的行为作为判断履行作为义务的基准，二是在时间节点上，如何把握判断行政机关是否履行作为义务的时间基点。

对第一个问题，过去相当长一段时期，都是以行政机关作出实体上相应的行政行为作为判断标准，比如，当事人举报违法行为，行政机关作出相应的处理决定，即可认定履行了作为义务。但有的时候，原告申请履行的职责，需要依赖行政机关作出一系列的行政行为才能完成，而且各个行政行为之间具有相对独立性，比如，行政机关应申请履行查处职责，作出处理决定与后续对处理决定的执行，就是相对独立的两个行为，到底以哪个行为状态作为判断是否履行职责的标准？实践中就存有很大争议。

对这个问题，在彭某诉深圳市南山区规划土地监察大队行政不作为案件中，[①] 法院给出了有效的回应。该案中，原告举报查处违法建设，规划监察部门按原告的申请作出了责令停止违法行为通知书和行政处罚决定书，要求违法行为人自行拆除违法建设，并告知行为人逾期不履行的，将依法强制执行，而且还发送了催告履行通知书。在依法开展强制执行基本条件具备的情况下，规划监察部门迟迟未采取强制执行措施，原告认为被告不履行职责，诉至法院。法院经审查认为，法律没有规定行政机关依法开展强制执行的期限，但行政机关应当在合理期限内履行其强制拆除职责。在具备强制执行条件而当事人拒不履行的情况下，被告在长达一年多的时间里，除了仅仅作出督促当事人自动履行的催告通知书外，未对案件做进一步处理，且未提供存在合法合理的理由，应当认定构成怠于履行法定职责。这个裁判理由，既尊重了行政机关履行职责的内在规律，又给行政机关无正当理由怠于履行职责划定了红线。行政不作为的判断标准，不再局限于阶段性的限期改正通知和行政处罚决定，而把基准放宽到违法建设认定、处理和执行的整个流程中进行观察和评估。此外，十大案例第五个案例即王某升诉寿光市人民政府行政不作为案也反映了这个实质性的标准。可见，对作为义务涉及相对独立的处理决定及其执行行为的，要在尊重行政权运作规律的基础上，根据个案争议发展的进程，从阶段性和整体性两个方面合理确定评估基准。

---

① 最高人民法院发布的行政不作为十大案例之三。

对时间上的判断基准，一般把握的标准是法律、法规和规章规定的履行期限，逾期不予履行义务，且无正当理由的，即可认定构成不履行法定职责。当然，如果行政机关应当事人的请求作出了相应的行政决定，只是没有履行对该决定的执行义务或跟踪监督执行情况，裁判的时间基准需要灵活把握，十大不作为案例中的案例三和案例五，都是将是否履行后续执行义务的判断时点，确定在开庭审理之日，而且还必须是无其他正当理由明显超出合理期限不履行义务的，才可以认定为不作为，这既彰显了司法严格审查的价值，又体现了司法权的谦抑品格。

第六章　行政裁判文书说理前瞻

裁判文书说理改革，是此轮司法改革的重要组成部分，在一定程度上也是让司法公正看得见的重要抓手，更是检验、评估此轮司法改革成效的重要窗口。特别是2016年8月29日公布的《最高人民法院关于人民法院在互联网公布裁判文书的规定》，裁判文书公开机制全面升级。行政裁判文书制作和说理，在过去一直是三大诉讼中的短板，受制于自身制度的不完备和司法环境，没有展示出行政裁判文书的应有样貌和行政法官的独特风采。在修正后的《行政诉讼法》深入实施和司法改革持续推进背景下，行政审判的内在规律和外部环境都已经并将得到极大的改善，相应地，行政裁判文书说理也呈现出新的气象。当然，任何事物的发展都是渐进的，行政裁判文书说理也一样，还需要一系列理念更新和制度配套，才能达至预期的目标。

第一节　创造良好的说理条件

裁判文书是由法官制作的，说理的主体也是办理案件的法官。因而，法官的职业素养和职业操守，直接决定裁判文书说理的优劣与好坏。目前社会公众与理论界对裁判文书说理状况多有不满，在裁判文书全面公开的背景下，对裁判文书说理评头论足之后，往往捎带着认为法官素质有待提高。无疑，在目前的司法体制和现实环境中，法院和法官的状况都还有一些不尽如人意之处，司法体制需要改革的地方有很多，法官职业素养和操守需要完善的地方也有很多，但中国法官的素质肯定不是“普遍不高”。苏力教授在研究判决书写作的过程中，曾对中国法官素质与裁判文书说理的关系，有过深刻的描述：“他们也许还比不上英美法官甚至欧陆法官，但他们的能力可能远远超过法学界对其现有实际能力的估计和判断……”[①] 笔者认为，这个判断是比较客观的，虽然该论文发表于近二十年前，但其中对中国法官生存状况和说理的现实制约因素的分析，仍然是切合实际的。结合此轮司法改革措施，笔者认为，法官员额、职业保障、法官助理等制度，都有助于释放法官说理的积极性，但也还需要把好思路、好想法、好制度落实到好的问题上。

一、适当的案件数量

裁判文书说理是一个技术活，不仅需要良好的职业素养，还需要耗费大量的时间和精力。俗话说得好，时间是最宝贵的，没有时间，没有精力，无论多么重要的事情，无论多么光荣的事情，无论多么责任重大的事情，都只能望洋兴叹，无能为力。在目前“案多人少”矛盾持续加剧的背景之下，又要加强行政裁判文书说理，如果没有法官工作量的上限，不仅会使裁判文书说理的规范要求化为无形，也会极大地挫伤法官的说理积极性。

（一）适当的案件数量是社会规律使然

人的时间、精力是有限的，这是人的生理规律。人在单位时间内能做的事情是有限的，重要的事情，精细化的事情，需要耗费更多的时间和精力。当一个人长期处于超负荷工作状态下的时候，事情做得不易达到预期的效果，这是人与事之间的社会规律。司法的职责在于调整人和事，理当遵循社会规律。法官是人，也是社会中的一员，理当受人的生理规律和社会规律的支配。法官的工作是专业性、技术性和严肃性要求很高的职业，堪称“法律帝国里的王侯”。[②] 裁判文书说理要求法官将自己对案件事实和法律的专业性分析，展示给当事人和社会公众，处断纠纷，规范社会行为。这不仅需要法官有较强的职业素养和法律适用能力，更需要以时间和精力作为前提和基础。如果超出了一个正常人的生理极限，要求法官完成无法完成的案件数量，还要规范、严谨、精细地进行说理，而且说理还必须经受住时间不那么紧张、精力相对宽裕的裁判文书阅读者和批评者们的拷问和质疑，这是违反司法规律的。

---

① 苏力：《判决书的背后》，载《法学研究》2011 年第 3 期。

② ［美］德沃金：《法律帝国》，李常青译，中国大百科全书出版社 1996 年版，第 361 页。

其实，如何对待法官，实质就是如何对待法治。

目前，随着行政立案登记制度的实施，法院受理的案件数量飙升，加之法官员额制改革的推进，“案多人少”矛盾进一步加剧，法官们工作量增大。以某高级人民法院为例，2018 年新收各类行政案件 3700 余件，员额法官 11 名，年人均结案 299 件。高级人民法院的职能不仅是依法办理行政案件，还承担着大量的监督指导职能，这些工作对法官时间精力的耗费同样不少。而且这些案件都是二审再审案件，给当事人理性而权威的结论及其理由，需要投入的时间和精力是可想而知的。

（二）科学测算法官工作饱和度

法官应该做什么以及应当做多少，一直是司法改革过程中讨论的热点问题，任何围绕司法和法官的改革，基本上都离不开这个核心和基础的问题。在员额制改革之后，这一问题更加突出，案件数量大幅上升，法官数量明显减少，法官到底应该干什么？到底应该干多少？这就是法官饱和工作量的测定问题，也是无法回避的问题。目前司法改革的措施，基本上也在回应这个问题。推进法官员额制改革，目的之一就在于“确保法官数量与案件数量相匹配，改变目前案多人少、忙闲不均的状况”。[①] 应当说，法官饱和工作量的测算，是一个系统性、技术性很强的工作，涉及司法审判的方方面面，而且审结案件数之外工作，很难予以量化，即使是案件数，也会因个案的差异而失去应有的统计意义。笔者不是统计学或人力资源学的专业人士，对此无法设计出一个专业化的数据模型，只能给出一个测算工作量的大致考虑因素：一是围绕案件的因素，包括案件数量、案件繁简程度、案件的审级差异等；二是案件以外围绕审判的因素，比如参加会议、学术研讨、调研督导等因素，这些因素虽不是看得见的案件，但也是法官审判工作的重要组成部分和工作职责；三是努力排除法官职责以外的事务，不仅要限制安排职责业务外的活动，还要让法官从繁重的审判辅助事务中解放出来，释放出专心精心办案的正能量。即使无法统计出法官饱和工作量的精确数，法官在履行职务时也不可能按点计时计件，但起码有一个大致的框架和范围，不能任由法官工作量

---

① 参见最高人民法院司法改革领导小组办公室：《最高人民法院关于全面深化人民法院改革的意见读本》，人民法院出版社 2015 年版，第 260 页。

无限制地上升。

二、得力的法律助手

案件审判流程长、环节多，不同的流程和程序需要不同的专业和素养。因而，法官是法院审判工作的主体，但仅有法官是绝对不可以的。良好的司法，输送正义的司法，公平与效率有机结合的司法，绝不是法官一个人在战斗，而是以法官为主体的团队在战斗。正因如此，司法助理制度成为此轮司法改革的重要组成部分得以重磅推出，这也是审判权运行机制完善的一个重要步骤。

（一）法官助理制度改革正当其时

法官助理制度改革，是全面深化司法改革的重要组成部分，也是法官制度改革的有机组成部分，对推进法官员额制、完善人员分类管理、优化司法资源配置和解决“案多人少”矛盾的价值和作用都非常巨大。2015 年 2 月 24 日，最高人民法院印发《关于全面深化人民法院改革的意见——人民法院第四个五年改革纲要（2014—2018）》，在推动法院人员分类管理制度改革部分指出，健全法官助理、书记员、执行员等审判辅助人员制度，科学确定法官与审判辅助人员的数量比例，建立审判辅助人员的正常增补机制，切实减轻法官事务性负担。拓宽审判辅助人员的来源渠道，探索以购买社会服务的方式，优化审判辅助人员结构。2015 年 6 月 5 日，中央深改组审议通过《关于招录人民法院法官助理、人民检察院检察官助理的意见》，宣布建立从政法专业毕业生中招录法官助理、检察官助理的规范化机制，对于推进法院人员分类管理，为法官员额制改革提供配套支撑，具有重大而深远的意义。有了法官助理的辅助、帮助，使得法官不仅可以心无旁骛地专心于审判工作，包括进行裁判文书说理，而且法官助理还可以结合自身的知识和经验，为法官认定事实和适用法律提供参考性意见，实现法官和辅助人员职业素养和能力的共同提升。

特别是对行政审判来说，行政案件涉及领域宽广，法律规范更是包罗万象，除了行政处罚、行政许可、行政强制等几部基本法律之外，绝大多数行政案件都需要各个行政管理领域的单行法律和法规，这些浩如烟海的法律规范，是大学校园里所不可能学到的，也是日常工作中不经常遇到的，需要法官在办理个案时进行发现和积累。加之行政案件相较之民事、刑事案件，在法律适用上还有一大特点，就是法律少、法规多、规章更多，从中央部委到基层政府的规范性文件更是不计其数。这些规范性文件效力不高，权威性不强，但实用性强，对公民权利义务影响最直接，也是审判实践中尤其需要注意审查和甄别适用的地方。另外，行政管理的每个领域都很专业，有自身的规律需要遵循。所有这些，都需要花费法官大量的时间和精力，更加需要配备专业性强的助手来分担法官的事务性工作，帮助法官查询发现适用于个案的法律规范，实现行政审判案件质效的有效提升。

其实，我们并不是法官助理的发明者。在法治发达国家，法官配备助理不仅是成熟的制度，而且运行效果也非常明显。有学者考究，英美法系尤其是美国的判决书，说理不仅充分而且漂亮，文书动辄上百页，很多堪称优秀的法学论文，其中一个重要因素就是得益于完善的法官助理制度。① 美国波斯纳法官在其《司法反思录》中，还专门就法官助理的选择运用等问题介绍经验和做法。"美国司法制度中的法律助手，往往是各法学院的优秀毕业生，毕业后给法官当一年或两年的助手。他们年轻好胜，精力旺盛，阅读广泛，同时对工作很有新鲜感，这都使得他们有可能也有意愿写出出色的司法判决书。"② 更有报道称，"在美国法院中，除了少数法官外，绝大多数司法意见都出自这些年轻的法律助手之手，法官实际上往往成为司法意见的编辑"。③

正是国内司法改革自然推进的需要，又有国外成熟法官助理制度的先进经验可资借鉴，我国法官助理制度改革才会在此轮司法改革中占有如此重要的地位，成为法官员额制改革的重要配套性支撑，也才会上升到中央深改组这样的顶层设计。相信这一制度的实施，不仅有利于释放法官更多的审判精力和活力，而且对说理充分的优秀裁判文书的产生，也会大有裨益。

（二）法官助理制度还需要再发力

目前，各项司法改革措施正在有条不紊地推进，法官助理制度改革也在稳步推进。围绕法官助理制度的改革，如何让其真正发挥法官助手的作用，

---

① 苏力：《判决书的背后》，载《法学研究》2011 年第 3 期。

②③ 转引自庄绪龙：《裁判文书"说理难"的现实语境与制度理性》，载《法律适用》2015 年第 11 期。

减轻法官不堪承受的负担，释放法官的积极性和能动性，切实化解“案多人少”的矛盾和难题，需要在法官助理制度真正取得实效上下功夫。

处理好这个问题，涉及许多方面，但核心不外乎搞清楚法官助理的职责是什么？材料接收、排期开庭、旁听合议、校对文书等，属于审判辅助工作，固然是法官助理的职责，问题的关键是，法官助理可不可以帮助法官起草裁判文书？对此，有人认为，法官助理可以帮助法官起草法律文书，范围限定在简单、明了的案件，事实和法律争议都不大，促进法官有更多精力投入到重大疑难和法律争议较大案件的审理和裁判文书说理之中。也有人认为，“裁判文书是法官的核心工作，法官助理只能为裁判提供相应意见，禁止代替法官撰写法律文书，禁止从事法官所应当完成的其他工作”。[①] 对此笔者认为，法官助理的价值和定位，应当具有一定的灵活性和创造性，在是否撰写裁判文书上可以灵活处理，并确定相应的规则。理由为：一则，如果法官助理的职责仅仅在于接收材料、排期开庭、校对文书，那么与书记员的工作职责相混淆，也不易提高法官助理的积极性，而且如此定位对法官精力的释放也是非常有限的，因为过去这些工作也不全是法官来做的。二则，法官助理撰写部分法律文书具有积极意义。法官助理在全程了解案件的基础上，根据合议庭意见和法官的指导，草拟法律文书，并由法官最后审阅、修改，可以实现双赢，法官能得到有效解放，法官助理的工作也有了精神价值，有利于尽快成长，成为法律职业共同体的一员。三则，法官助理撰写裁判文书限定在一定范围，即针对事实清楚、争议不大的案件。实践中这些案件耗费法官大量精力，需要思辨说理和详细分析论证的地方不多，制作裁判文书无须法官亲自操刀撰写，而由法官助理撰写并由法官审阅完善，不会出现负面问题。而对于那些复杂疑难和社会关注度高的案件，则应当由法官撰写文书，待将来制度和条件成熟时再探索法官助理尝试起草机制。

三、良好的职业尊荣

法官职业是个“良心活”，在一定程度上也是靠尊荣而充满活力和魔力。在法治社会，法院是法律的首都，法官是“法律帝国里的王侯”。由此可见，

---

① 张太洲：《法官助理，应是个什么角色》，载《人民法院报》2015 年 5 月 10 日。

法官在法治社会中所应具有的地位，以及所应享有的尊荣。

（一）尊荣是法官职业的内在属性

现代文明社会，人都有尊严和价值。人类文明进步的过程，就是发现和彰显人的尊严和价值的过程。法治建设的历程曲折艰难、反反复复，就是因为法治以维护人的尊严和价值为最终皈依和目标。因此，法治固然涉及立法、行政和社会生活的各个方面，但法官的作用不可替代、举足轻重。法治发达的地方，人的文明和尊严程度较高，往往法官的地位也较高。唯有享有相当尊荣的法官，才有能力维系各方权力和权利博弈的法治，才能保障每一个个体的权利和尊严。霍姆斯法官在谈到选择法律职业时说："当你不懈地追求，每一种职业都很了不起。但任何职业都不能像法律那样，给予如此开阔的视野，去感受人类灵魂内在的能量，去深刻体验生命的激流。它能够让它的从业者以目击者和参与者的身份，去分享生命的情感、奋斗、失望和凯旋。"①对于法官职业的价值，霍姆斯还经典地描述为，"雄心壮志和权力，现今一般仅仅以金钱的形式体现。金钱是最直接的形式，而且是欲望的恰当对象……而我通过了解许多成功的人们，确信这一点：幸福并非仅仅通过成为一个大公司的律师顾问且收入 5 万美元就可以获得。赢得赞誉的非常伟大的智者，在成功之外还需要其他的食粮。法律更深远和更普遍的方面，在于那些给予其普世影响的方面。正是通过它们，你们不仅成为职业上的专家，而把你们的专业同天地万物联系起来，并聆听到来自苍穹的回响，瞥见其深邃过程的微光，领悟到普遍规律的微弱线索"。② 尽管霍姆斯说的是美国法官职业的尊荣及其影响力之所在，但不论古今中外，法官职业的灵魂是相通的，对所有法律人来说，对所有努力建设法治的国度，法官职业都无可取代，法官职业的尊荣都不容小觑。因为，法官没有尊荣，法律必无尊严，人的自由和价值必受侵害。这一点，应当是法治社会的基本共识。

在我国，法官的职业一直有大众化的倾向。因而，法官的职业属性特别是与其他职业的本质区别，一直并未得到彰显，这也是与我们经济社会发展

---

① 转引自任东来等：《美国宪法历程：影响美国的 25 个司法大案》，中国法制出版社 2004 年版，第 164 页。

② ［美］斯蒂文 · J. 伯顿：《法律的道路及其影响》，张芝梅等译，北京大学出版社 2005 年版，第 437 页。

程度、方式和法治建设进程相适应的。随着全面推进依法治国方略的落实，此轮司法改革的重要着力点，不论是员额制改革，还是体制机制改革，都在日益提升法官的职业地位和尊荣。法官职业地位和尊荣的情况，行政审判法官体会往往最为深刻。能否履行好审判职能，既是法官司法能力的体现，更取决于社会法治化进程的快慢。因此，要切实加强和改进裁判文书说理，仅有法官职业素养是不够的，关键是要在法官内心深处激发出护法守法，以及以履行法律使命而获得人生价值和尊严的动力。

我国自从 20 世纪 80 年代走向法治化的道路，提升法官职业尊荣一直是司法改革的目标之一。如今，三十多年过去，法官的职业认知较之过去有了很大提升，法官职业的特殊性在理论界也有基本共识，但是事实证明，仅有呼吁是不够的。法官的尊荣还必须靠刚性的制度来保障，而且要确保这些制度能够落实到位。

提升和促进法官职业尊荣，是一个系统化的工程，需要许多好的制度支撑，而且每一个制度支撑都内涵丰富，都可以成为重大课题加以研究。比如，身份保障制度、依法独立行使审判权制度、待遇保障制度，以及履行职责保障制度等。这些问题，都是此轮司法改革的重要议题，有的已经提出了改革意见，有的尚在抓紧论证之中。相信随着一系列改革制度和措施的出台，法官的职业地位会随着法治国家进程的推进而日益凸显。相信在不久的将来，公正司法、加强裁判文书说理，将不再是司法责任制倒逼的产物，而是法官积极主动并引以为傲的一种行为自觉。

四、宽松的说理环境

事物的发展由内因和外因相互作用引起，内因是根本，外因是条件。加强和改进裁判文书说理，固然要苦练内功，强化法官职业素养和司法能力，这是根本，是内因，无论如何强调都不为过。但离开良好的外部环境，没有外因与内因相呼应，内因作用也会受到影响，进而影响整个推进裁判文书说理改革的成效。这个外部环境由许多方面构成，涉及经济社会制度的方方面面，受本书研究对象和笔者实践感悟所限，在此仅谈一点，营造宽松说理环境的问题。而宽松的说理环境，实质上就是容错的环境和机制。

（一）容错是裁判文书说理的内在要求

金无足赤，人无完人。世上没有十全十美、全知全能的人。习近平总书记说，既要鼓励创新，表扬先进，也允许试错，容忍失败，营造想改革、谋改革、善改革的浓郁氛围。这种为改革者、探索者、担当者赋予的容错环境和机制，是对他们的最大鼓励和支持，自然也会激发出他们改革的激情和热情。司法改革作为全面深化改革的重要组成部分，理当如此。裁判文书说理改革作为司法改革重要的有机组成部分，亦然。

法官的职业之所以有吸引力，除了自身职业尊荣之外，还有一点即面临许多不确定因素，需要法官发挥自己的技能和智慧为不确定性作出裁判，最终判断权属性恰是一面魔镜，吸引许多法律人走进裁判的迷宫。一方面，法官面对的事实是事后的事实，需要面对双方当事人的争议，在法律事实与客观事实之间挣扎与徘徊，需要运用自身的理性和经验作出判断，而历史的最大特点在于不可重复性，努力还原客观事实，无论如何都无法原样复制，只能努力接近而无法完全重现，而且还原过程中面临诸多不确定性因素，谎言与真相相伴，自身的理性和经验更难免存在个人的局限性，特别是在证据缺乏、真伪不明的情况下，依据证据规则来认定或推定事实，面临的挑战可想而知，出错的概率也是成正比例关系；另一方面，法律具有分散性、滞后性的特点，而法治又要求统一性、权威性和公平性，特别是在层级多样、主体多元的行政法律规范体系内，法律规范的发现、选择、解释和适用都存在巨大的空间，也有巨大的不确定因素。同类法律规范，不同的主体乃至不同法官，可能都会有不同的理解和认识，这个判断和适用的过程充满挑战。特别是对重大疑难或法律没有规定的案件，往往需要法官进行法律发现或规则创制，这时候进行裁判文书说理，完全依靠法官自身的知识、经验和理性，或许绝大多数情况下判断都是正确的，但难免也会出现闪失。可见，法官职业属性本身，决定了错误是难免的，这也是审判设置两审终审、审级监督、检察监督机制的重要原因之一。

（二）容错的度与限

构建宽容的说理环境，宽容说理的不当和瑕疵，但绝不是纵容错误、包庇错误。一方面，法官行使权力，事关公民个人权利义务，事关社会公平正义，事关国家法治发展，既要给法官履行职务创造必要的条件，包括容错机制，也要给法官设定一定的责任机制，没有制约和责任的权力必将导致滥用；另一方面，法官承担维系法治价值和公民尊严的崇高使命，只有优秀的法律人，才可以有机会执掌审判权，而容错的范围不应当是优秀职业法律人所应当犯的错误，宽容的空间不是无限的，而是有限度的。

对法官说理容错的空间和限度，具体判断标准如何把握，固然有不同的路径，既可以是正面肯定，也可以是反面排除或确认哪些不可容错。由于正面描述可以容错哪些情形难度较大，不可能包含裁判文书说理的方方面面，因此可以从反向确认的方式予以尝试。一方面，确认哪些错误不属于说理错误。比如出现新证据，以及法律理解上的正常分歧，等等；另一方面，确认哪些错误属于说理错误并需要承担责任，这方面的标准也需要相对宽松。

五、良好的法官素养

构建裁判文书说理的良性机制，是一个系统工程，里面还有许多子机制。前面提出的适当工作量、得力助手、职业尊荣、宽松环境等，都是必要的，但最根本的，也是最重要的，莫过于法官自身的职业素养。这是加强和改进裁判文书说理的最基础条件，离开这个条件，其他条件都无从谈起。其实，法官职业素养的问题，不仅是裁判文书制作和说理技术的问题，更关涉司法公正和案件裁判的质量，因此，法官素养不仅是裁判文书说理的关键，更是司法改革促进司法公正的核心。

当前对裁判文书说理的批评和疑问，理论和实务界指出的原因，纵然有所区别，但有一条是共同的，即法官职业素养不足是重要原因。因此，理论和实务界不乏提升法官职业素养的真知灼见，此轮司法改革也为提升法官职业素养推出了若干有针对性的措施，比如推行员额制，探索从律师和法学专家中遴选法官，法官逐级遴选，等等。相信在不久的将来，法官素养问题将不再是困扰法官裁判文书说理的难题。囿于本书研究范围，在此对提升法官素养问题点到为止，不做赘述。

第二节　行政裁判文书说理模式的转换

司法改革如火如荼地展开，正在攻克制约审判权运行机制的难点和硬骨头。裁判文书说理改革也正在加紧推进，各地也在探索加强和改进裁判文书说理的措施。这种背景下，如何把握裁判文书的发展方向，如何为裁判文书说理改革和探索提供面向未来的指引，既指导裁判文书说理实践，又为未来的创新探索提供方向性的指引，显得特别重要而紧迫。

观念是行动的先导，没有观念先行，就不会有科学理论指导下的制度和实践。因此任何改革或者变革，都需要从观念做起，裁判文书说理改革亦是如此。目前困扰裁判文书说理的问题，往往也是理论界和社会公众颇有微词的地方，自然有制度和实践方面的问题，更为关键的是说理观念上的问题，在说理模式上存在着突出问题。因而，改善说理现状，加强和改进裁判文书说理，需要从重塑观念入手，转换说理的模式和认识。

一、从法官为中心的模式向当事人为中心的模式转化

在法院组织内部，法官独特身份地位不够彰显，与一般公务员身份混同，因而不习惯通过说服、说理、认同获得权威。裁判权运行中，法官是主持者、进程主导者，也是裁判者，导致法官往往自觉不自觉地以自我为中心，主导审判进程，根据自己的认识和判断作出裁判。这本身并没有特别不当的地方，法官在诉讼中的主体地位需要得到彰显，但在案件审理过程中，庭审、裁判文书制作和说理过程中，往往对当事人的期待重视不足，但当事人作为诉讼的主体，其主体性同样应当得到尊重。事实上，法官的诉讼主体地位依赖于当事人的主体地位，没有后者的主体地位，也就不会有前者的主体地位。否则，法官的主体地位也将成为镜中月、水中花。因而，以法官的主体地位来侵蚀、掩盖当事人的主体地位，是需要扭转的观念，即裁判文书说理要从“我说你听”转变为商谈、对话式的，回应当事人的合理关切。

对行政诉讼裁判文书而言，这个转变显得尤为突出。因为，我国的行政审判制度一直带有客观诉讼的味道，强调对行政权力的合法性审查，而容易

忽视对当事人诉求和争议焦点的回应，自说自话的情形尤为突出。比如绝大多数行政裁判文书说理都是从职责、事实、法律、程序分析论证行政行为的合法性，只要是合法的，就驳回原告的诉讼请求，而不注重回应当事人的诉请，有的即使有所回应，也是形式味道浓厚，“用原告的诉讼请求和主张缺乏事实和法律依据，本院不予支持”草草了事。这就是传统以法官为中心开展裁判文书说理的模式所致，过于强调法官的主体地位，而牺牲了当事人的主体性。因而，未来的改革应当逐渐弱化法官的中心地位，让法官回归居中判断的主体属性，在裁判文书说理上更加注重对当事人诉讼请求和争议焦点的回应。

二、从说理内外有别模式走向内外一致

行政裁判文书是行政法官的作品，也是案件处理的最终载体。行政裁判文书说理回应行政行为的合法性和当事人的诉讼请求，代表着法官的意志和对案件所涉及事实和法律问题的认知和判断。目前裁判文书说理状况不尽如人意，很多时候都集中在说理不够充分，理由阐述不够全面、透彻，为此法官们也备受质疑。除了实践中的确有法官由于法律职业素养的原因导致文书说理不充分问题，但有的时候也是对法官的“错怪”或委屈。苏力教授就曾在调研基础上研究指出，“中国法院内保密的案件卷宗内，除了正式的判决书副本外，都有一份结案报告。这份报告对案件处理都有详细的介绍，有比较详细的关于判决理由的论证分析。从我看过的结案报告来看，即使是文化、业务水平相对来说比较低的基层法院法官实际具有的法律分析能力要比根据现有的判决书推断他们具有的能力要强得多。”①

为什么会有如此反差？从裁判文书上看，觉得质量不高，尤其是说理严重不足，而如果深入裁判形成的内部，却发现别有洞天，甚至让学者们深感文书不可貌相呢？原因就在于，我们的文书说理在实践中普遍运行着内外有别的模式。所谓内外有别，就是案件合议庭在处理的时候，法官们从职权、事实和证据、法律适用、执法程序和裁量适当性等方面都有详细的分析和讨论，对于疑难复杂案件，讨论可能还不止一次，也不局限于合议庭的层次。

---

① 苏力：《判决书的背后》，载《法学研究》2001 年第 3 期。

比如，如果涉及重大案件，法律适用争议较大的，往往还有专门查阅资料的研究记录附卷；有的案件还通过内部或外部专家讨论的方式展开论证，供合议庭参考；涉及裁判标准确立或者社会关注度高的疑难复杂法律问题的，还要提请法官会议或审委会研究讨论，法官会议上法官们会畅所欲言发表意见，供合议庭参考，审委会上委员们更会严谨、认真、有序地讨论有分歧的法律问题并作出决议。对于社会关注度高或者社会舆情复杂的案件，即使法律上并不复杂，法官也会从情理法的多视角进行审视并论证裁判结论。这种复杂疑难或社会关注度高、争议较大的案件，从应然的角度来说是需要详细充分说理的，回应法律争议和社会关切，而且事实上法官在文书背后也做了大量卓有成效的工作，形成了翔实丰富的论证报告，对争议的问题以及最后选择的方案都有详细的理由说明。那么，为什么表现在裁判文书说理上，有的却让人觉得理由不充分呢？这里面固然有许多原因，既有主观上的，也有客观上的，既有制度完善原因，也有制度实施原因。在主观方面，法官的业务能力和职能素养可能是一个问题，有的法官分析问题、裁判纠纷的能力与裁判文书说理的文学素养不是非常匹配，说得头头是道，也都很有理，但把口头讨论总结、概括并写成文书，以叙述的方式组织说理的语言能力不足，导致内部讨论和记录可以详细而生动，而写出来的书面语言显得不那么生动和有说服力；还有，在现行法官职业保障背景下，说理的积极性不高，特别是在“案多人少”矛盾日益加剧和尖锐的情况下，不愿意多说理的倾向更加明显，只注重裁判结论正确，而对理由说明的充分与否并不太重视。在客观方面，主要有以下方面。一是在保障机制方面，法官的尊荣和价值没有以文书说理的方式得到充分展示。本来，裁判文书是法官的作品，代表法官职业能力和水准，是法官最好的名片，但目前对裁判文书的评价与考核，重在发现问题、惩戒并改进，注重规范化和正确性，尽管也有优秀裁判文书评选，激励说理充分的裁判文书，但引导激励作用并不明显，效果也并不很理想。案件的评查，核心仍在于文书形式的规范化和结果的正确性，说理仍是次要指标。二是在管理机制方面，强调“让审理者裁判、由裁判者负责”，但在一定程度上裁判一旦出现社会争议或舆情事件，往往法院更需要承担责任，在法院与法官在裁判文书说理权利与责任方面还有不清晰的地方，在一定程度上又会影响法官和合议庭裁判文书说理的空间和积极性。三是在立案登记制和员额制背景下，“案多人少”矛盾较为尖锐，法官主观上“心有余力不足”。特别是在强化营商环境追求司法效率的背景下，法律规定的审限以及法定范围内的延审都很难保障，在法官加班加点成为常态的情况下，让法官在每一起案件中都充分说理，没有必要，也做不到。上述主客观原因中，应当说，在司法职业化建设已取得一定成果的今天，主观上法官职责素养问题已有很大改观，这也是许多裁判文书说理较过去有很大改观的原因，但由于客观因素在短期内很难得到解决，这些因素才真正是横亘在文书说理方面的关键障碍。当然，有困难并不是我们裹足不前的正当理由，相反，我们还需要通过推进繁简分流、强化疑难复杂案件说理，改进裁判文书公信力来带动背后深层次问题的解决。

解决之道有许多，说理内外一致就是一条可行路径。所谓内外一致，就是裁判文书应当把裁判者的所思所想、考量因素及论证思路展示出来，将大量放在“副卷”中的裁判理由和逻辑走上公开的裁判文书“台面”，增强文书的说理性和公信力。其实，内外一致不仅是裁判文书说理充分性的需要和客观要求，而且也是员额制改革的内在要求，“让审理者裁判、由裁判者负责”的题中应有之义。裁判者将裁判的理由和逻辑展示出来，是履行审判职责的必然要求，也是裁判者行使裁判权接受当事人和社会监督的要求，没有理由和逻辑的公开，无法评判裁判者是否滥用裁判权力。当然，这里面有一个与客观环境互动的问题，即在外部包容性不足的情况下，充分展示裁判的理由也极易引发争议，容易造成司法和法官的被动。首先需要从司法自身做起，通过自身的努力潜移默化、日积月累地重塑司法环境，通过内外一致的理由“公开”实现司法与环境之间张力的“和解”。

三、从规范化走向规范基础上的个性化

裁判文书作为国家权力行使的表现形式，作为广义上国家公文文书的一种，直接决定当事人的权利义务，具有规范性、权威性和严肃性。因此，行政诉讼制度建立发展的30多年，行政裁判文书制作规范和要求，立足的首要价值和功能，是规范行政裁判文书的制作，实现文书的规范化。比如文书样式一再更新，都是立足于文书形式和内容上实现规范化。不是说规范化不注重说理，或者说规范化中不包含文书说理的要求，而是把文书说理的要求寓于规范化之中。这个发展脉络本身并没有太多的问题，但实践中出现的问题

在于文书规范化推进到如今，问题是文书规范化有余、严肃性有余，乃至显得僵化和死板，在说理上往往给人千篇一律的感觉，不仅缺乏阅读的愉快体验，而且说理太注重规范、形式和统一，也导致内容空洞无物，说理不透彻、不充分、不解渴。因此，在司法改革和法治建设逐步发展的当下，文书规范化目标基本实现的情况下，提升规范化的内在要求，特别是强化其中说理的内容成为社会自然而然的期待，而要强化说理的针对性和具体性，实现不仅说理有据、针对性强，而且具有可读性乃至有愉快的阅读体验，走上个性化就成为必由之路。

个性化已成为这个时代的标签。裁判文书说理走上个性化之路，既是司法改革内在要求，也是社会发展的客观必然。个性化主要从如下几个方面展开：一是文书说理语言的个性化。语言的个性化是文书个性化的最外在表现形式，也是最容易被社会公众感知的标签。我们阅读古代判官的判词，时常为其生动的文字、流畅的文笔、栩栩如生的描述而拍案叫绝，为其情理法并融的说理感染力所折服。这种传统裁判智慧，非常值得我们今天学习和传承。其实，将心来比心，作为当事人，谁不愿意阅读和研究赏心悦目的文字？又有谁喜欢看文字干涩、冷冰冰的文字？二是案件类型上的个性化。不同的案件类型，不同的行为性质，适用不同的法律规范，采用不同的审查标准，遵循不同的审查规律，特别是在社会生活日益复杂化、行政管理价值日益多元化的背景下，不同案件的文书说理也应当遵循类型化的思路，提升说理的具体性、贴近性、针对性和有效性。比如，行政处罚和行政许可就是性质迥异的行为类型，前者是课予义务的，后者是赋予权利的，前者是依职权作出的，后者是依申请作出的，行为合法性的构成要件也并不相同，证明标准也不同，如果按照千篇一律的说理套路说理，抹杀二者之间的差异性，说理的效果可想而知。个性化就是要针对行政处罚和行政许可的不同行为特点，有针对性地展开理由说明。“这主要体现在裁判文书的理由论证和证据的写作上，也就是说，制作者要根据案情，具体分析，反映案件个性，将裁判结果的生成过程，逻辑性地展示在文书里，这是裁判文书最起码应当做到的，也许这样才能真正体现司法的尊严和对当事人的尊重。”① 三是体现法官的个性化。裁判文书是法官的名片，与法官的尊荣和社会评价紧密相关，特别是在“让审理

① 田荔枝：《个性化与模式化——对裁判文书写作的思考》，载《河北法学》2008 年第 7 期。

者裁判、由裁判者负责”的背景下，加之自媒体消费司法已成为法律人的自带食粮，法官强化裁判文书说理的个性化取向和动力就大为明显。比如最高人民法院的李广宇法官撰写的裁判文书就具有鲜明的个性化特征，他倡导“对话式裁判文书”，① 文书说理不仅充分透彻，而且语言鲜活，具有很强的可读性。

需要注意的是，强调文书说理的个性化，并不是否定规范化，而是在规范化基础上的个性化，而且说理个性化本身也有一个规范化问题。比如，无论如何个性化，都脱离不了司法公权力文书的性质，因而个性化要不失权威性和严肃性，再怎么个性化也与文学上的个性化创作有本质的区别。再比如，是否个性化以及个性化程度，还与案件繁简程度相关，简单案件可以更强调规范化，有的可能是令状式的格式文书，复杂案件的说理需要情理法融合，个性化色彩相对更浓厚。因此，不区分案件实际情况，一味强调规范化或个性化都是不可取的。推进个性化，“意即改变传统裁判文书僵化的模式，对案情烦琐法律关系复杂的案件，裁判文书可浓墨重彩，充分说理，不厌其‘繁’；对于简单案件，不必套用传统模式，尽量简单叙述，无须展开说理，以提高效率”。②

当然，个性化的推进需要探索，也需要包容性的对待，比如法官后语、展示合议庭不同意见、展示审委会讨论分歧等等说理个性化的方式，面临一些争议，但从说理走向内外一致的视角看，又有一定的可取性，不能一棒子打死，需要以包容的方式鼓励探索，支持创新，在总结经验基础上予以规范。

四、经由庭审实质化改革提升说理有效性

行政审判功能具有丰富性，不仅要解决争议，还要保障权利、规制权力。而目前行政审判面临最多最大的质疑，是程序空转问题严重，不仅没有有效回应当事人的诉求，化解争议，相反还在循环解决争议，从庭审到裁判说理程序太多，而且纯具形式意义的东西太多，浪费司法资源，也模糊了司法的本质。裁判文书说理方面的程式化、形式化问题，固然有裁判文书说理技术

① 李广宇：《裁判是怎样写成的》，法律出版社 2021 年版，第 17 ~ 23 页。

② 田荔枝：《个性化与模式化——对裁判文书写作的思考》，载《河北法学》2008 年第 7 期。

和法官职能素养的原因，但也与庭审形式化、程式化息息相关。庭审和裁判本身是用仪式彰显正义的方式，因而必要的仪式不仅是必要的，也是必需的，但是，形式掩盖内容、徒具形式，或者只有形式则是不可取的。在案多人少、群众权利意识和诉求高涨的背景下，行政审判庭审和文书上的形式化过于严重的问题，引发质疑，也引起关注。发现问题、引发争议，并不是坏事，“危机是促使制度改革由理想趋向现实的催化剂”。[①] 推进庭审实质化，是文书说理有效性的必经路径。

经由庭审实质化提升行政裁判文书说理有效性，重点在如下三个方面。一是推进繁简分流，简案简审、繁案精审，把有限的庭审资源用到疑难复杂案件的审理和说理方面。表现在庭审上，就是对于争议不大、事实较为清楚的案件，能适用简易程序的适用简易程序，不能适用简易程序的，也实施简便化审理，对简单案件倡导当庭宣判，裁判文书说理也相对简化和简洁。对于疑难复杂案件，加大庭审审查质量和效果，把事实和证据、法律适用、程序正当性以及裁量适当性问题摆到公开的庭审中，充分听取当事人的陈述、申辩和辩论，相应地，裁判说理的充分性、复杂性和全面性应当与庭审相匹配。如此，案件的繁简与庭审的繁简相一致，文书说理的繁简与庭审的繁简相一致，案件裁判与说理的理性化程度得到提升。二是推进庭审聚焦化，围绕争议焦点问题展开庭审和裁判说理。裁判文书加强说理并不是要面面俱到，特别是行政行为合法性审查的方面和要点较多，而当事人争议往往集中在某一个或某几个方面的时候，有限的宝贵的司法资源一定要“好钢用在刀刃上”，把争议的焦点问题放到庭审和说理的中心位置，充分保障当事人的庭审陈述权和质辩权，全面回应当事人对争议问题的主张和诉求。虽然法律要求对行政行为进行全面审查，但全面审查并不是不分主次、不分重点平均使用司法资源和说理篇幅，而是要既全面审查，又突出重点，对于依法需要审查、当事人又没有争议，且合法性不存在明显违法或不当之处的，可以一笔带过，把笔墨重点放在当事人争议较大的焦点问题上。三是将庭审打造成展示司法理性的场所和舞台。文书说理不仅回应当事人在庭审中的争议陈述，而且文书所说之理已在庭审中进行展示或争辩，经由庭审提升当事人对裁判说理的预期性。对于裁判文书涉及的理由，如果当事人在庭审中没有涉及，更没有

---

① 邓丽兰：《域外观念与本土政制变迁》，中国人民大学出版社2003年版，第17页。

进行交锋和碰撞，那么接到裁判文书后往往会有“突然袭击”的感觉，如果败诉则接受性就较差，不利于提升当事人对裁判理由的信服度。这种做法，实质上是庭审和裁判说理“两张皮”，是不可取的。也就是说，正当理性的裁判说理，应当是争议展示在庭审，各方理由陈述在庭审，法庭释明在庭审。除了当庭宣判的案件外，虽然很难在法庭上就把裁判的理由完全展示出来，起码在裁判文书说理回应争议焦点和当事人诉请时，需要与庭审审理焦点和当事人的争辩意见相衔接和对应，这才是庭审实质化和文书说理有效性的本质体现。

第三节　搭建科学的行政裁判文书评价机制

公正是法治的生命线，说理是裁判的灵魂。一个案件结果公正不公正很重要，为裁判结果附上当事人可接受的理由更为关键。这是因为，“实验研究表明，结果并不是唯一决定人们事后感觉的因素。无论获得什么样的结果，一个被认为公平的程序本身，都能增加人们对法律制度的满意程度”。[①] 既然如此，那么裁判文书说理好坏到底该如何评价或衡量呢？这是改进裁判文书说理，加强文书说理工作必须考虑的问题。

一、说理评价机制需要尊重司法规律

“说理”在社会生活中具有通识性，各个社会领域都有“说理”的问题，日常生活中也常用“说理”一词，而不同的领域对“说理”的要求和评价自然因领域而异，因环境而不同。行政裁判文书说理，作为司法的一个环节，自然需要遵循司法规律和行政审判规律，这是加强文书说理评价的首要问题。只有遵循司法规律的评价标准，才能为推进文书说理提供正能量。如果违背司法规律，看似制度完备、措施齐全，那也可能是南辕北辙。

---

① 侯猛：《如何评价司法公正：从客观标准到主观感知》，载《法律适用》2016 年第 6 期。

（一）尊重法官的主体地位，促进依法独立行使判断权

法官在案件审理中的主体地位，本是无须多言的，是司法规律内在使然。法官的主体地位，就是案件在法律范围内的审理节奏、裁判标准和理由说明，都由法官负责，即法官集案件审理和裁判的权力与责任于一身，所以要强调要在裁判文书说理中释放法官主体地位的正能量。

（二）弱化说理量化指标，强化说理质量和能力指标

裁判文书说理好坏需要评价，评价就需要有相应的评价指标，而结合目前社会普遍反映的说理不充分、不到位的质疑，往往自然会加大说理量化指标的权重，乃至于在有的时候，看到文书“本院认为”，只要文书说理篇幅较长，文字较多，往往就觉得说理充分，而如果文书说理只有寥寥数语，或者只有一页半页，往往就会先入为主认为说理不充分。在一定阶段和社会通俗意义上，这种评价标准具有一定的合理性，往往在一定程度上能反映说理的状况。但是，这种评价标准是相当低层次的，能反映说理的部分情况，但特别容易以偏概全，不能反映说理的实际质量，在一定意义上可以促进文书说理的充分性，但不足以长期可持续地改进文书说理质量和效果。因此，深入推进司法体制机制改革，需要弱化从量上考核文书说理状况，加大文书说理质量评价的权重。

为此，需要从以下几个方面推进：一是文书说理的量需要与案件的繁简程度相适应，案件简单明了，说理的“量”自然就少，如果简单案件也长篇累牍，考核起来也应当是负面评价，说明说理与案件匹配性不高，反映法官把握案件和说理能力存有偏颇。二是加大同行评价的权重。过去之所以注重“量”的考核评价，固然有容易操作，一目了然的因素，更为关键的是，很多评价考核主体不是法官甚或专业人员，有的都没有从事过也不了解审判实务，由于无法判断说理的质量，不得不无奈地从“量”上进行考核和评价。因而，加大说理质量和能力的考核，首先需要确保考核主体组成的科学性。

（三）实体说理指标与程序说理评价并重

裁判文书说理涉及当事人争议的方方面面，无外乎实体问题和程序问题。受过去“重实体、轻程序”观念的影响，从裁判的作出到文书的说理，往往

都或多或少带有这种倾向和惯性。经过法治化建设的不懈努力，程序意识有了质的改观，但与程序的独立价值和地位仍不太相称。改善程序性说理，使之与实体性说理并重，除了在规范上提出要求外，也需要在评价指标体系中有所体现和反映。

实体性说理评价，主要针对行政审判对行政行为合法性审查结论说明理由，评价的标准就是行政行为合法性审查的各项标准。前面已经述及，在此不再赘述。强化程序性说理的评价，主要有两个方面：一是强化对行政行为程序合法性审查的说理。尽管行政行为程序合法性，属于行政行为实体审查的一部分，但在此强调，在于说明行政行为程序合法性说理的重要性，有利于通过裁判说理，厘清行政机关执法程序义务，强化程序正当意识。二是强化诉讼程序合法性正当性的说理。法院裁判的正当性、公正性，既取决于实体裁判的公正性，也取决于审判程序的公正性和正当性。从裁判可接受性上来说，程序正义往往比实体正义更重要。说理在一定程度上属于程序意义上的事项，说理本身也是增强当事人和社会公众对裁判可接受性的需要。因此，法院自身审理程序的正义性是裁判公正性，提升公信力的根基，没有审理程序的正当性和合法性，实体裁判的正当性和合法性也将大打折扣。对于审理程序中的事项，当事人有争议的，需要在说理中予以阐明理由。比如对于当事人提出民事争议一并审理，规范性文件一并审查的，法院没有允许一并审理和审查的，则需要在文书中予以说理。此外，二审法院审查对象是对原行政行为合法性和一审裁判正确性进行全面审查。如果当事人对一审审理程序的合法性和正当性有异议的，二审法院需要在裁判文书中予以回应，如果漠视当事人的诉求和理由，只对实体问题进行回应，则容易使当事人感觉没有得到充分的尊重，其诉求没有得到充分的重视，导致对裁判结果的接受性受到影响，削弱司法权威。

（四）既注重社会公众评价，更强化职业共同体评价权重

在司法体制改革特别是裁判文书公开深入推进的背景下，案件裁判后文书都将展示在互联网上，供社会公众检阅。文书说理公告天下，难免受到社会公众的关注和讨论，这既是司法展示自己公正形象的机会，在一定程度上也容易引发热议乃至质疑。特别是很多疑难复杂案件最终裁判方案，背后考量的因素往往是复效的、多元的，是在争议中权衡选择的方案，很多时候裁

判的作出并不是意味着争议的解决和消除，只是法院在争议中遵循司法规律和认知作出的判断，因而文书公开后备受社会关注，也难免受到不同利益群体的关注和议论，其中有质疑也是不可避免的。这个时候就涉及文书说理当与不当的问题。如果不当，判断标准是什么？在裁判标准有争议、说理多元化的情况下，以谁的评价为准？当然要注重社会公众的评价，因为裁判不仅要实现法律目的，也要实现法律效果与社会效果的有机统一，但又不能完全以社会评价为主，因为司法裁判是专业化的事业，专业化的裁判以及据此展示的理由，更多的应当有专业化的同行或共同体来评价。

二、说理评价坚持内部评价与外部评价互动

裁判文书是司法的终端产品。接受检验主要是法院内部的同行，法律职业共同体内的检察官、律师和学者，还有案件的当事人以及社会公众。这些主体都会有各自的立场、专业和观点，总体上来说可以分为内部和外部即法律职业共同体内部和社会公众舆论外部。内外部主体对裁判文书说理的评价标准和体系是不同的，但却是互动的，构成了对说理的整体评价。

（一）法律职业共同体的内部评价

在司法改革走向职业化专业化的进程中，评价司法改革成果也要坚持职业化专业化的路径，包括对裁判文书说理的评价。说理本身具有专业性，特别是裁判的说理，具有较强的专业属性，具有自身的规律和特点。行政审判调整领域较为丰富，几乎涉及行政管理的每一个领域，而每一个行政管理领域都是一个专业性特别强的领域，对这些领域争议的裁判和说理，必须遵循行政权运行规律和行政管理领域的专业性。因此，随着社会分工越来越细，各行各业日益走向专业化，对裁判文书说理的评价也要秉持专业性的路径。

法律职业共同体内部的专业化评价，主要包括三个方面：一是法官内部对文书说理的评价，特别是从事行政审判工作的法官的评价，应加大这方面的评价权重。最高人民法院每两年开展优秀裁判文书评选，其中说理情况占比权重较大，采取的就是各地行政审判同仁的同行评价、交叉评价，评出来的优秀文书公信力较高，社会评价效果较好。二是律师、检察官对裁判文书说理的评价。律师同为法律实务工作者，作为当事人的代理人，对裁判文书

说理的质量和效果具有最为直观的感知，对裁判文书说理有最为迫切的期待，期待自己的主张得到有效回应，也期待通过说理为以后办理类似案件提供遵循和参考。检察官作为法律监督职责的具体承担者，承担着行政诉讼专业法律监督工作，具有行政诉讼的专业性，了解行政审判的规律，可以在专业化视角上提供专业化的评价。三是专家学者的评价。法学专家学者是法律共同体的重要组成部分，在一定程度上还是法律职业共同体前进的引领者，因而专家学者的评价，对行政裁判文书质效的评价举足轻重。特别是在行政法学理论研究日趋深入的背景下，行政法实务特别是案例研究成为理论研究者的重要方向，其实也是行政法研究的不竭动力。所有的问题意识、目标引领，在一定程度上都可以转化为对实务问题的关注，特别是重大敏感行政案件的关注。专家学者对重大敏感案件的关注途径固然有许多，比如庭审直播、旁听案件，但最主要的还是查阅公开的裁判文书，通过查阅文书观察评估文书说理状况。

（二）社会舆论与公众的外部评价

在司法公开成为司法改革重要方向的背景下，裁判文书公开已是司法工作的常态，而公开的目标无非这样几个方面，展示司法的公开公正形象，通过公开接受社会监督，通过公开向社会传递司法的公平与正义。文书公开，核心是文书的理由公开。文书说理如何，不仅事关裁判的公正性和可接受性，而且关涉法官的职业素养与尊严。社会公众每个人心中都有一杆秤，评论裁判的是是非非，评价不一定准确，或许带有角色立场，或许带有某种先见，但评论本身是允许的，只要没有公开侮辱、诋毁司法裁判乃至司法制度。这种评价虽然并非专业性的评价，但对裁判文书说理的影响，也并不可小觑。因为法律终究是人类情感的表达，法律尽管具有专业性技术性，但在本质上并不复杂，一个不为大多数公众所接受的裁判，即使在法律上看似公平合法，可能也存在一些问题，至少在文书说理上会有一些问题，没有将裁判结论以社会公众看得见、容易接受的方式展示出来。因而，社会公众与舆论的评价也是裁判文书说理评价的重要方面，需要引起足够的重视。

在外部评价中，社会舆论关注案件的裁判文书说理，尤其引人关注。因为这类案件往往疑难复杂，不是法律不够完善，存在立法漏洞需要弥补，就是案情本身较为复杂纷乱，或者触及社会敏感神经，说理稍有不慎，即会引燃社会舆论关注和热议。裁判结论如果要经得住炒作和热议，说理的质量和效果就非常关键。

（三）内部评价与外部评价互动

裁判文书说理评价主体不同，不是区分评价影响力的指标，而是强调各有侧重。内部评价侧重评价说理的专业性和技术性，外部评价主要侧重评价说理的社会效果和裁判的可接受性，两者完整构成裁判文书说理的评价体系。只有这两个评价标准有机结合，才能完整反映裁判文书说理状况，而且这种内部与外部的结合与互动，还是促进裁判文书说理进步的重要动力和因素。

内部评价与外部评价的互动方式，随着司法改革的逐步推进会越来越丰富。既有正式的方式，比如检察官在办理法律监督案件后，针对发现的文书说理问题通过检察建议等方式提出，也有非正式的方式，比如专家学者通过撰写文章的方式，发表对于裁判文书说理的看法，还有更加丰富多元的方式，比如召开专题研讨会，专家学者、法官检察官以及社会公众代表共同就裁判文书说理进行讨论和碰撞。①

三、说理评价应坚持充分激励与必要规制相结合

强化裁判文书说理不可能一蹴而就，需要多管齐下、综合施策。在司法责任制背景下，激励和必要的规制不可少，激励应该居于主导方面，惩戒需要慎重，把握必要的限度。

（一）说理评价重在引导和激励

文书说理需要规范和规制，但好的文书说理绝不是逼出来的，而是激励出来的。前面已经述及，好的裁判文书说理绝对是法官主体性得到彰显、积极性得到激发而产生的，而且具有可持续性。引导和激励的方式，除了良好的司法职业保障之外，还有许多方式可以探索。比如，将裁判文书说理纳入绩效考核的指标，并逐步加大文书说理在考核上的权重，纳入法官绩效档

---

① 比如中国行为法学会法律语言文化研究会定期举报研讨会或年会，对包括裁判文书语言在内的法律语言进行深入研讨。

案。[①] 再比如，探索优秀裁判文书说理的表彰机制，通过职业荣誉感激发更多法官撰写好裁判文书理由，真正使裁判文书成为法官的“名片”。北京法院定期开展优秀裁判文书评比，全国法院每两年开展一次全国范围内的优秀行政裁判文书评比，文书说理是重要考评标准，对评选出来的优秀文书，旗帜鲜明地进行宣传和展示，举办隆重的表彰仪式，引导和激励更多的法官向先进看齐、向先进学习，共同提升裁判文书说理质量和水平。

（二）严格限制惩戒适用范围和方式

在讨论加强和改进裁判文书说理工作中，经常会有人提议，加大对裁判文书说理存有问题的惩戒力度。由于行政裁判文书说理状况受制于许多环节和因素，绝不仅仅是法官自身主观能动性和能力素养决定的，切不可贸然采取惩戒措施。一方面，按照司法责任制的要求，即使法官对案件质量负终身责任，但在履行职责过程中，只有故意违反法律规定或因重大过失导致裁判错误并造成严重后果的，才应当追究责任。[②] 裁判文书说理虽然是案件质量的重要方面，但只要没有故意违反法律规定，或因说理不当导致裁判错误并造成严重后果的，则不应当被追究责任，应督促提醒法官认真对待说理，加强文书说理修养和能力。比如实践中，有的法院开展瑕疵文书讲评展示活动，这在一定程度上也是一种惩戒，通过公开展示的方式达到鞭策后进的目的，又严格限制了批评惩戒的方式和范围，取得了良好的效果。

第四节　完善必需的配套机制

加强和改进裁判文书说理，通过说理提升行政裁判公信力和可接受性，仅有法官依法独立行使审判权的空间以及法官会说理、能说理，还是远远不够的，还需要有完备的系统配套机制。限于主题及篇幅，本书简要阐述如下三项配套机制。

① 《最高人民法院关于加强和规范裁判文书释法说理的指导意见》第十七条。

② 《最高人民法院关于完善人民法院司法责任制的若干意见》第二十五条。

一、繁简分流机制

繁简分流是“简案简审、繁案精审”规律的内在要求，重点在于解决“简”的问题。繁简分流绝不仅仅是解决“案多人少”矛盾的权宜之计，实质上背后有司法规律作为基础和支撑。目前我们说到繁简分流，首先想到的往往是为法官减负，改变目前具有一定普遍性的“五加二”“白加黑”的状态，缓解法官日益繁重的办案任务和压力。其实，这里看到的固然是事物的一个方面，但无疑也是对繁简分流制度的粗浅认识，还需要透过现象看本质。公正与效率是裁判的核心命题，公正是司法的永恒追求，但是也不能对公正作过分机械乃至狭隘的理解，在保障司法公正的基础上也不可忽视效率的价值，即尽可能投入少的司法资源取得尽可能多的司法成果。正是在这个层面上，波斯纳法官甚至认为，“正义的第二种意义，简单地说来，就是效率”。①

（一）用足用好现有简易程序机制

繁简分流并不是新鲜事物，现有法律制度有许多资源可资利用。在推进繁简分流过程中，需要根据实际情况适当创新，但更需要在现有法律制度范围内，激活和优化诉讼程序，努力构建分层递进、层层筛选的案件审理机制。

强化简易程序适用效率是繁简分流最为有效的方式之一。但遗憾的是，从司法实务的角度看，行政诉讼简易程序适用率相当低，并不是符合适用简易程序条件的案件类型和数量少，而是制度上有一些困扰简易程序适用的制约因素。最大障碍乃是《行政诉讼法》对简易程序审理期限的严格控制。该法第八十三条规定，适用简易程序审理的行政案件，应当在立案之日起45日内审结。这条规定充分体现出立法者对行政审判效率的强烈追求，要求行政案件在45日内审结，明显短于民事简易程序审理期限的3个月。这个问题固然是制约简易程序适用效果的重要因素，但这并不是全部，其实还有简易程序作为行政诉讼制度中的新机制，需要一个逐步适应和探索的过程。对此，可以充分激活《行政诉讼法》“附则”部分借鉴民事诉讼简易程序规则的规

---

① ［美］理查德·A. 波斯纳：《正义/司法的经济学》，苏力译，中国政法大学出版社2002年版，第6页。

定，将民事诉讼法及其司法解释已对简易程序的审理规则、传唤方式乃至文书简化等规则运用到行政诉讼简易程序之中。

（二）有效创新繁简分流机制

在法律允许范围内创新工作机制，一直是司法改革的重要方式和路径，推进繁简分流也一样。在实践中，已有一些较好的创新经验，可以推广复制。比如，创新审判团队建设，成立简单行政案件速裁团队，专门对简单行政案件采取快速流程加以处理，这里的简单案件不仅仅限于适用简易程序的案件，也包括适用普通程序的简单案件。再比如，尝试推行集中审理机制，对于适用简易程序或速裁程序案件，或者是系列性、关联性简单案件，可以由同一审判组织审理，集中送达、排期、开庭、宣判，通过集约化的审理模式，节约司法资源，提升司法效率，也避免多头处理带来法律适用混乱的麻烦。还有，积极用好现有信息化成果，强化电子卷宗同步生成和深度应用，实现简单案件处理更提速。

（三）积极探索行政裁判文书繁简分流机制

裁判文书繁简分流，是案件审理繁简分流规律的必然要求，现行司法政策也提供了较为丰富的制度支撑。特别是此论司法改革以来，裁判文书和说理繁简分流的规范基础更加充实。2016 年 9 月，最高人民法院发布《关于进一步推进案件繁简分流优化司法资源配置的若干意见》，第十五条规定：推行裁判文书繁简分流。根据法院审级、案件类型、庭审情况等对裁判文书的体例结构及说理进行繁简分流。复杂案件的裁判文书应当围绕争议焦点进行有针对性地说理。新类型、具有指导意义的简单案件，加强说理；其他简单案件可以使用令状式、要素式、表格式等简式裁判文书，简化说理。当庭宣判的案件，裁判文书可以适当简化。这是针对裁判文书繁简分流的，最高人民法院后续又专门针对说理繁简分流作出规范和指引。2018 年 6 月，最高人民法院印发《关于加强和规范裁判文书释法说理的指导意见》，其中第九条规定：下列案件裁判文书，可以简化释法说理：适用民事简易程序、小额诉讼程序审理的案件；适用民事特别程序、督促程序及公示催告程序审理的案件；适用刑事速裁程序、简易程序审理的案件；当事人达成和解协议的轻微刑事案件；适用行政简易程序审理的案件；适用普通程序审理但是诉讼各方争议不大的案件；其他适宜简化说理的案件。第十条规定，二审或者再审裁判文书应当针对上诉、抗诉、申请再审的主张和理由强化释法说理。二审或者再审裁判文书认定的事实与一审或者原审不同的，或者认为一审、原审认定事实不清、适用法律错误的，应当在查清事实、纠正法律适用错误的基础上进行有针对性的说理；针对一审或者原审已经详尽阐述理由且诉讼各方无争议或者无新证据、新理由的事项，可以简化释法说理。2021 年 5 月 14 日，最高人民法院印发《关于推进行政诉讼程序繁简分流改革的意见》为行政诉讼案件全流程繁简分流提供了指引，奠定了裁判文书和说理繁简分流的政策基础，也为实践中法官繁简分流制作裁判文书或进行说理提供了强有力的指引。

二、行政纠纷多元化解机制

我国目前正处于改革攻坚期，也是经济社会快速转型时期，经济结构和利益关系调整纷繁复杂，行政纠纷多发、易发、叠加，而且纠纷的形式、内容、专业化程度以及社会影响都呈现多元化的趋势和特征。为顺应行政纠纷多元化发展演变规律，也有效应对行政诉讼案件激增的态势，我们应当及时转变行政纠纷解决理念，构建多元化的纠纷解决机制，“在纠纷较多的行政机关设立巡回法庭或工作站，及时化解纠纷”。[①] 改变目前过分依赖诉讼的纠纷解决模式，打通诉讼和各种非诉讼纠纷解决渠道，鼓励行政机关和社会组织参与纠纷化解，为当事人提供灵活多样、方便快捷的纠纷解决方式，对于实质化解行政争议，有效缓解“案多人少”矛盾，节约司法资源，强化“繁案精审”效果，推进现代化国家纠纷治理体系和能力现代化，都具有十分重要的意义。正因如此，党的十八届四中全会明确提出，“健全社会矛盾纠纷预防化解机制，完善调解、仲裁、行政裁决、行政复议、诉讼等有机衔接、相互协调的多元化纠纷解决机制。加强行业性、专业性人民调解组织建设，完善人民调解、行政调解、司法调解联动工作体系”。

一是在制度上完善行政纠纷解决的多元化机制。行政纠纷解决渠道具有灵活性，但更有严肃性乃至法定性，推进行政纠纷多元化解必须解决制度供

---

① 最高人民法院司法改革领导小组办公室：《最高人民法院关于全面深化人民法院改革的意见读本》，人民法院出版社 2015 年版，第 247 ~ 248 页。

给不足的问题。目前，行政纠纷多元解决机制的宏观架构基本具备，比如行政调解、行政复议、行政诉讼以及带有纠纷解决功能的信访制度，但问题是，除了行政复议与行政诉讼之间的衔接具有确定性之外，这些制度之间的衔接和融合制度不足较为明显。行政调解制度还较为零散，还没有法律和行政法规层级的规定，现有规范散见于各类政策性文件，以及地方政府制定的一些规章中，有的地方将其放在行政程序规章中作为一个部分，也有的地方单独对其制定规章。[①] 需要激活这些机制，分流大量争议，把法官的精力和资源解放出来运用到办理疑难复杂案件上来。

二是充分发挥行政复议等程序在化解争议方面的主渠道作用。在法治发达国家，行政机关发挥行政争议化解的主渠道作用，并不是法律所强制规定的，而是由行政争议性质所决定的。一方面，行政机关解决行政争议具有权限上的优势，受到行政权与司法权分工的影响，法院对行政行为的审查和对相对人权利的救济受到一定的限制，有的时候心有余而力不足，不如行政机关权限那么完全而便捷，特别是对于行政行为自由裁量空间比较大或政策性比较强的领域，行政机关解决纠纷的优势更加明显；另一方面，行政争议具有专业性，而各行各业的行政机关无疑在各自领域内具有优势地位，这是往往通识出身的行政法官所不具有的。由行政机关先行处理行政纠纷，往往更能实现专业化解决争议。此外，行政机关解决纠纷具有程序便捷、成本低廉、高效便民等特点和优势，理当在行政争议化解中发挥应有的作用。

三是有效探索行政纠纷多元化解和司法确认之间的衔接机制。行政争议多元化解在实践中的障碍，在于行政诉讼中缺乏向民事诉讼中的民事调解确认机制，即行政争议即使在先行程序中达成合意，形成的调解意见很难进入司法确认渠道得到法律的认可，导致争议还有随时被提起的可能，导致行政机关和当事人对于先行调解处理行政争议积极性不高，也使得许多地方行政调解行政争议的制度流于形式。早在2009年，最高人民法院就提出：为有效化解行政管理活动中发生的各类矛盾纠纷，人民法院鼓励和支持行政机关依当事人申请或者依职权进行调解、裁决或者依法作出其他处理。调解、裁决

---

① 比如，《北京市行政调解办法》于2015年5月19日由北京市人民政府第80次常务会议审议通过，自2015年9月1日起施行。

或者依法作出的其他处理具有法律效力，[①] 但如何赋予其法律效力并在当事人不履行的情况下进行强制执行程序，至今在制度层面尚缺乏有效的支撑，影响了这一多元纠纷解决机制的有效性。

三、案例指引机制

加强文书说理可以有很多路径，很多方法，有的是硬方法，比如制定强制性规范甚至确立问责机制，有的则是软方式，比如各种激励引导措施，典型的如案例指导机制。“案例指导制度是最高人民法院为总结审判经验、加强监督指导、统一法律适用、提高审判质量而建立的一项具有中国特色的司法制度。”[②] 对于裁判文书说理来说，指导案例的价值同样重要。

一是强化指导案例对文书说理工作的引导作用。案例指导制度起初主要是用来解决裁判尺度不统一问题的，通过发布指导案例解决法律适用统一问题，“旨在通过统一发布对全国法院审判、执行工作具有普遍指导意义的典型案例，规范法官自由裁量权，着力解决类似案件或者案情基本相同的案件处理结果不相同的问题，是确保法律适用统一的重要改革举措。”[③] 指导性案例对于统一法律适用具有重要作用，而这个统一的方式就是加强文书的说理，符合指导性案例的案件，其文书说理应当也是优秀的，具有示范作用的。这个从指导性案例的选择标准上就可以看出来。《最高人民法院关于案例指导工作的规定》第二条规定：“本规定所称指导性案例，是指裁判已经发生法律效力，并符合以下条件的案例：（一）社会广泛关注的；（二）法律规定比较原则的；（三）具有典型性的；（四）疑难复杂或者新类型的；（五）其他具有指导作用的案例。”这些情形，正是需要文书详细充分说理的情形，这样的案例具有指导性，不仅是结论和观点具有指导性，论证和说理的逻辑同样具有很强的指导性。此外，在规范上，“说理充分”还是指导性案件选择评估的重

---

① 参见《最高人民法院关于建立健全诉讼与非诉讼相衔接的矛盾纠纷解决机制的若干意见》第8条。

② 最高人民法院司法改革领导小组办公室：《最高人民法院关于全面深化人民法院改革的意见读本》，人民法院出版社2015年版，第129页。

③ 最高人民法院司法改革领导小组办公室：《最高人民法院关于全面深化人民法院改革的意见读本》，人民法院出版社2015年版，第129页。

要依据。①

二是构建多层次的文书说理案例指导机制。文书说理的案例指导作用，不仅仅体现在权威规范上的“指导案例”，而是包含多个层次、不同性质的指导案例群。从目前来看，在最高人民法院层面，具有文书说理指导意义的案例，主要包括三个方面：严肃规范意义上的“指导案例”，即是严格按照《最高人民法院关于案例指导工作的规定》确定的标准、范围和程序遴选和发布的案例，这类案例的指引作用虽不具有法律强制性，但也具有一定的刚性约束力。最高人民法院公报案例，这类案例既有优秀案例选登也有优秀裁判文书选登，虽不像前一类案例那样程序严格，但也是具有很强权威性，具有很强的参考作用。还有一类，是最高人民法院发布的各类典型案例，比如规范性文件一并审查十大案例、政府信息公开十大案例、行政不作为类十大案例以及征收拆迁十大案例，等等。这些案例虽然比前两类案例权威性有所不足，但在各自领域类仍具有较强的示范意义，其裁判逻辑和理由说明具有很强的指引作用。除了这些最高审判机关发布的案例之外，地方法院也会发布各种各样的典型案例，② 这些案例在各自地区对于统一法律适用、指导相应案件文书说理同样具有较强的指导作用。

三是加大指导案例遴选中文书说理的权重。案例之所以成为指导案例，固然是疑难复杂案件判得好，认定事实清楚，适用法律正确，裁判说理充分，法律效果和社会效果良好，对审理类似案件具有普遍指导意义。文书说理其实最为重要，事实清楚说明文书说得清楚、论证证据有说服力，法律适用正确说明文书对法律理解和适用的理由说得明白，体现了法律的目的和价值，法律效果和社会效果良好固然有结果的指引作用，但更多的是据以得出结果的理由让人信服，具有可接受性，告诉社会公众该确立什么样的行为规范以及法官在处理类案时该如何展开说理的逻辑。因此，指导性案例的选择和发布，更应当注重说理的权重，把说理充分得当与否作为遴选指导案例具有决定性影响的因素，切实将引导文书说理与统一法律适用有机结合起来。

---

① 2015年4月27日由最高人民法院审判委员会第1649次会议讨论通过的《〈最高人民法院关于案例指导工作的规定〉实施细则》第二条规定：“指导性案例应当是裁判已经发生法律效力，认定事实清楚，适用法律正确，裁判说理充分，法律效果和社会效果良好，对审理类似案件具有普遍指导意义的案例。”

② 比如，2013年6月北京市高级人民法院印发《北京市高级人民法院关于北京法院参阅案例工作的规定（试行）》，规定定期召开研讨会并发布参阅案例。

主要参考文献

一、中文著作

1. 马怀德主编：《司法改革与行政诉讼制度的完善》，中国政法大学出版社 2006 年版。

2. 江必新主编：《中国行政诉讼制度的完善》，法律出版社 2005 年 7 月版。

3. 马怀德主编：《行政法与行政诉讼法》，中国法制出版社 2000 年版。

4. 张树义著：《行政法与行政诉讼法》，高等教育出版社 2002 年版。

5. 高家伟著：《公正高效权威视野下的行政司法制度研究》，中国人民公安大学出版社 2013 年版。

6. 胡建淼主编：《行政诉讼法学》，法律出版社 2004 年版。

7. 王德志、徐进著：《西方司法制度》，山东大学出版社 1995 年版。

8. 王利明著：《司法改革研究》（修订本），法律出版社 2001 年版。

9. 宋功德著：《行政法的均衡之约》，北京大学出版社 2004 年版。

10. 胡冰夏著：《司法权：性质与构成的分析》，人民法院出版社 2003 年版。

11. 张卫平主编：《司法改革评论》（第一辑），中国法制出版社 2001 年版。

12. 王人博、程燎原著：《法治论》，山东人民出版社 1989 年版。

13. 张文显主编：《法理学》，法律出版社 1997 年版。

14. 陈新民著：《中国行政法学原理》，中国政法大学出版社 2002 年版。

15. 刘善春著：《行政诉讼价值论》，法律出版社 1998 年版。

16. 马怀德主编：《行政诉讼原理》，法律出版社 2003 年版。

17. 梁慧星著：《裁判的方法》，法律出版社 2003 年版。

18. 陈金钊著：《法治与法律方法》，山东人民出版社 2003 年版。

19. 王名扬著：《法国行政法》，中国政法大学出版社 1988 年版。

20. 孔祥俊著：《法律方法论》（第一卷），人民法院出版社 2006 年版。

21. 杨伟东著：《权力结构中的行政诉讼》，北京大学出版社 2008 年版。

22. 胡建淼著：《行政法学》（第二版），法律出版社 2003 年版。

23. 姜明安著:《行政诉讼法》,法律出版社 2007 年版。
24. 姜明安主编:《行政法与行政诉讼法》,北京大学、高等教育出版社 1999 年版。
25. 应松年主编:《行政法学新论》,中国方正出版社 1998 年版。
26. 叶必丰著:《行政行为原理》,商务印书馆 2014 年版。
27. 梁慧星著:《民法解释学》,中国政法大学出版社 2000 年版。
28. 翁岳生著:《行政法与现代法治国家》,台湾中亨有限公司 1982 年版。
29. 季卫东著:《法治秩序的建构》,中国政法大学出版社 1998 年版。
30. 杨伟东著:《行政行为司法审查强度研究——行政审判权纵向范围分析》,中国人民大学出版社 2003 年版。
31. 文正邦主编:《法治政府建构论》,法律出版社 2002 年版。
32. 刘星著:《法律是什么》,中国政法大学出版社 1998 年版。
33. 刘莘著:《行政立法研究》,法律出版社 2003 年版。
34. 章剑生著:《行政行为说明理由判解》,武汉大学出版社 2000 年版。
35. 翁岳生著:《法治国家之行政与司法》,台湾月旦出版社股份有限公司 1994 年版。
36. 王泽鉴著:《法律思维与民法实例》,中国政法大学出版社 2001 年版。
37. 孔祥俊著:《法律方法论》(第二卷),人民法院出版社 2006 年版。
38. 陈嘉映著:《说理》,华夏出版社 2011 年版。
39. 何海波著:《行政诉讼法》,法律出版社 2016 年版。
40. 刘星著:《司法的逻辑:实践中的方法与公正》,中国法制出版社 2015 年版。

二、中文译著

1. [法] 孟德斯鸠著:《论法的精神》(上册),张雁深译,商务印书馆 1961 年版。
2. [美] 罗·庞德著:《通过法律的社会控制——法律的任务》,沈宗灵、董世忠译,商务印书馆 1984 年版。
3. [奥] 凯尔森著:《法与国家的一般理论》,沈宗灵译,中国大百科全书出版社 1996 年版。
4. [美] 汉密尔顿等著:《联邦党人文集》,程逢如译,商务印书馆 1980 年版。
5. [英] 丹宁著:《法律的正当程序》,李克强等译,法律出版社 1999 年版。
6. [德] 拉伦茨著:《法律方法论》,陈爱娥译,商务印书馆 2003 年版。
7. [美] 波斯纳著:《法理学》,苏力译,中国政法大学出版社 1994 年版。
8. [德] 奥托·迈耶著:《德国行政法》,刘飞译,商务印书馆 2002 年版。
9. [英] 丹宁勋爵著:《法律的训诫》,杨百揆等译,法律出版社 1999 年版。

三、中文论文

1. 苏力：《判决书的背后》，载《法学研究》2001 年第 3 期。

2. 苏力：《法条主义、民意与难办案件》，载《中外法学》2009 年第 1 期。

3. 胡云腾：《论裁判文书说理》，载《法律适用》2009 年第 3 期。

4. 杨海燕：《回顾与展望——纪念行政诉讼法颁布 10 周年座谈会综述》，载《人民司法》1999 年第 4 期。

5. 袁曙宏、韩春晖：《社会转型时期的法治发展规律研究》，载《法学研究》2006 年第 4 期。

6. 曾德军：《从立法中心主义到司法中心主义的转变——关于法治另一条道路的思考》，载《求索》2007 年第 6 期。

7. 陈端洪：《司法与民主：中国司法民主化及其批判》，载《中外法学》1998 年第 4 期。

8. 慕槐：《对法官施加影响》，载《法学研究》1994 年第 3 期。

9. 向忠诚：《行政审判权：一种具有政治性的司法权力》，载《行政与法》2007 年第 2 期。

10. 胡玉鸿：《行政审判权的政治性》，载《法学》2004 年第 5 期。

11. 李益民、陈立田：《谈体制因素对公正司法的影响和对策》，载《山东审判》2001 年第 3 期。

12. 陈金钊：《司法过程中的法律发现》，载《中国法学》2002 年第 1 期。

13. 黄先雄：《从司法权与行政权的关系看我国行政诉讼制度的困境》，载《中南大学学报》（社会科学版）2004 年第 4 期。

14. 刘善春 刘德敏：《行政审判中的规则阐明问题研究》，载《政法论坛》2006 年第 5 期。

15. 胡玉鸿：《法律原则适用的时机、中介及方式》，载《苏州大学学报》（哲学社会科学版）2004 年第 6 期。

16. 王贵松：《论行政法原则的司法适用》，载《行政法法学研究》2007 年第 1 期。

17. 薛刚凌：《行政法基本原则研究》，载《行政法学研究》1999 年第 1 期。

18. 周佑勇：《行政法基本原则的反思与重构》，载《中国法学》2003 年第 4 期。

19. 罗豪才：《现代行政法制的发展趋势》，载《国家行政学院学报》2001 年第 5 期。

20. 何海波：《通过判决发展法律——评田永案件中行政法原则的运用》，载《行政法论丛》2000 年第 3 期。

21. 向玲莉：《构建司法中心主义下的人权保障制度体系》，载《社科纵横》2004 年第 5 期。

22. 方世荣：《论维护行政法制统一与行政诉讼制度创新》，载《中国法学》2004 年第 1 期。

23. 舒国滢：《寻访法学的问题立场》，载《法学研究》2005 年第 3 期。

24. 朱新力：《行政法律规范中的不确定法律概念及其司法审查》，载《杭州大学学报》1994 年第 1 期。

25. 陈金钊：《法律论证及其意义》，载《河南省政法管理干部学院学报》2004 年第 4 期。

26. 于玉：《法律漏洞的认定与补充》，载《东岳论丛》2006 年第 3 期。

27. 李可：《类型思维及其法学方法论意义》，载《金陵法律评论》2003 年秋季卷。

四、外文文献

1. Thomas Ersking Holland. The Elements of Juri Sprudences. 13rd, Clarendon, Oxford, 1927.

2. John Marston & Richard Ward, Cases and Commentary on Constitutional and Administrative Law, Pitman Publishing, 1997.

3. Interpret Statutes: A Comparative, edited by P. Neil MacCormick and Robert S. Summer, published by Dartmouth Publishing Company Limited, 1991.